财政部规划教材
全国高等院校财经类专业规划教材

非平稳序列分解理论

——从入门到实践

蒋 锋 杨 华 编著

中国财经出版传媒集团
中国财政经济出版社

图书在版编目(CIP)数据

非平稳序列分解理论：从入门到实践 / 蒋锋，杨华编著. -- 北京：中国财政经济出版社，2023.5

财政部规划教材　全国高等院校财经类专业规划教材

ISBN 978-7-5223-1845-5

Ⅰ.①非…　Ⅱ.①蒋… ②杨…　Ⅲ.①统计分析—算法理论—高等学校—教材　Ⅳ.① C819

中国国家版本馆 CIP 数据核字（2023）第 018303 号

责任编辑：孙　琛　　　　责任校对：胡永立

封面设计：育林华夏　　　责任印制：党　辉

非平稳序列分解理论：从入门到实践

FEIPINGWEN XULIE FENJIE LILUN：CONG RUMEN DAO SHIJIAN

中国财政经济出版社 出版

URL：http：//www.cfeph.cn

E-mail：cfeph @cfemg.cn

社址：北京市海淀区阜成路甲28号　邮政编码：100142

营销中心电话：010-88191522

天猫网店：中国财政经济出版社旗舰店

网址：https：//zgczjjcbs.tmall.com

北京中兴印刷有限公司印刷　各地新华书店经销

成品尺寸：185mm×260mm　16开　18.75印张　404 000字

2023年5月第1版　2023年5月北京第1次印刷

定价：65.00元

ISBN 978-7-5223-1845-5

（图书出现印装问题，本社负责调换，电话：010-88190548）

本社质量投诉电话：010-88190744

打击盗版举报热线：010-88191661　QQ：2242791300

内容提要

本书是非平稳数据分析教材，涵盖经验模态分解、集成经验模态分解、快速集成经验模态分解、互补集成经验模态分解、完全自适应噪声集成经验模态分解、改进的集成经验模态分解、基于优化的经验模态分解、变分模态分解、奇异谱分解、小波分解、小波包分解、固有时间尺度分解、局部均值分解、二次分解等，从理论基础、分解步骤、案例实现与延伸阅读四个角度展开，比较了不同算法的分解效果，共19章。

本书提供了各分解算法实现的Matlab或Python代码，可应用于金融、经济、统计、信息等领域，方便读者学习查阅。

本书可以作为高等院校统计学类、经济管理类、系统工程等专业的本科生和研究生课程的实践教材，也可以作为其他相关专业研究生的教材和教学参考书，另外，对广大从事与数据分析相关工作的实际工作者也极具参考价值。

前言 Foreword

近年来，随着计算机技术的发展，数据科学、人工智能以及大数据等方向成为人们关注的热点。如何构建更贴近数据本身的模型，进而挖掘出尽可能多的潜在信息，对数据分析相关专业的同学以及相关从业人员而言至关重要。作为概率统计学领域的重要分支，时间序列分析在自然科学、社会科学、经济管理、气象天文以及工程技术等领域的应用都十分广泛。互联网时代每天都在产生着海量数据，商品销售额、用户浏览量、视频播放量等都属于时间序列范畴。从日常的空气质量指数预测、地震预警到商场销售量预测、网站流量预测以及股票市场的波动率预测，时间序列分析都占据着举足轻重的地位。目前，时间序列分析的理论和方法已经趋于完善，为了更好地服务于实际场景，应当在应用方面有所创新。本书从序列分解的角度出发，打破原有的趋势、周期变化分解思路，对一种新型自适应信号时频处理方法及其变种进行介绍，以此丰富非平稳序列分析的内容和框架。

经验模态分解方法及其改进在现有的许多文献和研究中已经得到了广泛应用，其有效性和准确性也在实践过程中得到了充分验证，但目前还没有针对这一系列方法的详细介绍和讲解。本书将经验模态分解以及已有的相关改进方法进行了汇总整理，并利用真实数据对每个方法的分解结果进行展示，以便读者更直观地了解和比较不同方法的优缺点。本书共包含19章，其中1–12章是经验模态分解及相关改进算法，包括经验模态分解、集成经验模态分解、快速集成经验模态分解、互补集成经验模态分解、完全自适应噪声集成经验模态分解、改进的集成经验模态分解、改进的完全自适应噪声集成经验模态分解，以及基于优化理论的三种改进方法：基于样条优化的经验模态分解、多分量近端算法的经验模态分解、基于无约束优化方法的经验模态分解，此外还有变点分析技术改进的EMD去噪方法、二维经验模态分解；第13–14章是基于小波变换的小波分解和小波包分解；第15–19章介绍了奇异谱分析、变分模态分解、固有时间尺度分解、局部均值分解以及二次分解。附录部分给出了本书用到的软件Matlab以及Python的基础操作。

本书的定位是用于非平稳序列分解的工具书，主要特色是立足于实际问题的解决，从理论简介到实践应用，表达简洁而清晰，整理系统而全面，对于有统计学基础的读者而言上手快。在每一章中，除了对分解算法的基础理论、分解步骤进行介绍外，我们还设置了两个案例应用，以展示各个算法的具体实现过程。每个章节的末尾都配有练习题，来帮助读者巩固强化本章的学习。虽然每个算法对应的Matlab或Python代码已经给出，但我们仍然建议读者手动敲一遍代码，体会理解每一行的含义，对比分析不同算法之间的区别和联系，加深印象。

本书既可以作为统计学类、经济管理类、系统工程等学科的本科生及研究生教材，也可以作为各大中专院校数据分析方法研究的参考书。在对本书进行学习前，需要先具备基本的统计学知识及Matlab和Python编程能力。

本书在编写和出版过程中，得到了中南财经政法大学、教育部人文社科研究项目（22YJAZH038）、湖北省高等学校省级教学研究项目（2018368，2021168）以及中国财政经济出版社的大力支持。感谢中南财经政法大学统计与数学学院研究生张文雅、韩兴钰、朱倩楠、胡成雨的修订和校对。此外，还要感谢中南财经政法大学和武汉轻工大学的乔雅倩、路畅、李灿、贾曼蓉、陆舒婕、丁一帆、张一鸣、吴燕、李若愚、邓念斌、邓幸全、张书祥、汪俊雄等研究生针对部分内容进行的相关讨论。书中涉及的数据均来自于国家统计局、湖北省生态环境厅等官方网站。为方便教学，本书配套的原始代码和数据资源可以通过372995270@qq.com获取。

由于作者的水平和精力有限，书中难免存有不足之处，我们热忱希望读者提出批评、建议和宝贵意见。

作者

2022年12月于武汉

目录
Contents

绪 论

自然界中的许多现象都与时间变化密切相关。早在7000年前，古埃及人根据对尼罗河涨落情况的观察和记录找到了适合农业种植的最佳时期，从而促进了古埃及农业的快速发展。通过对长期观测得到的数据进行直观比较或绘图分析，人们发现了隐藏在数据背后的重要规律，这就是时间序列分析的起源。

从统计角度来看，时间序列是指某一指标按照时间顺序观测得到的数据集合，广义上也指一组存在顺序的随机数据。这里的顺序既可以是时间上的先后顺序，也可以是空间上的前后顺序。时间序列本身既可以由离散观测得到，也可以由连续观测得到。前者是按照一定的时间周期来获取观测值，后者则是进行连续不断的观测记录。下面介绍一些不同领域中的实际数据。

（1）1700—2021年的太阳黑子数据（单位：个）。太阳黑子是太阳光球层上发生的一种太阳活动，太阳黑子数是判断太阳活动周期的重要参数。图0–1为1700年至2021年的年平均太阳黑子总数。其中，横轴为年份，纵轴为每年对应的观测值。

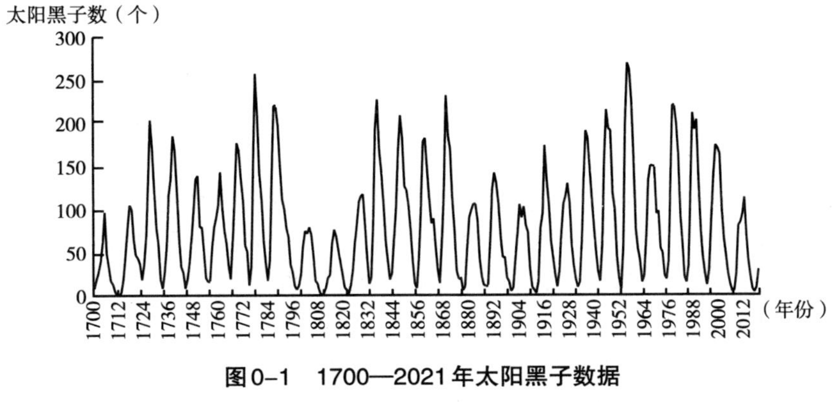

图0–1 1700—2021年太阳黑子数据

（2）2010—2021年湖北省季度地区生产总值（单位：亿元）。地区生产总值是衡量一个地区在一段时间内经济发展水平的重要指标，图0–2是湖北省自2010年以来季度地区生产总值的时序图，共包含48条记录。

（3）2021.7.1—2021.12.31贵州茅台（600519）日收盘价数据（单位：元）。作为白酒板块的龙头股，贵州茅台一直是投资者关注的重点。图0–3是贵州茅台在2021年下半年的每日收盘价数据时序图。通过观察可以发现，贵州茅台的股票价格在半年间波动较大。

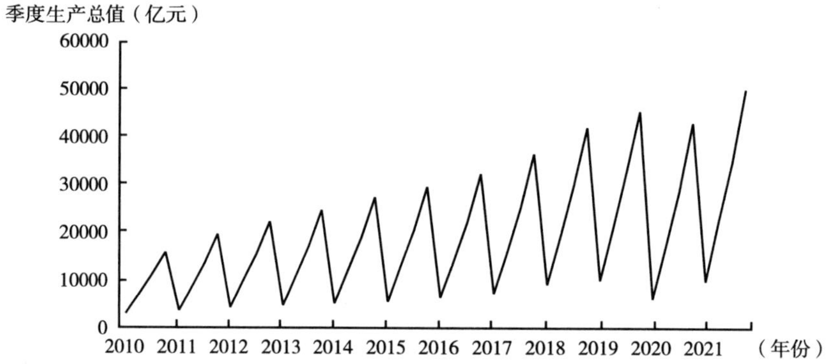

图0-2　2010—2021年湖北省季度地区生产总值

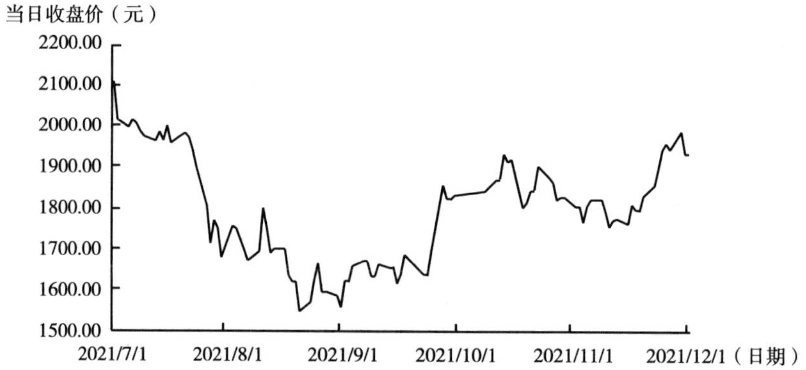

图0-3　2021.7.1—2021.12.31贵州茅台当日收盘价

由以上3个真实数据时序图可知，时间序列数据中往往蕴含着大量有待挖掘的信息，并且存在着一定的随机性，因此需要选取有针对性的方法进行分析。近年来，随着计算机技术的快速发展，高频、高维、大体量数据建模方兴未艾，时间序列分析逐渐成为数学、工程、统计、经济等学科领域不可或缺的工具。

现代时间序列分析方法主要分为频域分析与时域分析。频域分析又称谱分析，主要从振幅、频率、相位等角度揭示时间序列的潜在规律。1807年，法国数学家傅里叶受物理学中正弦、余弦曲线方程的启发，提出傅里叶方法，即有限闭区间上由任意图形定义的任何函数都可以分解为单纯的正弦和余弦函数的和。20世纪60年代，J.P.Burg将信号熵概念融入序列处理领域，并提出最大熵谱估计理论，标志着现代谱分析的开始。1980年Shore和Johnson又进一步证明最大熵谱分析方法只是最小交叉熵法的特例，现代谱估计方法的性能更加优越。

时域分析最早出现在20世纪20年代后期，此类方法认为时间序列中各观测值之间存在某种相关关系，可以通过构建数学模型来对其中的统计规律进行描述，并进一步预测序列未来走势。1927年，英国统计学家G.U. Yule提出自回归AR（Auto Regressive）模型，该模型与英国统计学家G.T.Walker在1931年提出的移动平均MA（Moving Average）模型、ARMA模型，共同奠定了时域分析方法的基础。这三个模型主要适用于单变量、同方差的平稳时间序列。序列均值或协方差与时间相关的序列被称为非平稳时间序列，随着时间序列分析理论的发展，人们发现较强的假设条件并不适用于真实数据，异方差、多变量、非平稳性的存在严重影响了模型效果。1970年，Box和Jenkins进一步提出非平稳自回归移动平均ARIMA（auto regressive integrated moving average）模型，利用差分思想对非平稳时间序列进行平稳化处理。为解决序列中存在的异方差问题，1982年美国经济学家Engle提出自回归条件异方差ARCH（auto regressive conditional heteroskedasticity）模型，假设随机扰动项服从均值为零、方差为随时间变化的量的正态分布。该理论在金融计量领域得到了充分的应用和发展，并衍生出形式多样的ARCH族模型，如GARCH模型、EGARCH模型、IGARCH模型和TGARCH模型等。在非线性时间序列的分析方面，H.Tong于1978年提出了门限自回归模型，引入门限概念以捕捉时间序列中观测值变化的非对称性。该模型在金融数据的分析中应用广泛。

时间序列的波动可能是由多种因素造成的，传统方法主要将时间序列分解为周期变化、趋势变化以及随机变化。地区生产总值、降水量等数据都存在着季度或年度的周期变化。季节模型通常分为加法模型和乘法模型，同时可以采用对数变换将乘性转换为加性。超过周期长度且长期存在的振荡变化通常被视为长期趋势，差分操作可以将序列中的趋势剔除，线性滤波器也可以处理序列中的趋势变化，常用的方法有滑动平均、指数平滑法等。当序列中的周期和趋势都去掉后，就可以得到随机变化的部分。

序列分解的目的是把数据中包含的信息和特征充分提取出来。由于现实数据多为非平稳序列，因此序列平稳化是后续建模的基础。与传统的季节、趋势分离方法不同，基于Hilbert-Huang变换的经验模态分解EMD（Empirical Mode Decomposition）以信号的特征尺度参数为基础，目的是将原始序列分解为一系列独立成分的加和，具有适应性、正交性、完备性等特点，是一种新型自适应时频分析方法。与傅里叶变换不同，经验模态分解对序列的要求更低，适用范围更广，能有效地将序列中存在的长期趋势和短期波动分解出来，因此在信号处理领域得到了广泛应用。近年来，业界学者又提出了众多经验模态分解的改进方法，极大地提高了序列分解后重构的准确度。因此在本书中，我们集中讨论了以经验模态分解方法为基础的一系列非平稳序列分解方法，包括解决EMD模态混叠的集成经验模态分解EEMD（Ensemble Empirical Mode Decomposition）、降低计算复杂度的快速集成经验模态分解FEEMD（Fast Ensemble Empirical Mode Decomposition）、减小计算量的互补集成经验模态分解CEEMD（Complementary Ensemble Empirical Mode Decomposition）等，并利用真实数据对各种方法的实用性进行验证。计算机技术的进步极大地提升了复杂问题的求解速度，也使得序列分解方法的实现方便快捷。目前，许多软件都可以完成算法编程，本书主要使用Matlab或Python完成实证案例的分析，软件的入门操作详见附录。

参考文献

[1] Box G E P, Jenkins G M, Reinsel G C, et al. Time series analysis: forecasting and control [M]. John

Wiley & Sons, 2015.

[2] C.查特菲尔德.时间序列分析导论[M].宇航出版社，1986.

[3] 聂淑媛.时间序列分析的历史发展[J].广西民族大学学报（自然科学版），2012，18（1）：24-28.

[4] 王燕.应用时间序列分析[M].北京：中国人民大学出版社，2008：1-4.

[5] 周永道，王会琦，吕王勇.时间序列分析及应用[M].高等教育出版社，2015.

第1章　经验模态分解

1.1　理论基础

1.1.1　概念

经验模态分解（Empirical Mode Decomposition，EMD）方法是Huang等（1998）创造性地提出的一种新型自适应信号时频处理方法，特别适用于非线性[①]、非平稳[②]信号的分析处理。其本质是一种对信号进行分解的方法，与傅里叶变换、小波变换的核心思想一致，希望将信号分解为各个相互独立成分的叠加；只不过傅里叶变换以及小波变换都要求要有基函数，而EMD却完全抛开了基函数的束缚，仅仅依据数据自身的时间尺度特征来进行信号分解，具备自适应性。由于无需预先设定基函数，EMD几乎可以用于任何类型信号的分解，因而在处理非平稳及非线性数据上，具有非常明显的优势，适合于分析非线性、非平稳信号序列，具有很高的信噪比。

EMD认为任何一个复杂序列都是由多个单频率信号叠加而成，因此可以分解成若干个本征模态函数（Intrinsic Mode Functions，IMF），IMF的各个分量即代表了原始信号中的各频率分量，并按照从高频到低频的顺序依次排列，这也是IMF的物理含义。通常情况下，低频分量的叠加就可以模拟原始数据。这些IMF具有不同的特征尺度，与分解前的原数据序列相比更有规律性，这种规律性就可以降低数据波动给预测带来的困难。

1.1.2　本征模态函数

本征模态函数（Intrinsic Mode Functions，IMF）是原始信号被EMD分解之后得到的各层信号分量。EMD的提出人黄锷认为，任何信号都可以拆分成若干个IMF之和。而IMF有

① 非线性：线性时间序列指对时间t求一阶导数为常数，图像表现为一条直线。非线性时间序列指对时间t求一阶导数不为常数，图像不是一条直线。

② 非平稳：平稳时间序列（这里指宽平稳）需满足3个条件：一阶矩为常数；二阶矩存在；相关系数只与时间间隔有关，而与时间t无关。满足以上条件则称之为平稳时间序列，否则，称之为非平稳时间序列。

两个假设条件：

（1）在整个数据段内，极值点的个数和过零点的个数必须相等或相差最多不能超过一个。

（2）在任意时刻，由局部极大值点形成的上包络线和由局部极小值点形成的下包络线的平均值为零，即上、下包络线相对于时间轴局部对称。

对上述假设的直观理解如下：

第一，图线要反复跨越x轴，如图1–1所示。

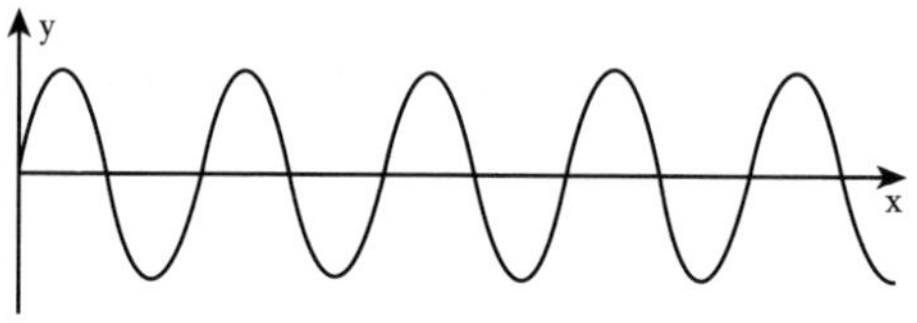

图1–1 反复跨越x轴

而不能像这样某次穿过零点后出现多个极点，如图1–2所示。

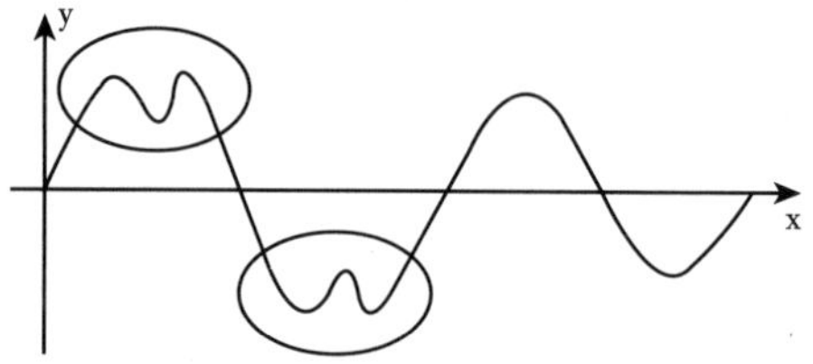

图1–2 某次穿过零点后出现多个极点

第二，上下包络线要对称，如图1–3所示。

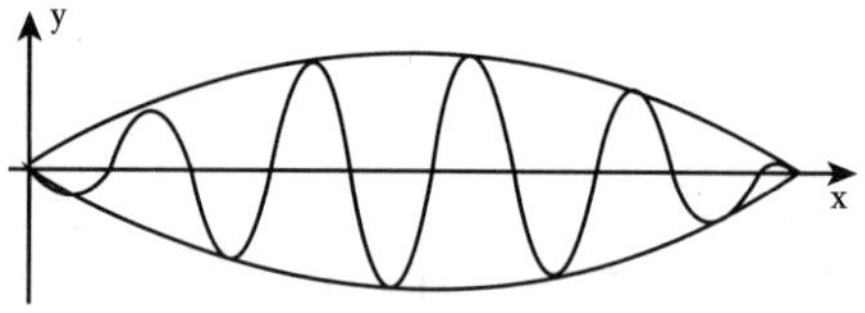

图1–3 上下包络线对称

而不能如图1–4所示。

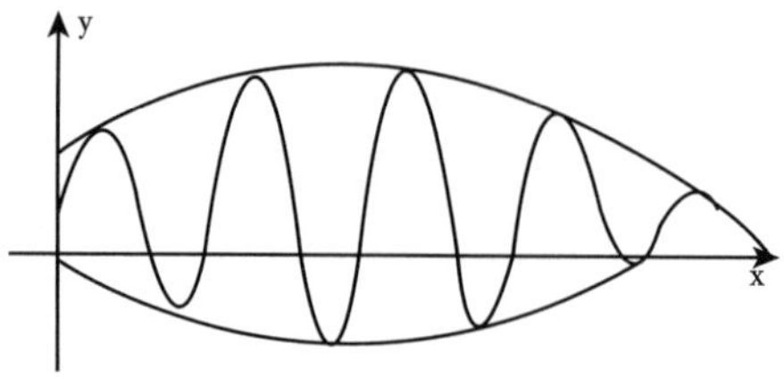

图1–4 上下包络线不对称

1.1.3 EMD 分解的基本假设

（1）信号至少有两个极值点：一个极大值点和一个极小值点。

（2）特征时间尺度由极值之间的时间间隔定义。

（3）如果数据完全没有极值，但只包含拐点，那么可以一次或多次划分来揭示极值，最终的结果可以通过积分得到。

1.2 EMD 分解步骤

1.2.1 算法流程图

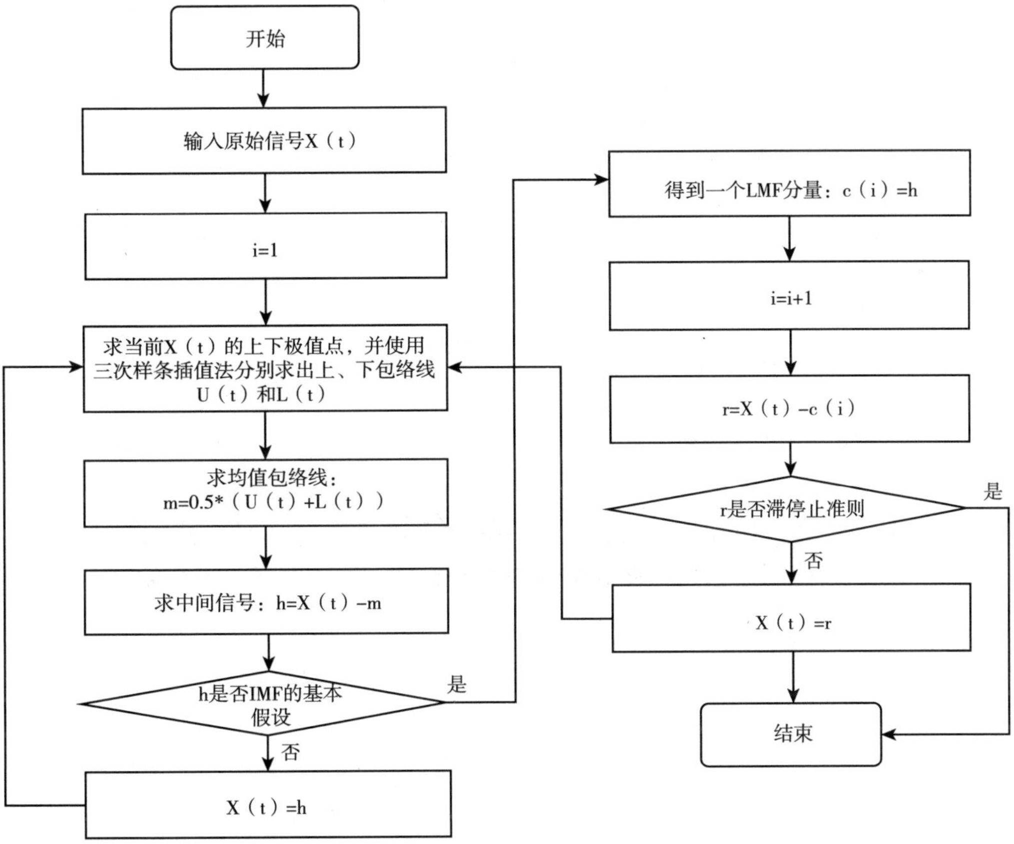

图 1–5 EMD 算法流程

1.2.2 分解步骤

（1）根据原始信号上下极值点，使用三次样条插值法分别求出上、下包络线$U(t)$和$L(t)$，并画出上、下包络线，见图1-6至图1-10。

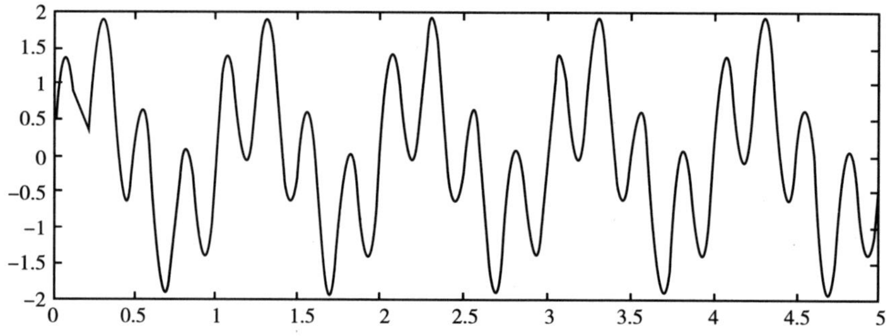

图1-6 原始信号$X(t)$

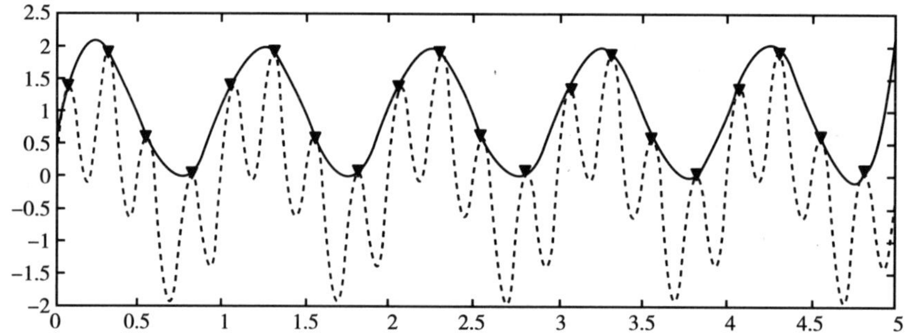

图1-7 上包络线$U(t)$

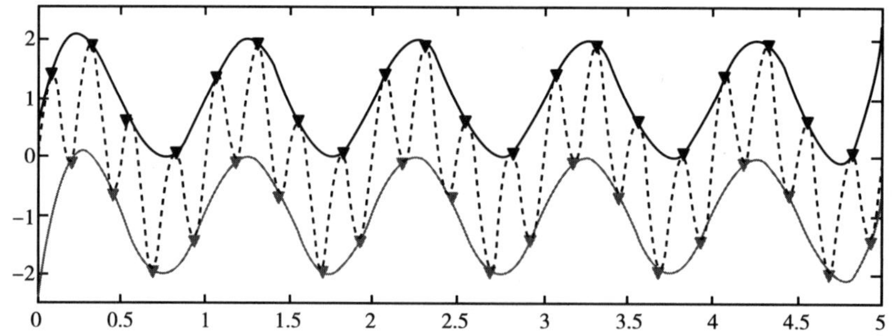

图1-8 下包络线$L(t)$

（2）根据公式（1-1）求出上、下包络线的均值m_1，画出均值包络线。

$$m_1 = \frac{1}{2}(U(t) + L(t)) \tag{1-1}$$

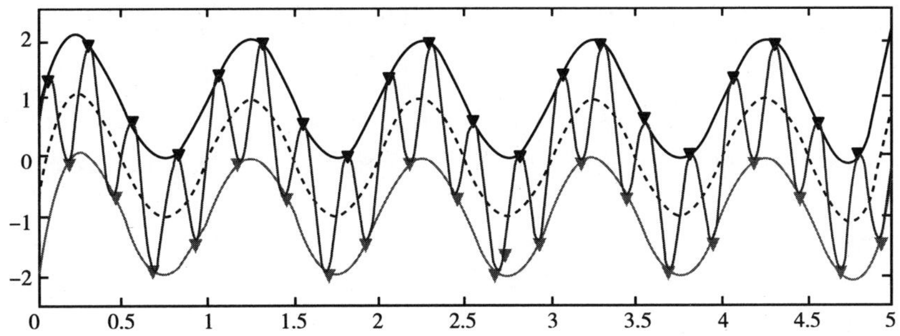

图1–9　均值包络线 m_1

（3）根据公式（1–2），用原始信号 $X(t)$ 减均值包络线 m_1，得到中间信号 h_1。

$$h_1 = X(t) - m_1 \tag{1–2}$$

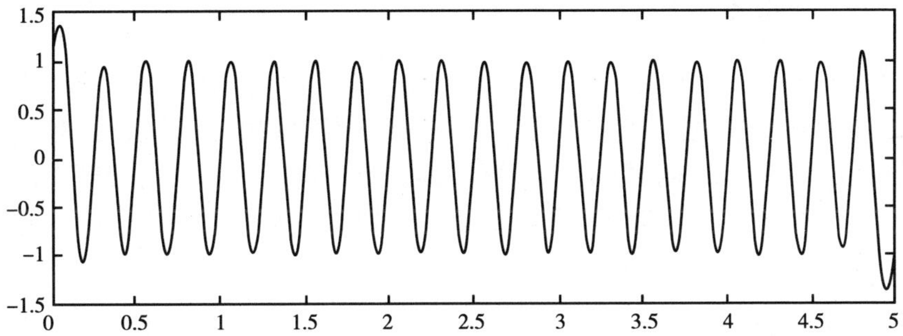

图1–10　中间信号 h_1

（4）判断该中间信号是否满足IMF的两个条件，如果满足，该信号就是一个IMF分量。如果不满足，则以 h_1 为基础，重新做（1）~（3）的分析。得到

$$h_{11} = h_1 - m_{11} \tag{1–3}$$

其中，m_{11} 是 h_1 的均值包络线，h_{11} 是 h_1 的中间信号。通常情况下，该过程会迭代 k 次，直到得到的中间信号 h_{1k} 是一个IMF，即：

$$h_{1k} = h_{1(k-1)} - m_{1k} \tag{1–4}$$

此时，定义第一个IMF分量为：

$$c_1 = h_{1k} \tag{1–5}$$

我们将IMF的两个基本条件转化为如下的公式，作为迭代终止条件：

$$SD = \sum_{t=0}^{T} \left[\frac{|h_{1(k-1)}(t) - h_{1k}(t)|^2}{h_{1(k-1)}^2(t)} \right] \tag{1–6}$$

其中，k 代表第 k 次迭代，$h_{1k}(t)$ 表示第 k 次迭代得到的中间信号，SD 表示连续两次迭代中间信号的标准差（standard deviation）。根据Huang等的方法，SD 设置为0.2—0.3。

（5）使用上述方法得到第一个IMF后记为 c_1，我们可以将 c_1 从原始信号中分离。

$$X(t) - c_1 = r_1 \tag{1–7}$$

由于r_1仍然包含大量信息，因此将r_1作为新的原始信号，再通过（1）~（4）的分析，可以得到IMF2，以此类推，得到

$$r_1-c_2=r_2,\cdots\cdots,r_{(n-1)}-c_n=r_n \tag{1-8}$$

当c_n或r_n小于某一预先设定的值，或者r_n为单调函数，无法提取更多IMF时，迭代终止。得到最终分解结果为：

$$X(t)=\sum_{i=1}^{n}c_i+r_n \tag{1-9}$$

1.3 案例应用

案例1-1：PM2.5的EMD分解

本案例以武汉市PM2.5浓度（PM25.xlsx）为分解对象，时间为2015年1月1日至2020年6月30日，共2008条数据。首先，导入数据并绘制原始PM2.5浓度时间序列图。其次，直接调用MATLAB中的emd包对PM2.5浓度序列进行分解。最后，对分解后的序列进行重构，得到PM2.5浓度变化的长期趋势和随机波动，如图1-11至图1-13所示。

具体代码如下：

```
% MATLAB代码
% 读入数据
data_all = xlsread('pm25.xlsx');
pm25 = data_all(:,4);
t = 1:1:length(pm25);
% 1. 绘制原始序列
figure;
plot(pm25);
set(gca,'XLim',[1 length(pm25)]);% 设置要显示坐标刻度的范围
title('pm2.5 原始序列 ');
% 2. EMD分解
imf = emd(pm25);
% 3. 绘制分解结果
n =  size(imf,1);
figure();
subplot(n+1,1,1);
plot(t,pm25);
set(gca,'XLim',[1 length(pm25)]);% 设置要显示坐标刻度的范围
title('EMD decomposition results of PM2.5');
ylabel(['PM2.5']);
for i = 2:n+1
      subplot(size(imf,1)+1,1,i);
      plot(t,imf(i-1,:));
      set(gca,'XLim',[1 length(pm25)]);% 设置要显示坐标刻度的范围
      ylabel(['IMF',num2str(i-1)]);
      if (i == size(imf,1)+1)
            ylabel(['res']);
            xlabel('time');
      end
end
% 4 重构
sub1 = imf(1,:)+imf(2,:)+imf(3,:);
```

```
sub2 = imf(4,:)+imf(5,:)+imf(6,:)+imf(7,:)+imf(8,:);
figure;
subplot(2,1,1);
plot(pm25,'g','linewidth',2);set(gca,'XLim',[1 length(pm25)]);
ylabel('PM2.5 浓度 ');
hold on
plot(sub2,'b-.','linewidth',1);
hold off
legend(' 原始序列 ',' 长期趋势 ');
subplot(2,1,2);
plot(sub1,'r');set(gca,'XLim',[1 length(pm25)]);
xlabel(' 时间 ');ylabel('PM2.5 浓度 ');
legend(' 随机波动 ');
```

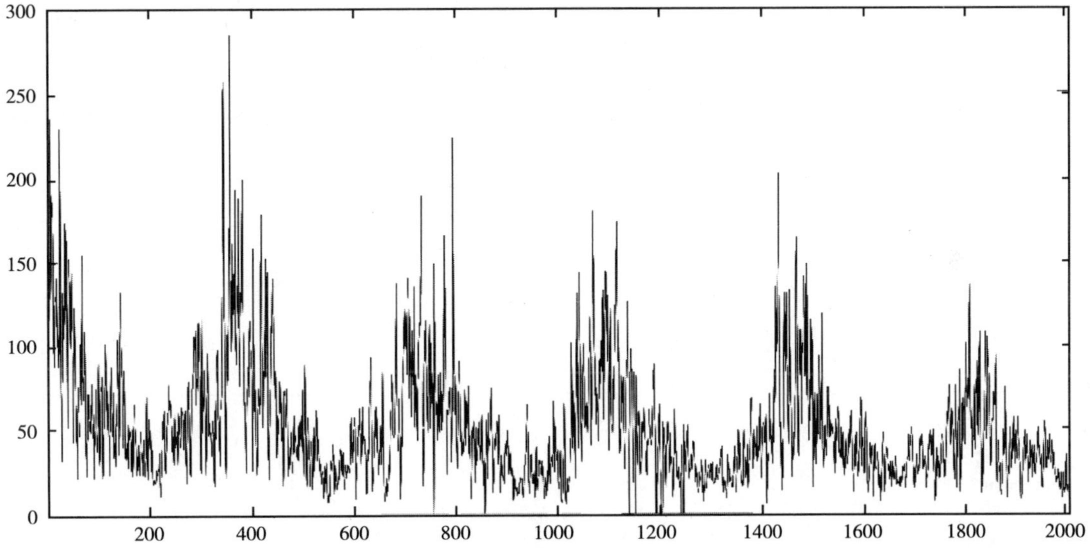

图 1-11　PM2.5 原始序列（MATLAB）

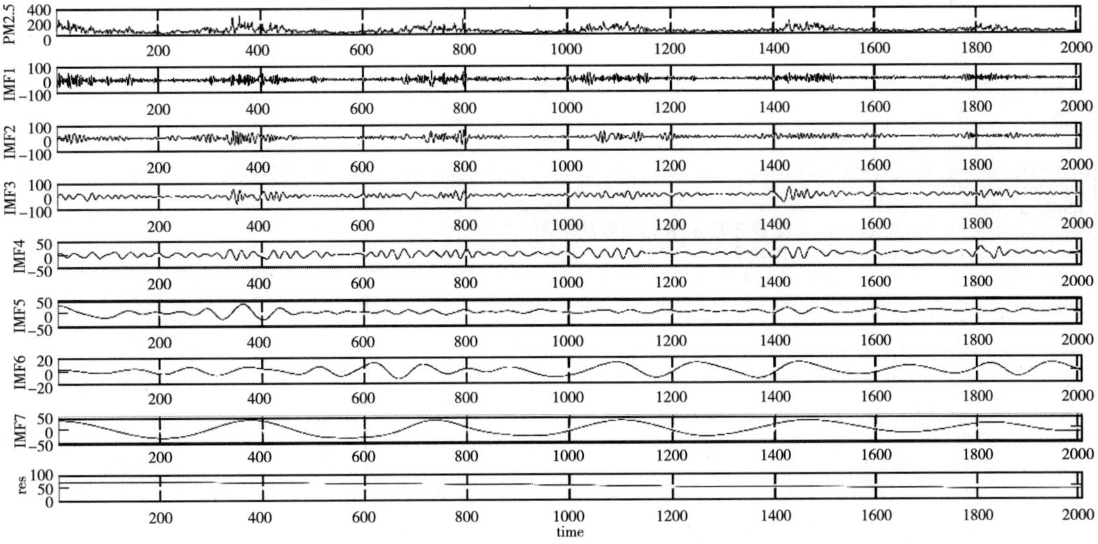

图 1-12　对 PM2.5 的 EMD 分解结果（MATLAB）

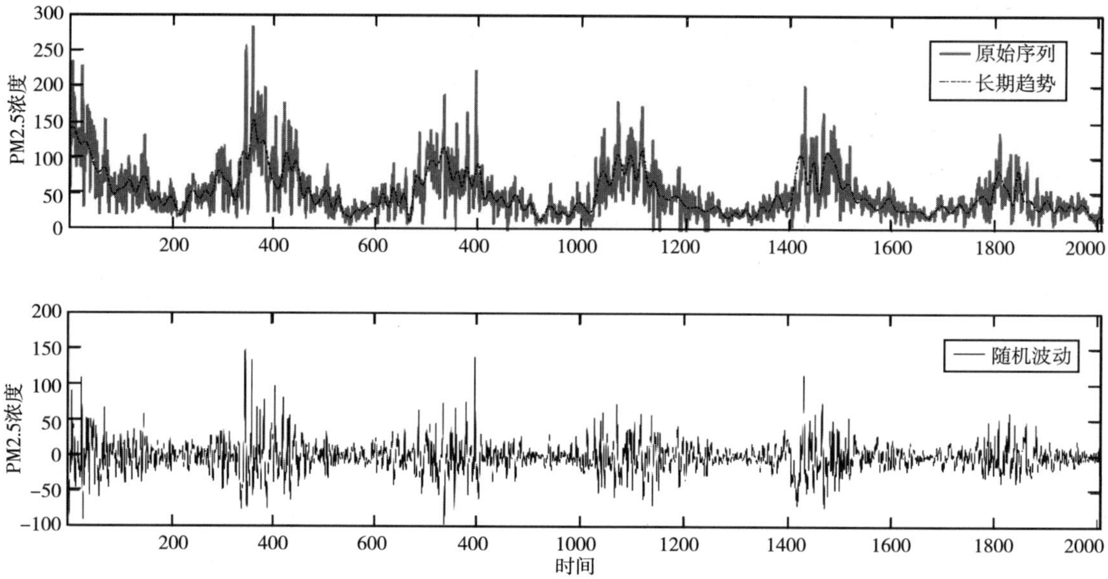

图1–13　对PM2.5的EMD分解重构结果（MATLAB）

用Python同样可以实现EMD分解，具体代码如下：

```
# Python代码
#导入所需要的包
import pandas as pd
import numpy as np
from PyEMD import CEEMDAN, EMD, EEMD
import matplotlib.pyplot as plt
import matplotlib as mpl
plt.rcParams['axes.facecolor'] = 'snow'  #图片背景
plt.rcParams['font.sans-serif'] = ['SimHei']  #用来正常显示中文标签
plt.rcParams['axes.unicode_minus'] = False  #用来正常显示负号
mpl.style.use(['ggplot'])  # style
font1 = {'family': 'Arial',
         'weight': 'normal',
         'size': 18, }  # Arial是字体形式
# 导入数据
data = pd.read_csv(r"pm25.csv")
data = np.array(data["pm25"])
x = np.linspace(0, len(data) - 1, len(data))  #生成横坐标
# 原始图
plt.figure(1)  #第一张画布
plt.plot(x, data, linewidth=0.5, color='red')  #原始数据
plt.title("Signal Input")  #标题
plt.xticks(fontsize=13)  # x轴刻度字体大小
plt.yticks(fontsize=13)  # y轴刻度字体大小
plt.ylabel('PM2.5', font1)  # y轴坐标名称及字体样式
plt.ylim(0, 300)  # y轴范围
# EMD分解
emd = EMD()
imfs_emd = emd(data)
# EMD分解图
plt.figure(figsize=(15,10))
plt.suptitle('EMD分解(PM2.5)', fontsize=16)  #总标题
for i in range(np.shape(imfs_emd)[0]):  #每个子图展示一个IMF
    plt.subplot(np.shape(imfs_emd)[0], 1, i + 1)
    plt.plot(x, imfs_emd[i, :], linewidth=0.5, color='blue')
    plt.title("IMF" + str(i + 1), fontsize=10, loc='right', y=0.1)  #子图标题
```

```
    # plt.xticks(fontsize=5) # x 轴刻度字体大小
    plt.yticks(fontsize=10) # y 轴刻度字体大小
# 子图间距设定
plt.subplots_adjust(left=0.125,
                    bottom=0.1,
                    right=0.9,
                    top=0.9,
                    wspace=0.1,
                    hspace=0.5)
plt.savefig('EMD 分解结果 (PM2.5).png',dpi=400)
# 重构
plt.figure(figsize=(15,10))
data_first = imfs_emd[:2, :] # 前 3 组
data_second = imfs_emd[2:, :] # 后六组
data_first = np.sum(data_first, 0) # 沿 y 轴方向求和
data_second = np.sum(data_second, 0)
plt.figure(4)
# NO.1
plt.subplot(2, 1, 1)
plt.plot(x, data, linewidth=0.5, color='red', label='PM2.5')
plt.plot(x, data_second, linewidth=0.5, color='blue', label='后 7 组 IMF 和')
plt.title("EMD 分解重构结果 ", fontsize=10, loc='center')
plt.xticks(fontsize=10) # x 轴刻度字体大小
plt.yticks(fontsize=10) # y 轴刻度字体大小
plt.legend(loc='upper right') # 绘制曲线图例，信息来自类型 label
# NO.2
plt.subplot(2, 1, 2)
plt.plot(x, data_first, linewidth=0.5, color='blue', label='前 2 组 IMF 和')
plt.xticks(fontsize=10) # x 轴刻度字体大小
plt.yticks(fontsize=10) # y 轴刻度字体大小
plt.legend(loc='upper right') # 绘制曲线图例，信息来自类型 label
plt.savefig('EMD 重构结果 (PM2.5).png',dpi=400)
```

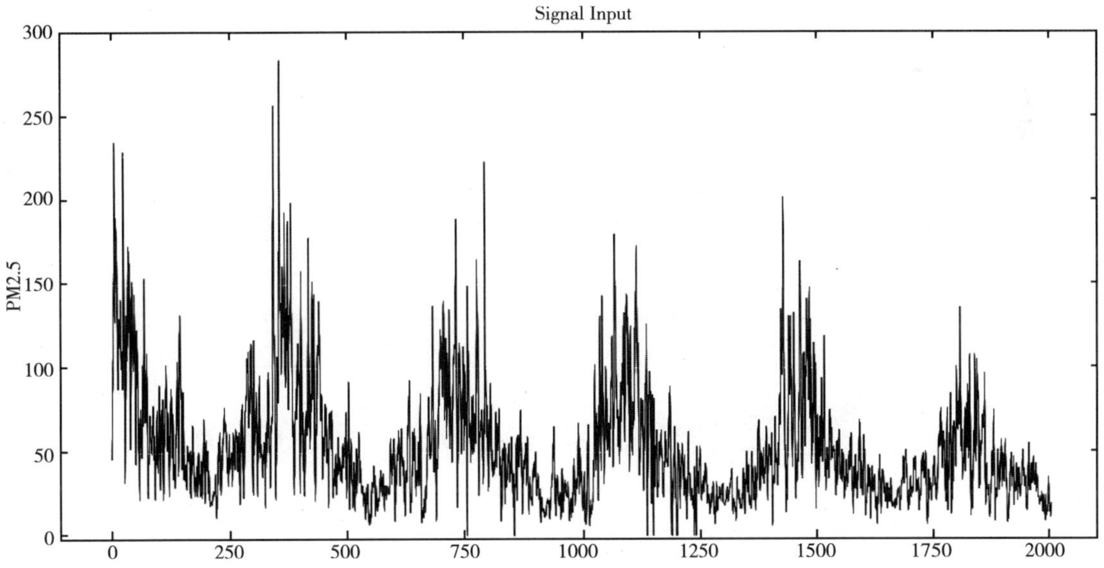

图 1–14　PM2.5 原始序列（Python）

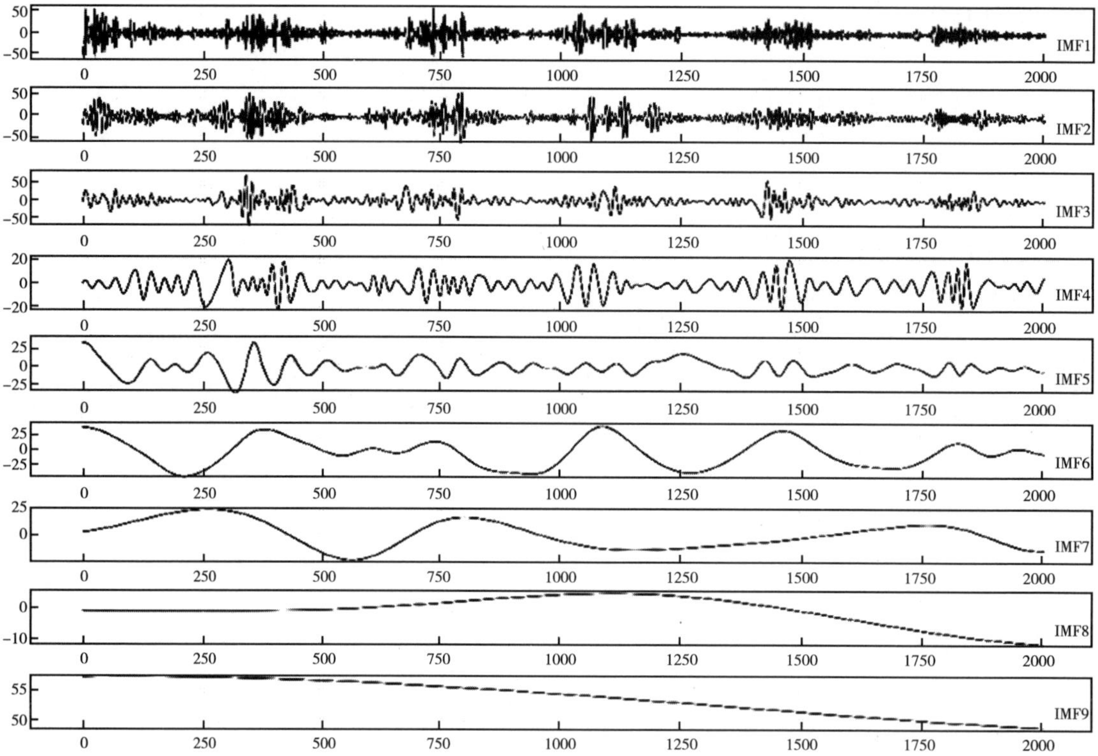

图1–15　对PM2.5的EMD分解结果（Python）

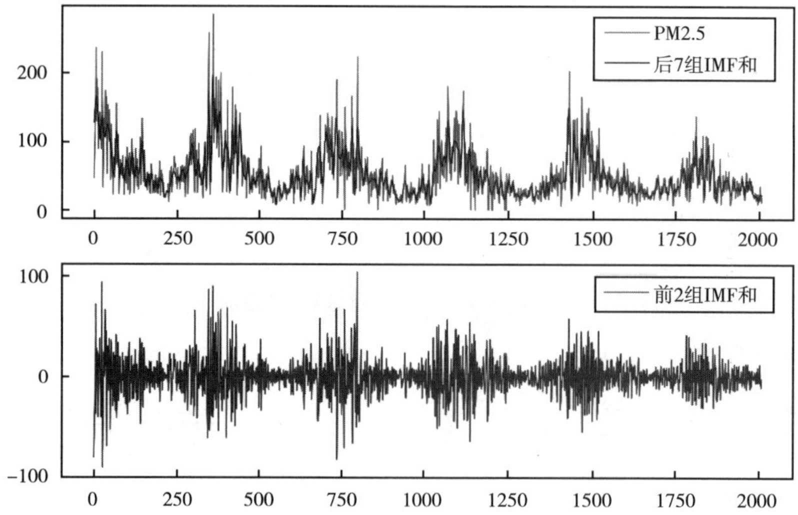

图1–16　对PM2.5的EMD分解重构结果（Python）

案例1-2：上证指数的EMD分解

本案例以上证指数开盘价（shangzheng.mat）为分解对象，共4579条数据。首先，导入数据并绘制上证指数开盘价时间序列图，如图1-17所示。其次，直接调用MATLAB中的emd包对上证指数开盘价序列进行分解，结果如图1-18所示。最后，对分解后的序列进行重构，得到上证指数开盘价变化的长期趋势和随机波动，如图1-17至图1-19所示。

Matlab具体代码如下：

```
% MATLAB代码
% 加载数据
load shangzheng.mat        %原始信号值
sz = sh_open;%上证指数开盘价
% 1. 绘制原始序列
figure;
plot(sz);
set(gca,'XLim',[1 length(sz)]);%设置要显示坐标刻度的范围
ylabel('上证指数');
xlabel('时间');
% 2. EMD分解
imf = emd(sz);
% 3. 绘制分解结果
figure();
n = size(imf,1);
subplot(n,1,1);
plot(imf(1,:));
set(gca,'XLim',[1 length(sz)]);%设置要显示坐标刻度的范围
title('Results of EMD');
ylabel(['IMF1']);
for i = 2:n
    subplot(size(imf,1),1,i);
    plot(imf(i,:));
    set(gca,'XLim',[1 length(sz)]);%设置要显示坐标刻度的范围
    ylabel(['IMF',num2str(i)]);
    if (i == size(imf,1))
        ylabel(['res']);
        xlabel('时间');
    end
end
% 4 重构
sub1 = imf(1,:)+imf(2,:)+imf(3,:);
sub2 = imf(4,:)+imf(5,:)+imf(6,:)+imf(7,:)+imf(8,:)+imf(9,:)+imf(10,:);
figure;
plot(sz,'g','linewidth',2);set(gca,'XLim',[1 length(sz)]);%设置要显示坐标刻度的范围
hold on
plot(sub2,'b-.','linewidth',1);
hold on
plot(sub1,'r--');
hold off
xlabel('时间');ylabel('上证指数');
legend('原始序列','长期趋势','随机波动');
```

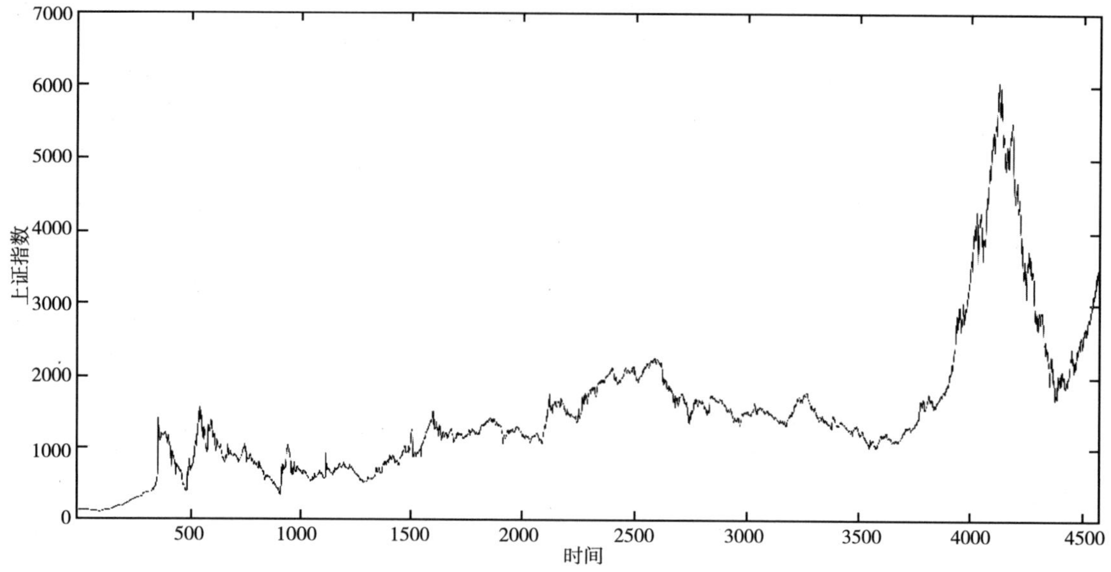

图1-17 上证指数原始序列（MATLAB）

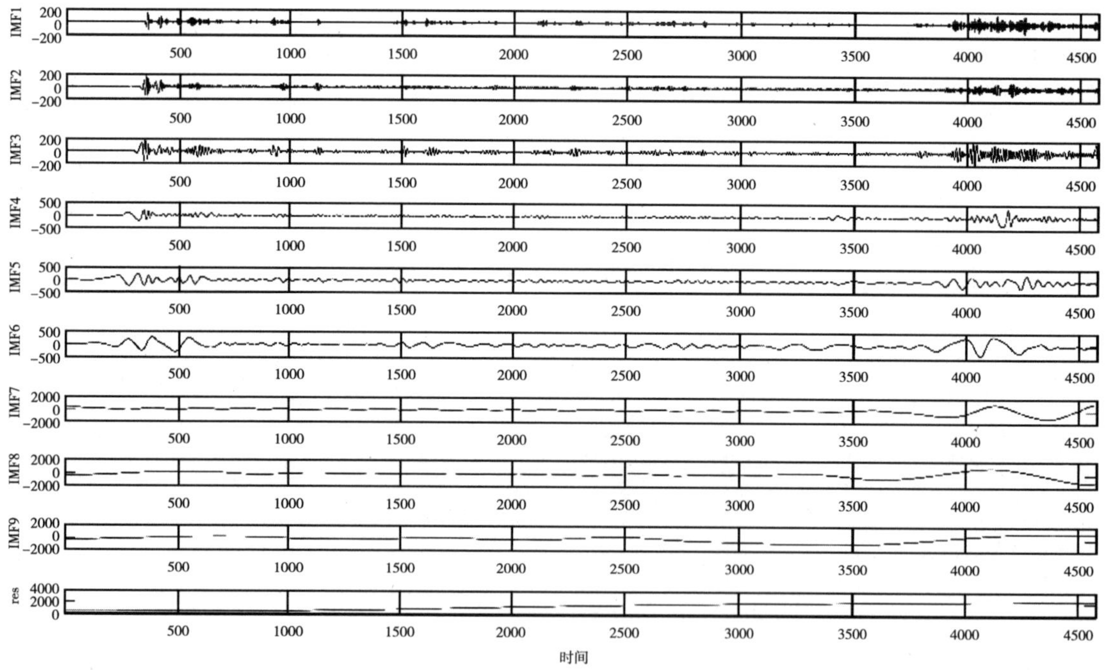

图1-18 上证指数EMD分解结果（MATLAB）

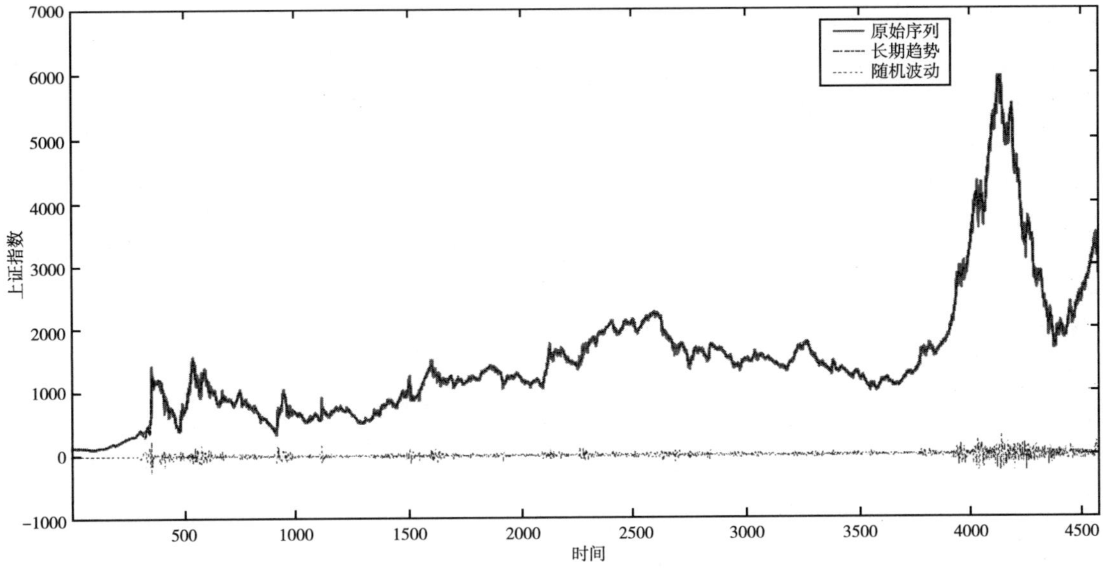

图 1-19　上证指数 EMD 分解重构结果（MATLAB）

用 Python 对上证指数进行 EMD 分解的代码如下：

```
# Python 代码
# 导入所需要的包
import pandas as pd
import numpy as np
from PyEMD import CEEMDAN, EMD, EEMD
import matplotlib.pyplot as plt
import matplotlib as mpl
plt.rcParams['axes.facecolor'] = 'snow' # 图片背景
plt.rcParams['font.sans-serif'] = ['SimHei'] # 用来正常显示中文标签
plt.rcParams['axes.unicode_minus'] = False # 用来正常显示负号
mpl.style.use(['ggplot']) # style
font1 = {'family': 'Arial',
         'weight': 'normal',
         'size': 18, } # Arial 是字体形式
# 导入数据
data = pd.read_csv(r"shangzheng.csv") # 导入数据
data = np.array(data["open"])
x = np.linspace(0, len(data) - 1, len(data)) # 生成横坐标
# 原始图
plt.figure(1) # 第一张画布
plt.plot(x, data, linewidth=0.5, color='red') # 原始数据
plt.title("Signal Input") # 标题
plt.xticks(fontsize=13) # x 轴刻度字体大小
plt.yticks(fontsize=13) # y 轴刻度字体大小
plt.ylabel('SZ', font1) # y 轴坐标名称及字体样式
plt.savefig(' 原始序列图(上证).png',dpi=400)
# plt.show()
# EMD 分解
emd = EMD()
imfs_emd = emd(data)
# EMD 分解图
plt.figure(figsize=(15,10))
plt.suptitle('EMD 分解(上证指数)', fontsize=16) # 总标题
```

```
for i in range(np.shape(imfs_emd)[0]): # 每个子图展示一个 IMF
    plt.subplot(np.shape(imfs_emd)[0], 1, i + 1)
    plt.plot(x, imfs_emd[i, :], linewidth=0.5, color='blue')
    plt.title("IMF" + str(i + 1), fontsize=10, loc='right', y=0.1) # 子图标题
    # plt.xticks(fontsize=5) # x 轴刻度字体大小
    plt.yticks(fontsize=10) # y 轴刻度字体大小
# 子图间距设定
plt.subplots_adjust(left=0.125,
                    bottom=0.1,
                    right=0.9,
                    top=0.9,
                    wspace=0.1,
                    hspace=0.5)
# plt.show()
plt.savefig('EMD 分解结果(上证).png',dpi=400)
# 重构
# plt.figure(figsize=(15,10))
data_first = imfs_emd[:3, :] # 前 3 组
data_second = imfs_emd[3:, :] # 后 7 组
data_first = np.sum(data_first, 0) # 沿 y 轴方向求和
data_second = np.sum(data_second, 0)
plt.figure(4)
# NO.1
plt.subplot(2, 1, 1)
plt.plot(x, data, linewidth=0.5, color='red', label='上证指数')
plt.plot(x, data_second, linewidth=0.5, color='blue', label='后 7 组 IMF 和')
plt.title("EMD 分解重构结果", fontsize=10, loc='center')
plt.xticks(fontsize=10) # x 轴刻度字体大小
plt.yticks(fontsize=10) # y 轴刻度字体大小
plt.legend(loc='upper left') # 绘制曲线图例,信息来自类型 label
# NO.2
plt.subplot(2, 1, 2)
plt.plot(x, data_first, linewidth=0.5, color='blue', label='前 3 组 IMF 和')
# plt.title("前 2 组 IMF", fontsize=10, loc='center')
plt.xticks(fontsize=10) # x 轴刻度字体大小
plt.yticks(fontsize=10) # y 轴刻度字体大小
plt.legend(loc='upper left') # 绘制曲线图例,信息来自类型 label
# plt.show()
plt.savefig('EMD 重构结果(上证).png',dpi=400)
```

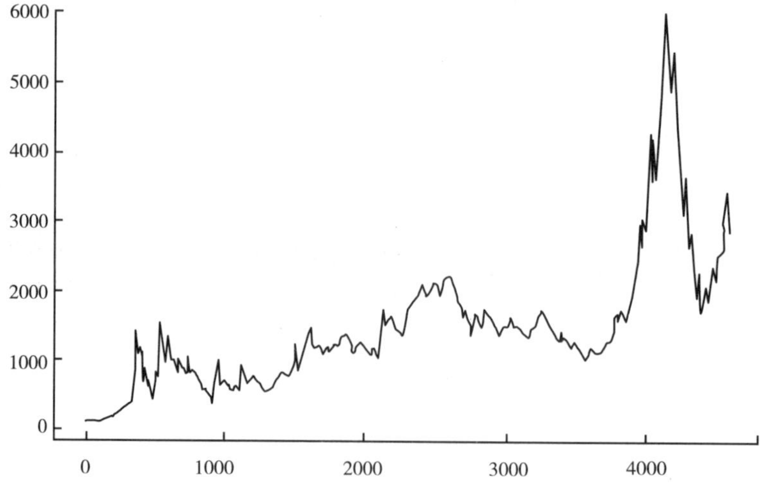

图 1-20 上证指数原始序列(Python)

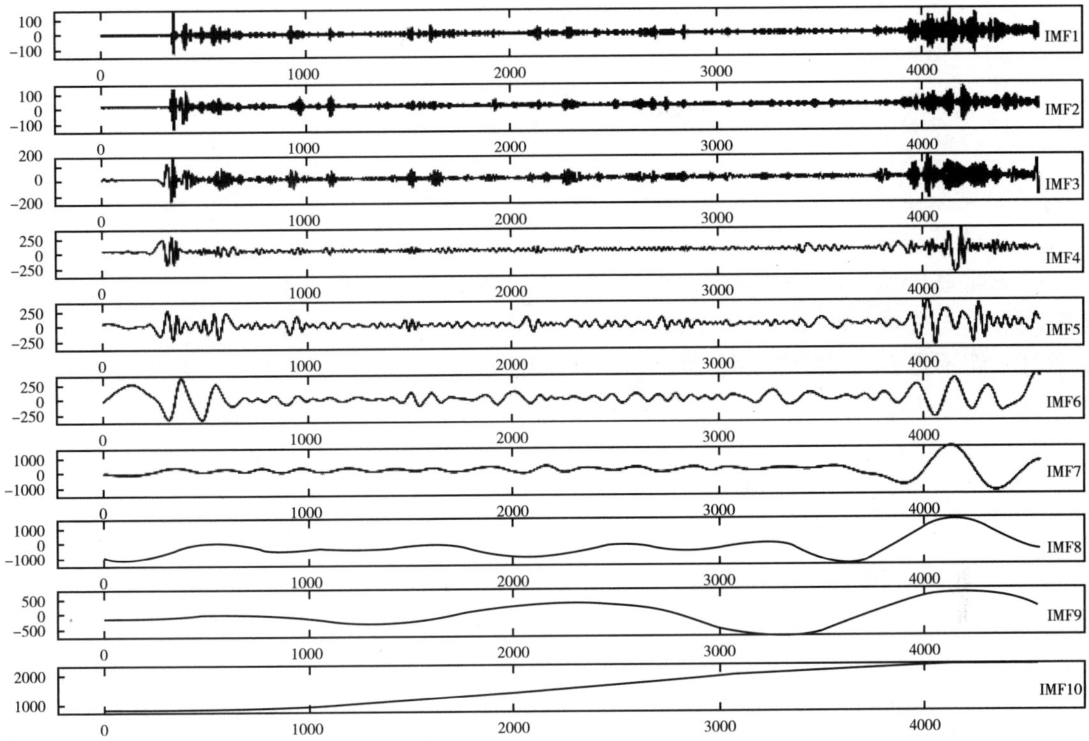

图 1–21　上证指数 EMD 分解结果（Python）

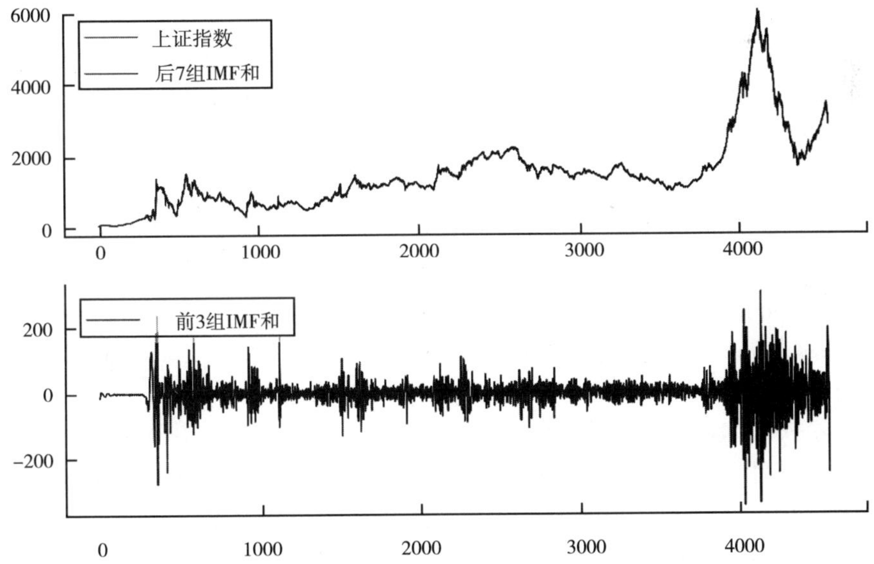

图 1–22　上证指数 EMD 分解重构结果（Python）

1.4 延伸阅读

EMD克服了基函数无自适应性的问题，与短时傅里叶变换、小波分解等方法相比，这种方法是直观的、直接的、后验的和自适应的，因为基函数是由数据本身所分解得到。由于分解是基于信号序列时间尺度的局部特性，因此具有自适应性。对于一段未知信号，不需要做预先分析与研究，就可以直接开始分解。这个方法会自动按照一些固定模式按层次分好，而不需要人为设置和干预。然而，EMD分解也存在一定的不足，其改进版本十分丰富。

Ensemble Empirical Mode Decomposition（EEMD）算法（Wu和Huang，2009）的提出解决了EMD存在的模态混叠问题。

Fast Ensemble Empirical Mode Decomposition（FEEMD）算法（Wang等，2014）的提出优化了停止准则，解决了EEMD计算量较大，运行速度慢的问题。

Complementary Ensemble Empirical Mode Decomposition（CEEMD）算法（Yeh等，2011）的提出解决了EEMD重构误差大、分解完备性差、计算量大的问题。

Complete Ensemble Empirical Mode Decomposition With Adaptive Noise（CEEMDAN）算法（Torres等，2011）的提出解决了EEMD中出现的分解模态数量不相等的问题。

Modified Ensemble Empirical Mode Decomposition（MEEMD）算法（Zhang等，2010）的提出降低了CEEMD的运算复杂度，提升了计算效率，使分解得到的IMF更具有意义，保证了分解的完备性。

Improved CEEMDAN（ICEEMDAN）算法（Colominas等，2014）的提出解决了CEEMDAN的噪声残余问题，以及在分解的早期阶段存在一些“伪”模态，即前两种或三种模式包含大量的相似噪声和类似的信号尺度的问题。

An Unconstrained Optimization Approach to Empirical Mode Decomposition（UOA-EMD）算法、Optimization on Spline Empirical Mode Decomposition（OS-EMD）算法、Multicomponent Proximal Algorithm for Empirical Mode Decomposition（Prox-EMD）算法改进了EMD中上下包络线求均值的方法（Colominas等，2015），提供了更清晰的数学基础。

Bidimensional Empirical Mode Decomposition（BEMD）算法（Nunes等，2003）将EMD拓展到二维空间，用于纹理提取和图像滤波。

基于变点分析技术改进的EMD算法（李合龙等，2019）可用于信号去噪。

除上述算法之外，还有Bidimensional Statistical Empirical Mode Decomposition（BSEMD）（Donghoh等，2012）、Empirical Fourier Decomposition（EFD）（Zhou等，2022）、Empirical Wavelet Transform（EWT）（Gilles，2013）、Improved Bidimensional Empirical Mode Decomposition（IBEMD）（Chen等，2014）等。

参考文献

[1] Chen CY, Guo SM, Chang WS, et al. An improved bidimensional empirical mode decomposition: A mean approach for fast decomposition. Signal Processing, 2014, 98: 344–358.

[2] Colominas MA, Schlotthauer G, Torres ME. Improved complete ensemble EMD: A suitable tool for biomedical signal processing. Biomed Signal Process Control, 2014, 14: 19–29.

[3] Colominas MA, Schlotthauer G, Torres ME. An unconstrained optimization approach to empirical mode decomposition. Digital Signal Processing, 2015, 40: 164–175.

[4] Donghoh K, Minjeong P, Hee–Seok O. Bidimensional statistical empirical mode decomposition. IEEE Signal Processing Letters, 2012, 19 (4): 191–194.

[5] Gilles J. Empirical wavelet transform. IEEE Transactions on Signal Processing, 2013, 61 (16): 3999–4010.

[6] Huang NE, Shen Z, Long SR, et al. The empirical mode decomposition and the Hilbert spectrum for nonlinear and non–stationary time series analysis. The Royal Society, 1998, 454: 903–995.

[7] Nunes JC, Bouaoune Y, Delechelle E, et al. Image analysis by bidimensional empirical mode decomposition. Image and Vision Computing, 2003, 21 (12): 1019–1026.

[8] Torres ME, Colominas MA, Schlotthauer Go, et al. A complete ensemble empirical mode decomposition with adaptive noise. In Proceedings of the IEEE International Conference on Acoustics, Speech and Signal Processing(ICASSP), Prague, Czech Republic, 2011: 4144 - 4147.

[9] Wang YH, Yeh CH, Young HWV, et al. On the computational complexity of the empirical mode decomposition algorithm. Physica A: Statistical Mechanics and its Applications, 2014, 400: 159–167.

[10] Wu Z, Huang NE. Ensemble empirical mode decomposition: A noise–assisted data analysis method. Advances in Adaptive Data Analysis, 2009, 1: 1–41.

[11] Yeh JR, Shieh JS, Huang NE. Complementary ensemble empirical mode decomposition: A novel noise enhanced data analysis method. Advances in Adaptive Data Analysis, 2011, 2 (2): 135–156.

[12] Zhang J, Yan R, Gao RX, et al. Performance enhancement of ensemble empirical mode decomposition. Mechanical Systems and Signal Processing, 2010, 24 (7): 2104–2123.

[13] Zhou W, Feng Z, Xu YF, et al. Empirical Fourier decomposition: An accurate signal decomposition method for nonlinear and non–stationary time series analysis. Mechanical Systems and Signal Processing, 2022, 163.

[14] 李合龙，杨能，林楚汉等. 我国股票市场行业间波动溢出效应研究——基于改进的EMD去噪方法. 系统工程理论与实践，2019，39（9）：2179–2188.

练习题

1. 什么是经验模态分解（EMD）？
2. 简述EMD方法的具体步骤。
3. EMD方法的优势与不足之处有哪些？
4. 请使用EMD方法对武汉市AQI数据进行分解（数据：武汉市AQI数据.xlsx）。

第2章　集成经验模态分解

2.1 理论基础

2.1.1 概念

集成经验模态分解（Ensemble Empirical Mode Decomposition，EEMD）方法是吴兆华和黄锷（Wu和Huang，2009）为克服EMD的模态混叠而提出一种噪声辅助信号分析方法。

EEMD利用了EMD的尺度分离能力，确保EMD方法对任何数据都是二进滤波器组①。通过加入有限噪声，EEMD在很大程度上消除了模态混合问题，并保持了分解的物理唯一性。

EEMD定义IMF为试验集合的平均值，每个试验都由信号加上一个有限振幅的白噪声组成。通过这种集成方法可以很自然清晰地分离尺度，而无需任何先验的主观标准选择。

2.1.2 模态混叠

模态混叠定义为一个单一的本征模态函数（IMF）由规模大不相同的信号组成，或由位于IMF不同组成部分的类似规模的信号组成（Wu和Huang，2009）。模态混合通常是信号间歇性的结果。根据黄锷提出的，间歇性不仅会造成严重的时频分布混叠，而且会使单个IMF的物理意义不明确（Wu和Huang，2009；戴婷等，2019）。

对模态混叠的直观解释如下：

数据及其筛选过程如图2-1（Wu和Huang，2009）所示。数据的基本部分是单位振幅的低频正弦波。在低频波的三个中间波峰处，振幅为0.1的高频间歇振荡位于基波上，如图2-1（a）所示。筛选过程从确定数据中的最大值（最小值）开始。在这种情况下，确定了15个局部极大值，其中第一个和最后一个来自基值，其他13个主要由间歇振荡引起（图（b））。因此，上包络线既不像基波的上包络线（在1点处是一条平坦的线），也不像

① 二进滤波器组是带通滤波器的集合，带通滤波器具有固定的带通形状(例如，高斯分布)，但相邻滤波器覆盖组中任何单个滤波器的频率范围的一半或两倍。滤波器的频率范围可以重叠。例如，一个简单的并进滤波器组可以包括覆盖频率窗口的滤波器，如120Hz，100—240Hz，200—480Hz等。

间歇振荡的上包络线（应该是间歇区之外的基本振荡）。相反，包络线是基本信号包络线和导致严重扭曲包络均值的间歇信号包络线的混合物（图（c）中的灰色粗线）。因此，第一个IMF（图（d））是低频基波和高频间歇波的混合，如图2-2（Wu和Huang，2009）所示。

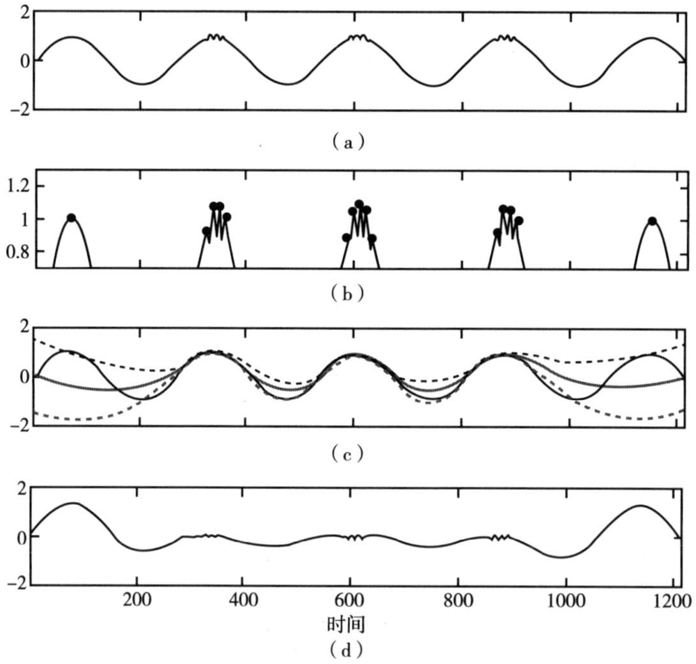

图2-1　筛选过程的第一步：图（a）为输入；图（b）标识局部最大值（灰点）；图（c）绘制上包络线（上灰色虚线）和下包络线（下灰色虚线）及其平均值（粗灰色线）；图（d）是输入值与包络均值之间的差值（Wu和Huang，2009）

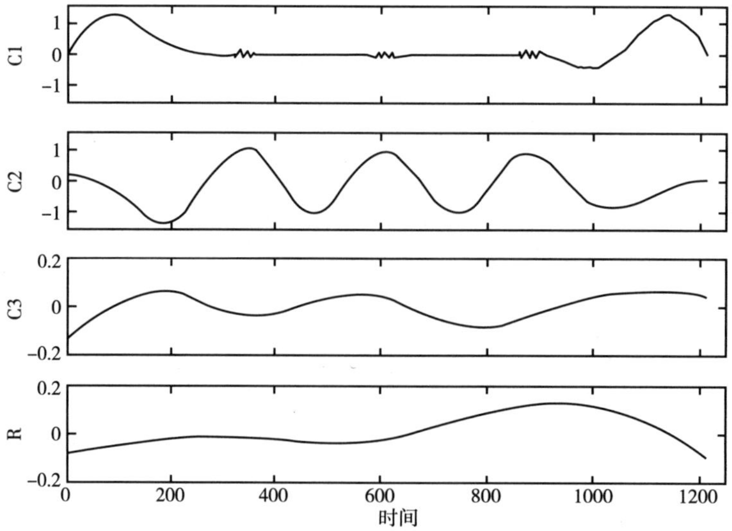

图2-2　显示图2-1（a）输入的固有模态函数（Wu和Huang，2009）

出现模态混叠的结果与EMD分解的不稳定性和缺乏唯一性有关。由于真实数据几乎总是包含一定数量的未知的随机噪声或间歇，因此一个重要的问题是分解是否对噪声敏感。如果分解对小而有限振幅的附加噪声不敏感，且定量变化少且无质变，则一般认为分解是稳定的，且满足物理唯一性；否则，分解是不稳定的，不满足物理唯一性。不满足物理唯一性的分解结果可能不可靠，也可能不适合物理解释。对于许多具有给定基函数的传统数据分解方法，自动满足第二类分解方法的唯一性。但是，EMD通常不满足这个要求，因为分解仅仅基于极值的分布。

2.2 EEMD分解步骤

2.2.1 算法流程图

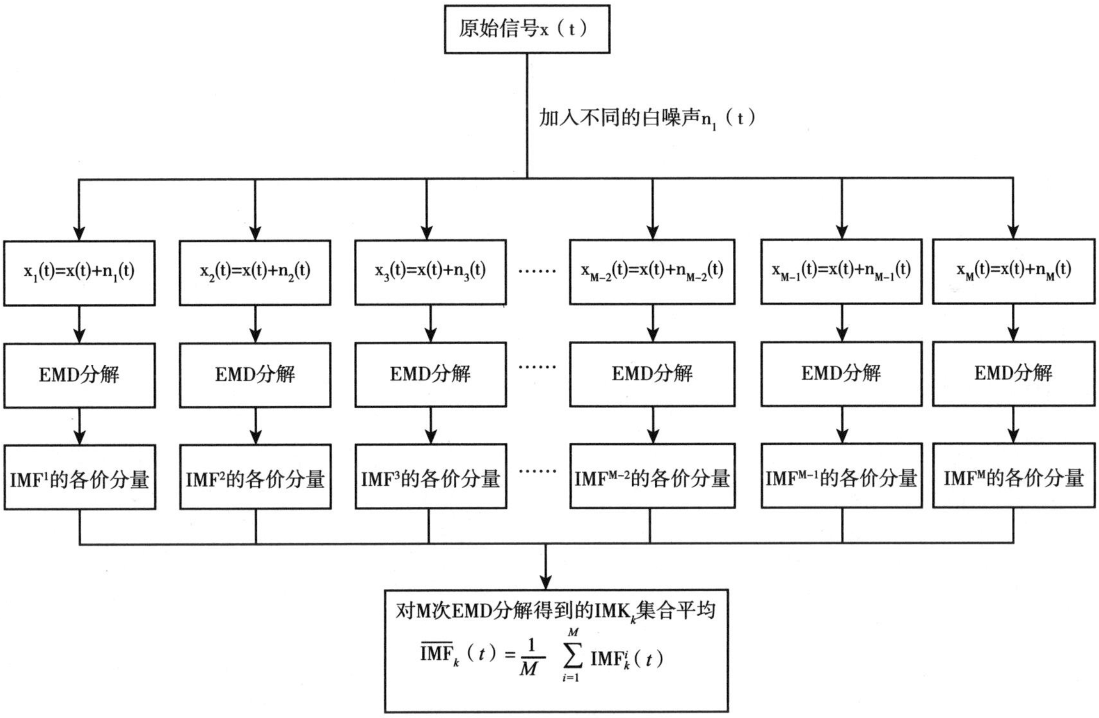

图2–3　EEMD算法流程

2.2.2 分解步骤

设待分解信号为$x(t)$，EEMD的分解步骤为：

步骤1：初始化，令$h(t)=x(t)$，i=1；

步骤2：

（1）向待分解的信号$h(t)$中加入随机白噪声$n^i(t)$：$h^i(t)=h(t)+n^i(t)$；

（2）对信号$h^i(t)$进行EMD分解得到为$IMF_k^i(t)$：$h(t)+n^i(t)=\sum_{k=1}^{K} IMF_k^i(t)+r^i(t)$，$k$=1，2，…，$K$，$K$为IMF分量的阶数；

（3）$i=i+1$，如$i \leqslant M$，重复（a）和（b）；其中M为集成平均次数；

步骤3：对M次EMD分解得到的$IMF_k^i(t)$进行集成平均，$\overline{IMF}_k(t)=\frac{1}{M}\sum_{i=1}^{M} IMF_k^i(t)$；得到最终的分解结果，EEMD算法完成。

原信号可重构为：$x(t)=\sum_{k=1}^{K}\overline{IMF}_k(t)+\bar{r}(t)-\frac{1}{M}\sum_{i=1}^{M}n^i(t)$，其中$\overline{IMF}_k(t)$各阶集成平均固有模态分量；$\bar{r}(t)=\frac{1}{M}\sum_{i=1}^{M}r^i(t)$为最后的剩余分量；$-\frac{1}{M}\sum_{i=1}^{M}n^i(t)$为重构误差。根据白噪声的零均值统计特性，随着M的增加，$-\frac{1}{M}\sum_{i=1}^{M}n^i(t)$就越趋近于零，重构误差也越小。

2.3 案例应用

案例2-1：PM2.5的EEMD分解

以武汉市PM2.5浓度为例

```
%MATLAB代码
% 1. 读入数据
data_all = xlsread('pm25.xlsx');
pm25 = data_all(:,4);
t = 1:1:length(pm25);
% 绘制原始序列
figure;
plot(pm25);
set(gca,'XLim',[1 length(pm25)]);% 设置要显示坐标刻度的范围
title('pm2.5 原始序列 ');
% 2. EEMD 分解
imf = eemd(pm25,0.2,100);
imf=imf';
% 3. 绘制分解结果
[n,m]=size(imf);
figure();
subplot(n+1,1,1);
plot(t,pm25);
set(gca,'XLim',[1 length(pm25)]);% 设置要显示坐标刻度的范围
title('EEMD decomposition results of PM2.5');
ylabel(['PM2.5']);
for i = 2:n+1
    subplot(n+1,1,i);
    plot(t,imf(i-1,:));
    set(gca,'XLim',[1 length(pm25)]);% 设置要显示坐标刻度的范围
    ylabel(['IMF',num2str(i-1)]);
    if (i == size(imf,1)+1)
```

```
        ylabel(['res']);
        xlabel('time');
    end
end
%% 4.EEMD 信号重构
rec_all=sum(imf,1);
rec_f3=sum(imf(2:4,:),1);   % 第一个是原始信号，最后一个是残差
rec_l5=sum(imf(n-5:n-1,:),1);
figure(3);
subplot(4,1,1);
plot(t,pm25);
xlim([1,m]);ylabel(['original']);%ylim([-100,600]);
subplot(4,1,2);
plot(t,rec_all);
xlim([1,m]);ylabel(['所有 IMF']);%ylim([-100,600]);
subplot(4,1,3);
plot(t,rec_f3);
xlim([1,m]);ylabel(['前 3 个 IMF']);%ylim([-100,600]);
subplot(4,1,4);
plot(t,rec_l5);
xlim([1,m]);ylabel(['最后 5 个 IMF']);xlabel(['time']);%ylim([-100,600]);
```

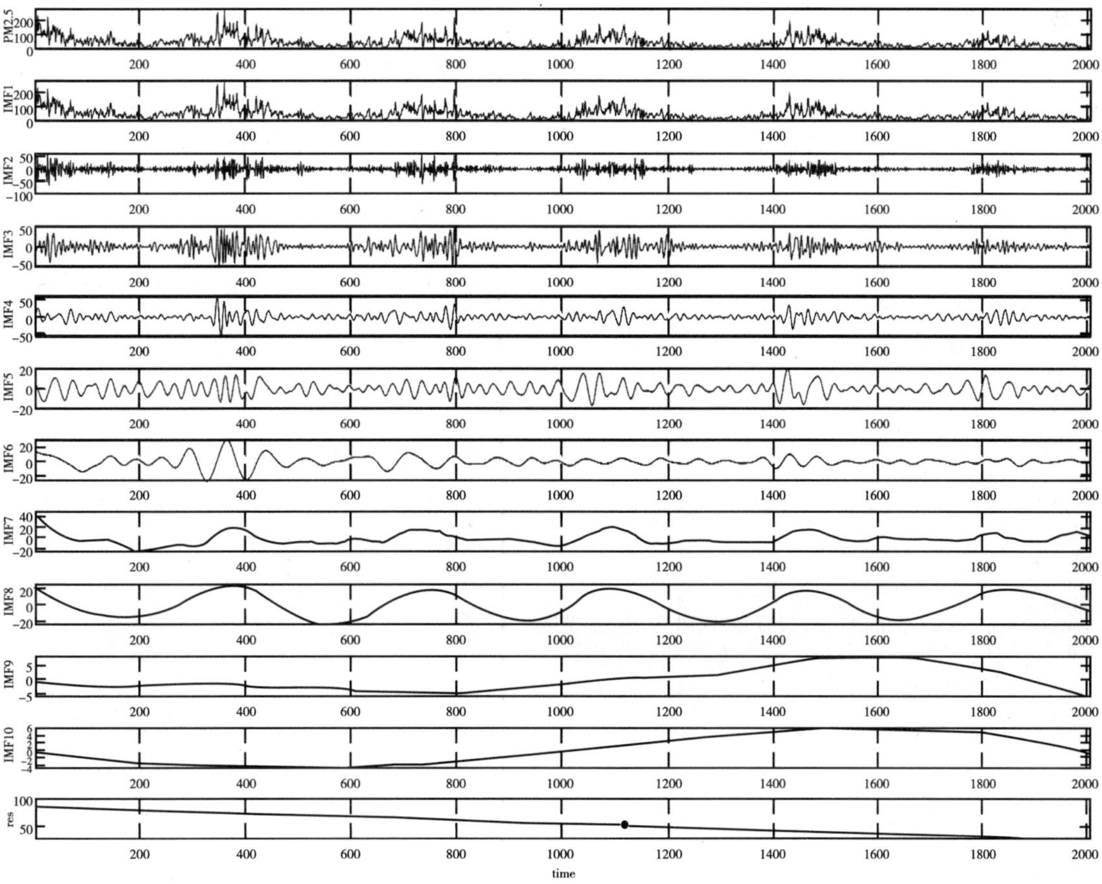

图 2-4　PM2.5 浓度的 EEMD 分解结果

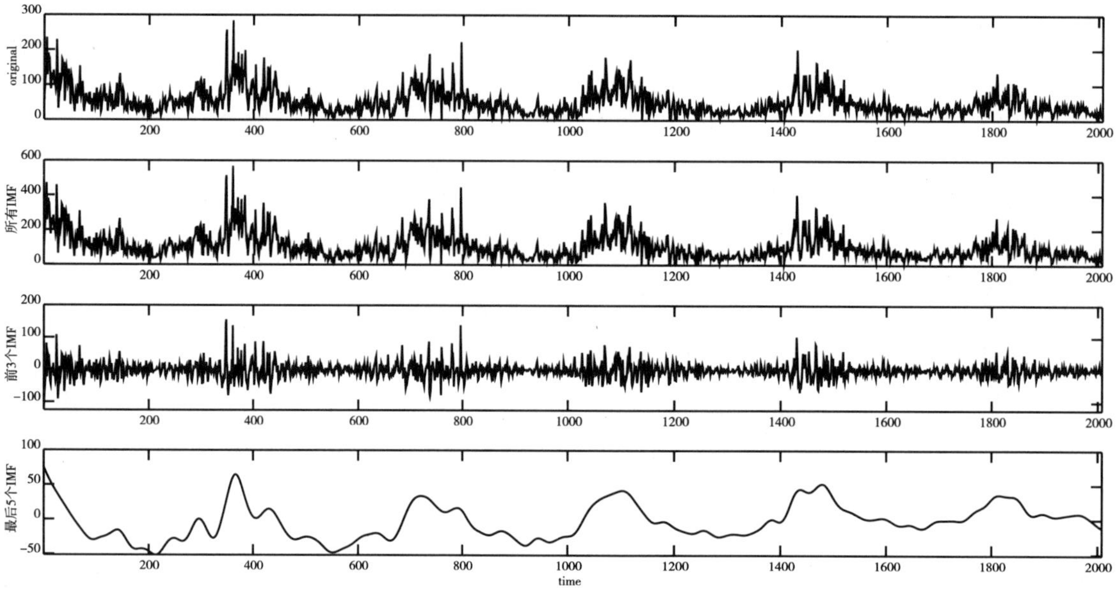

图2-5　EEMD方法信号重构结果

案例2-2：上证指数的EEMD分解

以上证指数开盘价为例：

```
%MATLAB代码
clc
clear;
close all;
load shangzheng.mat; % 提取数据
x=sh_open;
figure;
plot(x,'LineWidth',2);
title('上证指数','FontSize',12);
xlabel('交易日天数','FontSize',12);
ylabel('指数','FontSize',12);imf=imf';
%% 画出原始信号y1的EEMD分解
fprintf('************ RUN EEMD ***********\n');
tic; %计时
imf=eemd(x,0.2,100);% eemd分解 这里可以调整下100的数据
toc;
imf=imf';
[m,n]=size(imf);
figure;
for i=1:m
        subplot(m,1,i);
        plot(imf(I,J,'r','LineWIdth',1.5);
        ylabel(['IMF',int2str(i)]);
        xlim([1,n]);
end
subplot(m,1,1); title('EEMD分解');
```

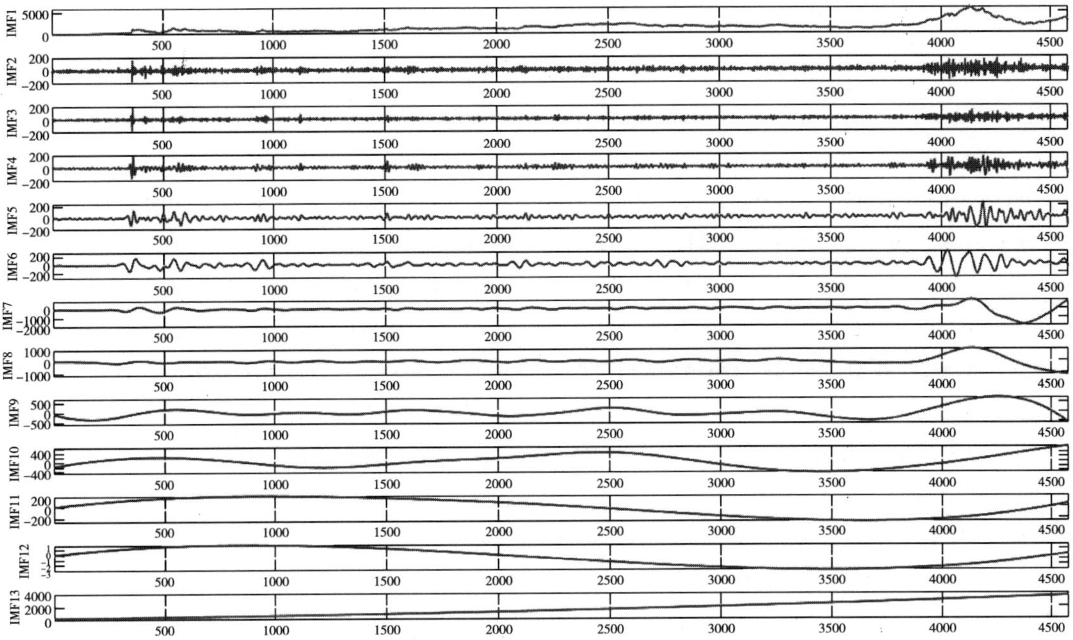

图2–6　上证指数的EEMD分解结果

2.4　延伸阅读

EEMD利用 EMD 滤波器组（Flandrin等，2004）行为及白噪声频谱均匀分布的统计特性（Wu和Huang，2004），使筛选过程信号极值点分布更趋匀称，有效抑制由间歇性高频分量等因素造成的模态混叠。

在EEMD中，每个加噪信号独立地被分解，使每个加噪信号分解后可能产生不同数量的IMF，导致集成平均时IMF分量对齐困难（Torres等，2011）。

此外，添加的白噪声幅值和迭代次数依靠人为经验设置，当数值设置不当时，无法克服模态混叠（Wang等，2014）。

集总平均次数一般在几百次以上，非常耗时。虽然增加集成平均次数可降低重构误差，但这是以增加计算成本为代价，且有限次数的集成平均并不能完全消除白噪声，导致算法重构误差大，分解完备性差（Wang等，2014）。

集总平均后的IMF可能不再符合IMF的要求（偏差一般较小，不影响瞬时频率的计算）。白噪声在集成平均之后基本抵消，但存在残留的白噪声，重建之后噪声不可忽略（Yeh等，2010）。

参考文献

［1］ Flandrin P，Rilling G，Goncalves P. Empirical mode decomposition as a filter bank［J］. IEEE Signal Processing Letters，2004，11（2）：112–114.

［2］ Torres ME，Colominas MA，Schlotthauer G，et al. A complete ensemble empirical mode decomposition with adaptive noise［C］//2011 IEEE International Conference on Acoustics，Speech and Signal Processing（ICASSP）. IEEE，2011：4144–4147.

［3］ Wang YH，Yeh CH，Young HWV，et al. On the computational complexity of the empirical mode decomposition algorithm. Physica A：Statistical Mechanics and its Applications，2014，400：159–167.

［4］ Wu Z，Huang NE. A study of the characteristics of white noise using the empirical mode decomposition method［J］. Mathematical Physical and Engineering Sciences，2004，460（2046）：1597–1611.

［5］ Wu Z，Huang NE. Ensemble empirical mode decomposition：A noise-assisted data analysis method［J］. Advances in Adaptive Data Analysis，2009，1（1）：1–41.

［6］ Yeh JR，Shieh JS，Huang NE. Complementary ensemble empirical mode decomposition：A novel noise enhanced data analysis method［J］. Advances in Adaptive Data Analysis，2011，2（2）：135–156.

［7］ 戴婷，张榆锋，章克信，等.经验模态分解及其模态混叠消除的研究进展［J］.电子技术应用，2019，45（3）：7–12.

练习题

1.简述EEMD方法的具体步骤。

2. EEMD与EMD的不同之处在哪里？

3. EEMD方法的优势与不足之处有哪些？

4.请使用EEMD方法对武汉市AQI数据进行分解（数据：武汉市AQI数据.xlsx）。

第3章　快速集成经验模态分解

3.1　理论基础

3.1.1　产生背景

美国的Norden E. Huang提出EMD来处理非稳定的信号，但是在对非线性信号进行分解时会出现间歇现象，导致模态混叠。因此，Huang提出EMD的改进方法——集成经验模态分解（ensemble empirical mode decomposition，EEMD），相比EMD，EEMD在EMD算法基础上加入了白噪声，以集成平均的方式消除模态重叠现象，但是这种算法的实时性不好。

一方面，EEMD算法需要进行多组EMD分解求平均，而在一次EMD分解过程中需要经过很多次迭代才能分解出IMF，这就需要进行大量的计算，使得CPU的执行效率很慢，研究发现使用现代个人电脑对一个包含3万个数据点的信号执行EMD需要一个多小时，大量的计算时间阻碍了EMD/EEMD在长数据分析和伪实时硬件方面的应用；另一方面，EEMD算法的参数选择主要依靠经验确定，主观性大，该算法中包含两个重要的参数：添加的辅助白噪声的大小以及集成平均次数。通常情况下，这两个参数都是根据经验进行设置，那么使用EEMD在对信号进行处理时，由于参数设置的主观性使得结果可能并不是最优的。综合来说，EEMD算法会有计算量大和参数设置具有主观性这两个缺陷，其中计算量大这个缺陷影响最大，直接影响了它在实际中的应用，故需要对EEMD算法进行改进。

在数据结构中，如果要分析一个算法的效率，通常是分析它的复杂度，包括时间复杂度和空间复杂度。复杂度越小，计算效率越高。所以改进算法的一个思路就是，我们想办法写出算法的时间复杂度和空间表达式，根据复杂度的表达式分析哪些因素会影响复杂度大小，改变参数是否会使得复杂度降低，运行效率提升，即通过参数优化的方式进行算法的改进，FEEMD算法就是基于这样的思路产生的，把实验中经过参数优化的EEMD方法定义为FEEMD算法。

3.1.2 介绍

FEEMD（Fast Ensemble Empirical Mode Decomposition）是EEMD的一种快速实现，它是由Wang等（2014）在集成经验模态分解（EEMD）基础上改进的一种分解算法。FEEMD能够快速、充分地分解非平稳、非线性的时间序列数据，有效改善了经验模态分解（EMD）中的模态重叠效应以及EEMD算法中庞大的运算量问题，其基本思想是Hilbert–Huang变换。FEEMD优化了传统EEMD算法中样条插值过程和停止判断准则，提高了算法执行的时效性，能快速将原始序列拆解成一系列低频的本征模态函数（intrinsic mode functions，IMFs）和一个残差序列。

3.2 FEEMD分解步骤

3.2.1 参数设置

（1）设k为白噪声与信号幅值（原始序列）标准差的比值，k一般取0.1~0.4；

（2）设NE为组数（添加噪声的次数），NE=100通常会产生令人满意的结果，并使残余噪声的误差小于1%；

（3）设NS为迭代筛选的次数，NS=10将会使EEMD成为一个几乎完美的噪声二进滤波器，同时保持IMF的上下包络线相对于零线几乎对称；

（4）设nm是选择有效的IMF个数（每个组得到的IMF个数可能不一样），nm=log2（n），其中n是时间序列的长度。

3.2.2 分解步骤

（1）输入原始信号，设置集成数目和复制倍数，同时在原始信号中添加一个Gauss白噪声序列；

（2）将添加白噪声后的信号分解成若干IMFs和一个残差序列；

（3）利用不同的白噪声序列重复上述步骤，直到达到算法的最大迭代次数；

（4）求各本征模态函数和残差序列的均值，即可得到原始信号的最终拆解序列。

3.3 案例应用

案例3-1：PM2.5的FEEMD分解

以武汉市PM2.5浓度为例：

```
% MATLAB代码
%% 清空环境变量
clc
clear;
close all;
%% 提取数据
data = csvread('pm25.csv');
%% 画出原始时间序列图
figure;
plot(data);
title('PM2.5 series','FontSize',12);
xlabel('Time(Day)','FontSize',12);
ylabel('PM2.5','FontSize',12);
%% FEEMD分解
fprintf('************ RUN FEEMD ***********\n');
%%参数设置
Nstd = 0.2;
NE = 100; % # of ensemble
numImf = 11; % # of imfs=log2(n)
maxSift = 10;
%% 计时
tic;
[imf] = feemd(data,Nstd,NE,numImf);
toc;
%% 画图
[m,n]=size(imf);   %m个分量
x = 1:n;
figure;
subplot(m,1,1)
plot(x,imf(1,:))
title('Results of FEEMD')
ylabel('sub1')
for i=2:m
    subplot(m,1,i)
    plot(1:n,imf(i,:))
        ylabel(['sub' num2str(i)])
    end
    subplot(m,1,m)
    plot(1:n,imf(m,:))
    ylabel(['sub' num2str(m)])
xlabel('Time(Day)')
```

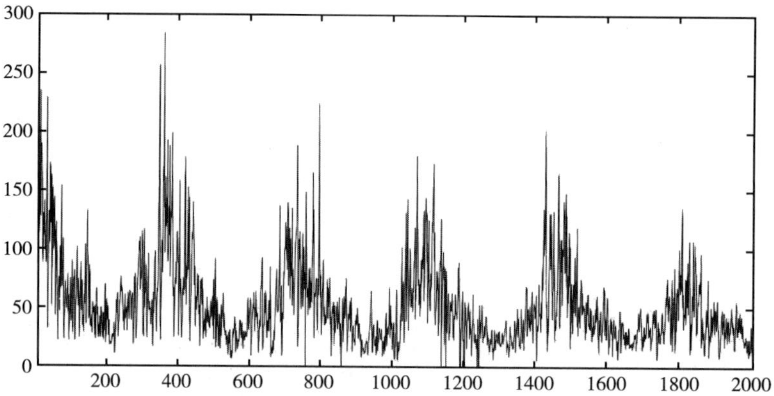

图 3–1　PM2.5 的时间序列

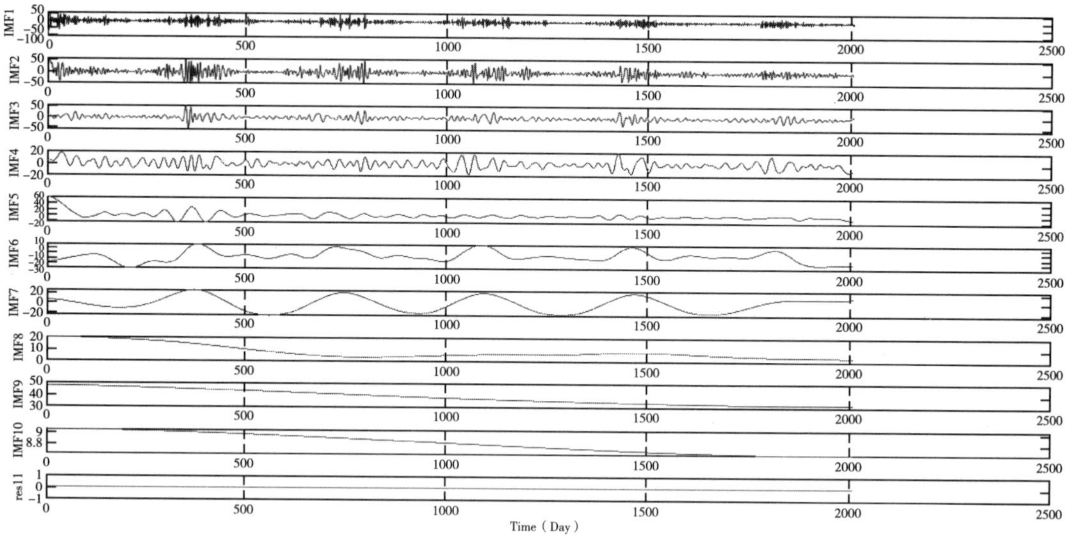

图 3–2　FEEMD 分解结果

案例 3–2：上证指数的 FEEMD 分解

以上证指数开盘价为例：

```
%Matlab 代码
%% 清空环境变量
clc
clear;
close all;
load shangzheng.mat; % 提取数据
x=sh_open;
%% 画出原始上证指数的每日开盘数
figure;
plot(x,'LineWidth',2);
title(' 上证指数 ','FontSize',12);
xlabel(' 交易日天数 ','FontSize',12);
ylabel(' 指数 ','FontSize',12);
%% FEEMD 分解
```

```
Nstd = 0.2;
NE = 100; % # of ensemble
numImf = 13; % # of imfs
runCEEMD = 0;
maxSift = 10;
typeSpline = 2;
toModifyBC = 2;
randType = 2;
seedNo = 0;
checksignal = 1;
tic; %计时
[imf] = feemd(x,Nstd,NE,numImf,runCEEMD,maxSift,typeSpline,toModifyBC,randType,…
seedNo,checksignal);
toc;
[m,n]=size(imf)
figure;
for i=1:m
   subplot(ceil(m/2),2,i); plot(imf(i,:),'LineWIdth',1.5);
   ylabel(['IMF',int2str(i)]);
   xlim([1,n]);
end
subplot(ceil(m/2),2,1); title('FEEMD 分解 ');
%% 重构
sub1 = imf(1,:)+imf(2,:)+imf(3,:)+imf(4,:);
sub2 = imf(9,:)+imf(5,:)+imf(6,:)+imf(7,:)+imf(8,:)+imf(10,:)+imf(11,:)+imf(12,:)+imf(13,:);
figure;
subplot(2,1,1);
plot(x,'g','linewidth',2);set(gca,'XLim',[1 length(x)]);
ylabel(' 上证指数 ');
hold on
plot(sub2,'b-.','linewidth',1);
hold off
legend(' 原始序列 ',' 长期趋势 ','North');
subplot(2,1,2);
plot(sub1,'r');set(gca,'XLim',[1 length(x)]);
hold off
xlabel(' 时间 ');ylabel(' 上证指数 ');
legend(' 随机波动 ');
```

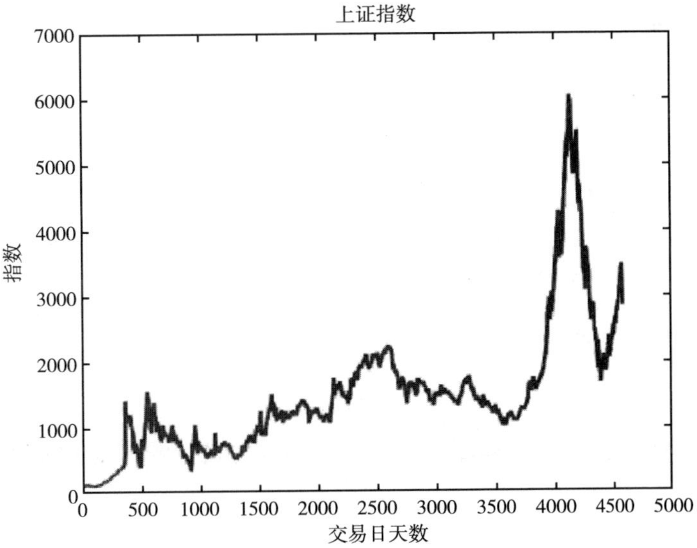

图 3-3　上证指数原始序列

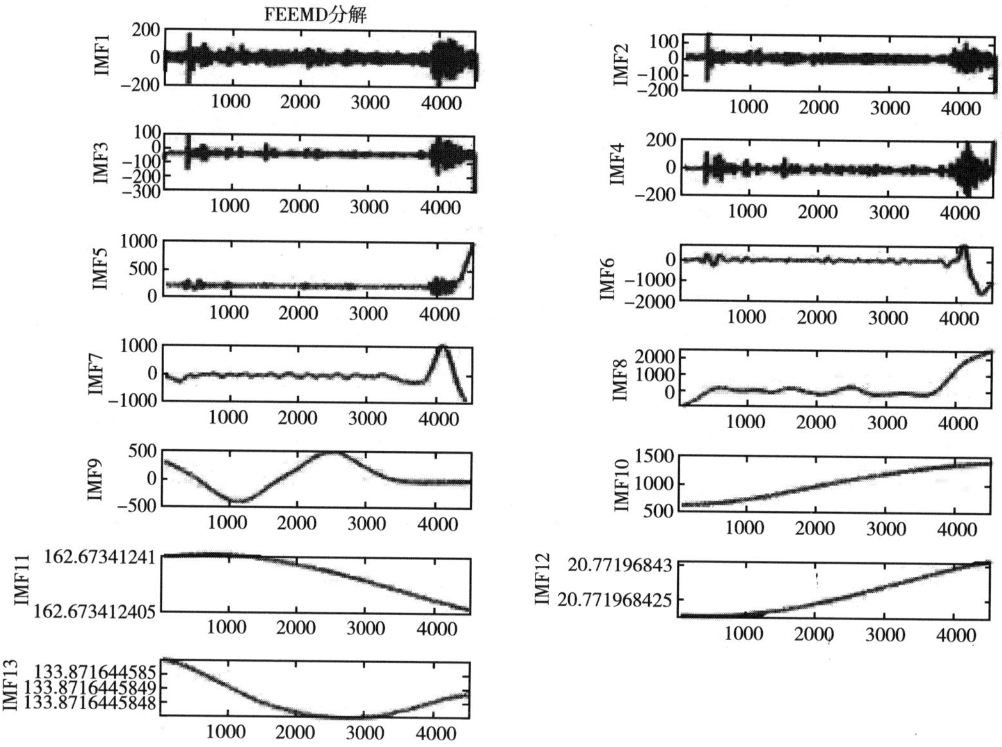

图3-4　FEEMD分解结果

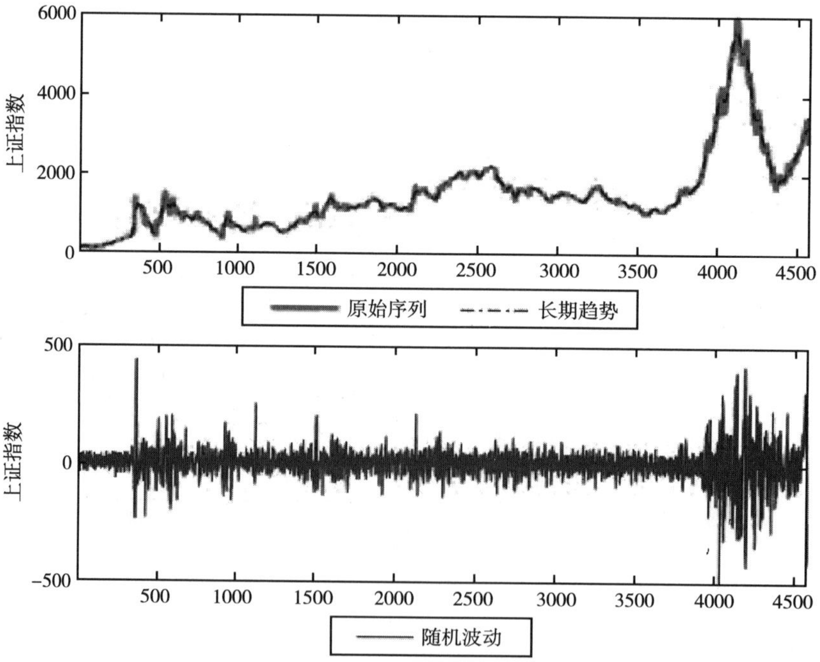

图3-5　重构后序列

3.4 延伸阅读

相比EMD算法，FEEMD算法优化了停止判断准则。在EMD中，以标准差准则作为IMF分量停止判断条件，这可能会出现筛选次数过多的情况；而FEEMD对其改进使用的是循环筛选准则，即固定一个循环筛选次数，这将直接提高EMD算法的执行效率。相比于EEMD算法，FEEMD主要优势在于优化了参数，在参数的设定上比EEMD更具有理论依据，同时效率提高。

但是FEEMD也是有缺陷的，有实验表明经过FEEMD分解的序列仍然可能存在模态混叠效应，只是相比EMD有所改善，因此模态混叠效应没有得到根本上的解决；另外，FEEMD分解会出现两端发散的现象，即端点效应，并且还会逐渐向内进行传播，这种现象可能会加剧模态混叠和伪分解问题。

目前国内外学者提出了大量方法来解决端点效应。例如，特征波延拓法、镜像闭合延拓法、对称延拓和神经网络延拓法等。首先可以用这些方法进行延拓，其次对延拓的部分利用余弦窗进行加窗处理，最后利用FEEMD进行信号分解，分解后将延拓部分数据删除，这样可以有效解决端点效应。

参考文献

[1] Wang YH, Yeh CH, Young HWV, et al. On the computational complexity of the empirical mode decomposition algorithm. Physica A: Statistical Mechanics and its Applications, 2014, 400: 159-167.

练习题

1. 简述FEEMD方法的具体步骤。
2. FEEMD与EMD、EEMD的不同之处在哪里?
3. FEEMD方法的优势与不足之处有哪些?
4. 请使用FEEMD方法对武汉市AQI数据进行分解（数据：武汉市AQI数据.xlsx）。

第4章　互补集成经验模态分解

4.1 理论基础

4.1.1 概念

互补集成经验模态分解（CEEMD）同EEMD一样是一种噪声辅助信号处理方法，EEMD分解方法通过白噪声辅助处理，虽然有效地解决了EMD分解方法中的模态混叠问题，但如果集成次数不够多，白噪声通过集成平均难以完全抵消，会影响IMF分量；而如果想把白噪声残留降到一个较低水平，则至少需要集成上百次，计算量太大。针对这一问题，Yeh等（2011）提出了CEEMD（Complementary Ensemble Empirical Mode Decomposition）分解方法，对EEMD进行了改进：往原始信号中添加N对符号相反的噪声，分别进行EEMD分解，最后进行2N次集成平均处理得到分解结果。由此，CEEMD分解能有效减小白噪声残留至0，并且计算量远远小于EEMD分解。

4.2 CEEMD分解步骤

4.2.1 算法流程图

（1）幅值ε_0：振幅太小，影响不了原始信号的极值，解决不了模态混叠；振幅太大，会产生多余的IMF分量。第一个方法是0.2*原始信号的标准差；第二个方法是看信噪比SNR与是否产生模态混叠、产生几个多余的IMF分量的关系，当振幅在0.01~0.1之间时，信噪比SNR在50~60dB之间，能比较好地解决模态混叠和模态混叠问题（Zhang等，2010）。

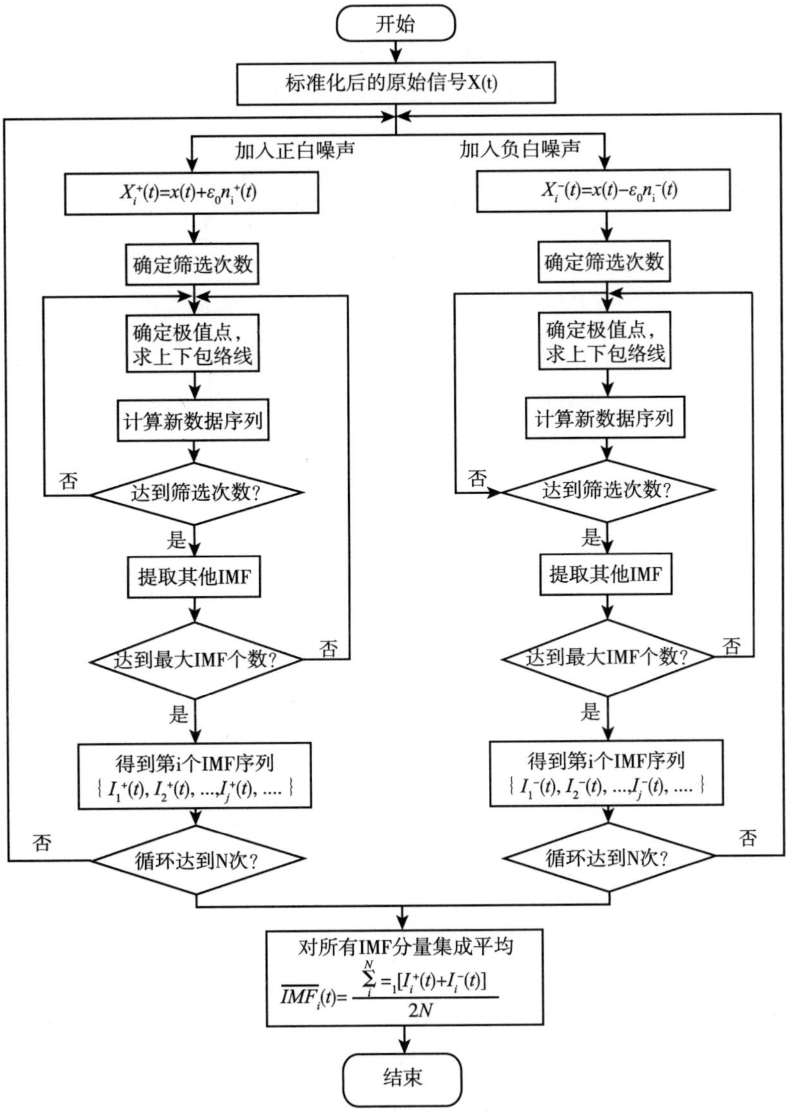

图 4-1　CEEMD 算法流程

（2）筛选次数：一般要经过8~10次迭代才能得到一个符合要求的IMF分量。

（3）最大IMF个数：当原始数据是白噪声时，其尺度均匀地分布在整个时间尺度或时频空间，分解得到的IMF个数接近于$\log_2 N$；当数据不是纯粹的噪声时，一些时间尺度可能会缺失，此时分解得到的IMF个数小于$\log_2 N$（Wu和Huang，2009）。

（4）循环次数：N。

4.2.2　分解步骤

（1）在原始信号中加入符号相反的一组噪声信号，每次加入幅值相同的新噪声，重复

N次，第i次加正负噪声如式（4-1）和式（4-2）：

$$X_i^+(t)=x(t)+\varepsilon_0 n_i(t),\ i=1,2,\cdots,N \tag{4-1}$$

$$X_i^-(t)=x(t)-\varepsilon_0 n_i(t),\ i=1,2,\cdots,N \tag{4-2}$$

其中，$x(t)$为原始信号，$\varepsilon_0 n_i(t)$为正噪声，$-\varepsilon_0 n_i(t)$为负噪声，ε_0为幅值。

（2）对$X_i^+(t)$以及$X_i^-(t)$分别进行EEMD分解，第i次加正噪声得到的IMF分量为$\{I_1^+(t),I_2^+(t),\cdots,I_j^+(t),\cdots\}$，第$i$次加负噪声得到的IMF分量为$\{I_1^-(t),I_2^-(t),\cdots,I_j^-(t),\cdots\}$，分别重复$N$次。

（3）最后，对得到的所有IMF分量的进行集成平均，即为最终的分解结果，如式（4-3）：

$$\overline{IMF}_i(t)=\frac{\sum_{i=1}^{N}[I_i^+(t)+I_i^-(t)]}{2N} \tag{4-3}$$

4.3 案例应用

案例4-1：PM2.5的CEEMD分解

以武汉市PM2.5浓度为例：

```
% MATLAB代码
%% 1.读入数据
data_all = xlsread('pm25.xlsx');
pm25 = data_all(:,4);
t = 1:1:length(pm25);
%% 2.CEEMD分解
fprintf('************* RUN CEEMD ***********\n')
tic;
CEEMDimf=ceemd(pm25,0.2,10);
toc;
CEEMDimf=CEEMDimf';  % 有的MATLAB版本需要转置
[m1,n1]=size(CEEMDimf);
figure(1);
subplot(m1+1,1,1);  % 共n+1行、1列图,第1个位置是原始信号的图
plot(t,pm25);
xlim([1,n1]);
ylabel(['original']);
for i = 2:m1+1
    subplot(m1+1,1,i); % 共n+1行、1列图,第i个位置是第i-1个imf分量的图
    plot(CEEMDimf(i-1,:));
    ylabel(['IMF',num2str(i-1)]);
    xlim([1,n1]);
    if (i == m1+1)  % 最后一个子图是残余分量res
        ylabel(['res']);
        xlabel('time');
    end
end
```

对CEEMD分解得到的所有IMF分量和趋势项、前三个IMF分量、最后五个IMF分量和趋势项分别做信号重构，并与原始信号进行对比，代码如下，结果如图4-3所示。

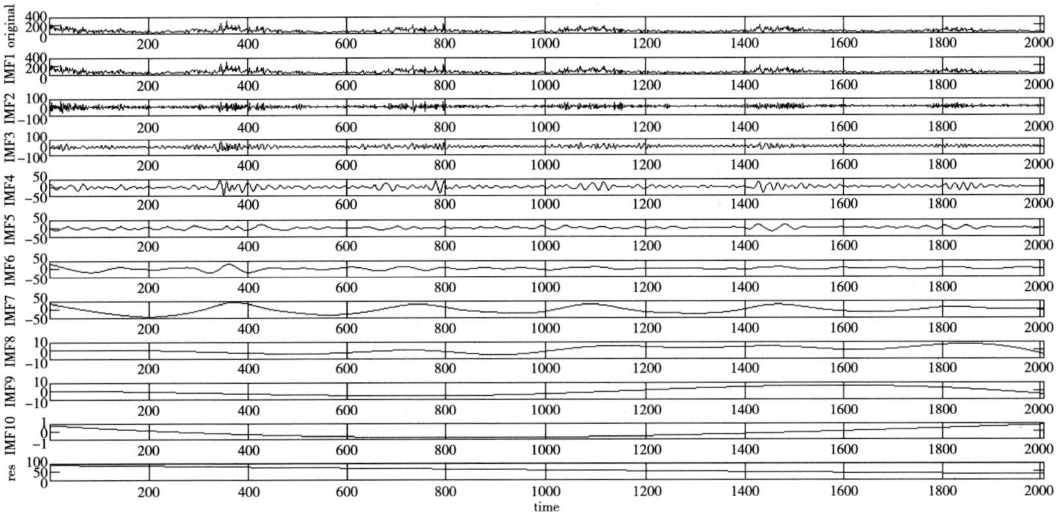

图 4–2　PM2.5 浓度的 CEEMD 分解结果

```
% 4. 重构
figure(2);
rec_all=sum(CEEMDimf(2:m1,:),1);     % CEEMDimf 第一行是原始信号，最后一行是残差项
rec_f3=sum(CEEMDimf(2:4,:),1);
rec_l5=sum(CEEMDimf(m1-5:m1,:),1);
plot(t,pm25,'r:.');xlim([0,length(pm25)]);
hold on
plot(t,rec_all,'b-');xlim([0,length(pm25)]);
hold on
plot(t,rec_f3,'g--');xlim([0,length(pm25)]);
hold on
plot(t,rec_l5,'k:');xlim([0,length(pm25)]);
legend('原始信号','所有 IMF 重构','前三个 IMF','后五个 IMF 和趋势项');
```

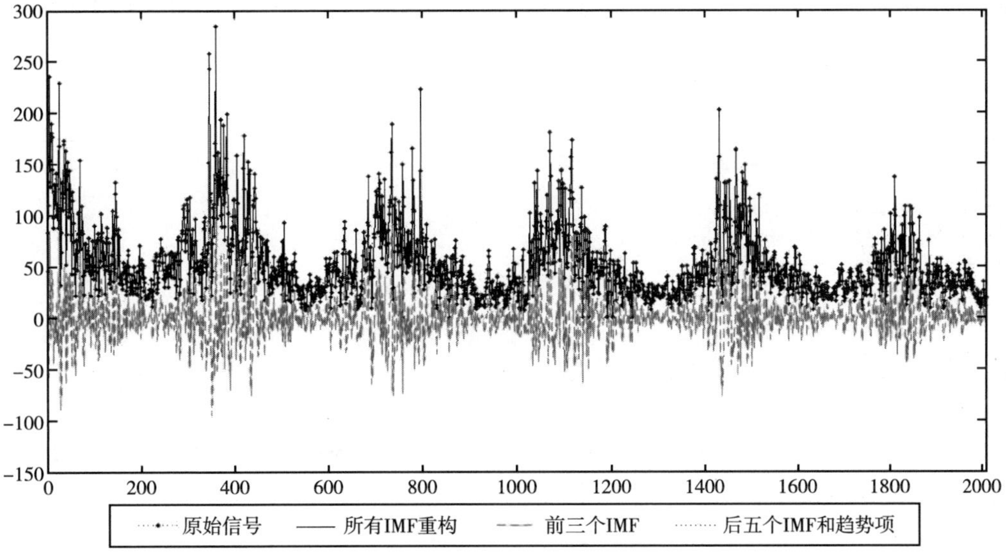

图 4–3　PM2.5 浓度的 CEEMD 分解的信号重构结果

从图4–3中可以看出，IMF1基本上相当于半带高通滤波器（允许特定高频信号通过，阻止低频信号通过），其他IMF相当于重叠带通滤波器，频率由高到低排列（Flandrin等，2004）。因此，越往前的IMF对应振荡越剧烈的信号，越靠后的IMF对应振荡越平缓的信号。

将CEEMD的分解结果与EEMD分解的结果进行对比，EEMD分解代码详见第2章，结果如图4–4所示。

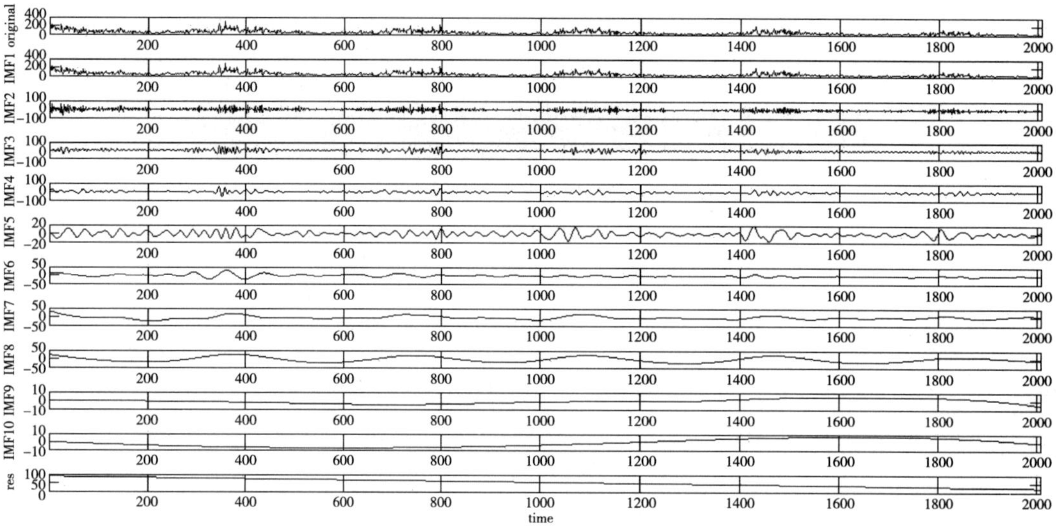

图4–4　PM2.5浓度的EEMD分解结果

CEEMD分解只需要用0.855542秒加噪声20次，就能达到与EEMD分解用8.663116秒加噪声100次类似的效果，甚至CEEMD的分解效果略好于EEMD，证明了CEEMD的效率高于EEMD。

将CEEMD的白噪声残留与EEMD进行对比，代码如下，结果如图4–5所示。

```
%% 5. EEMD与CEEMD的白噪声残留对比
figure(3);
res_ceemd=pm25'–sum(CEEMDimf(2:m1,:),1);
res_eemd=pm25'–sum(EEMDimf(2:m2,:),1);
subplot(2,1,1);
plot(t,res_ceemd);
xlim([1,n1]);ylabel(['CEEMD白噪声残留 ']);
subplot(2,1,2);
plot(t,res_eemd);
xlim([1,n2]);ylabel(['EEMD白噪声残留 ']);xlabel(['time']);
```

从图4–5中可以看出，CEEMD的白噪声残留比EEMD小了十几个数量级，证明CEEMD分解能有效减小白噪声残留至0。

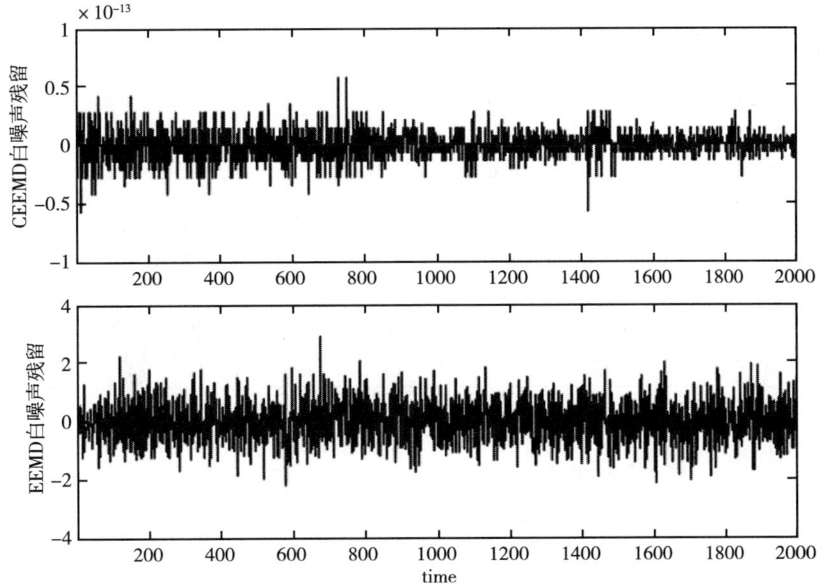

图4–5　EEMD与CEEMD的白噪声残留对比

案例4–2：上证指数的CEEMD分解

以上证指数开盘价为例：

```
% MATLAB代码
%% 1.读入数据
load shangzheng.mat;
x=sh_open;
t = 1:1:length(x);
%% 2.CEEMD分解
fprintf('************ RUN CEEMD ***********\n')
tic;
CEEMDimf=ceemd(x,0.2,10);
toc;
CEEMDimf=CEEMDimf';   % 有的MATLAB版本需要转置
[m1,n1]=size(CEEMDimf);
%% 3.绘制分解结果
figure(1);
plot(x,'LineWidth',2);
xlim([0,length(x)]);
xlabel('交易日天数','FontSize',12);
ylabel('指数','FontSize',12);
figure(2);
for i=1:m1
    subplot(ceil(m1/2),2,i);
    plot(CEEMDimf(i,:),'LineWidth',1.5);   % 子图分成2列,ceil取整
    ylabel(['IMF',int2str(i)]);
    xlim([1,n1]);
    if (i==m1-1)
        xlabel('time');
    elseif (i==m1)
        ylabel(['res']);
        xlabel('time');
    end
end
subplot(ceil(m1/2),2,1);
```

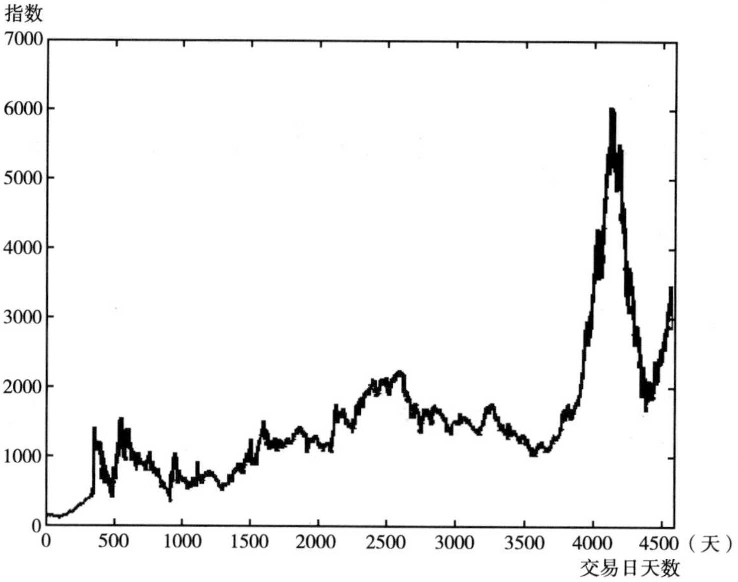

图4-6　上证指数收盘价时序

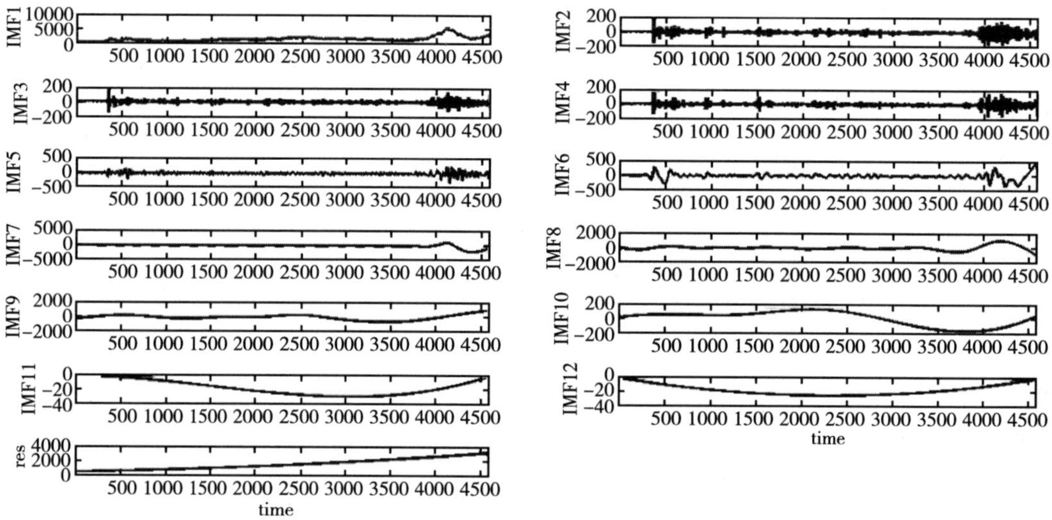

图4-7　上证指数的CEEMD分解结果

对CEEMD分解得到的所有IMF分量和趋势项、前三个IMF分量、最后五个IMF分量和趋势项分别做信号重构，并与原始信号进行对比，代码如下，结果如图4-8所示。

```
% 4.重构
figure(3);
rec_all=sum(CEEMDimf(2:m1,:),1); % CEEMDimf第一行是原始信号,最后一行是残差项
rec_f3=sum(CEEMDimf(2:4,:),1);
rec_l5=sum(CEEMDimf(m1-5:m1,:),1);
plot(t,x,'r:.');xlim([0,length(x)]);
hold on
```

```
plot(t,rec_all,'b-');xlim([0,length(x)]);
hold on
plot(t,rec_f3,'g--');xlim([0,length(x)]);
hold on
plot(t,rec_l5,'k:');xlim([0,length(x)]);
legend('原始信号','所有 IMF 重构','前三个 IMF','后五个 IMF 和趋势项');
```

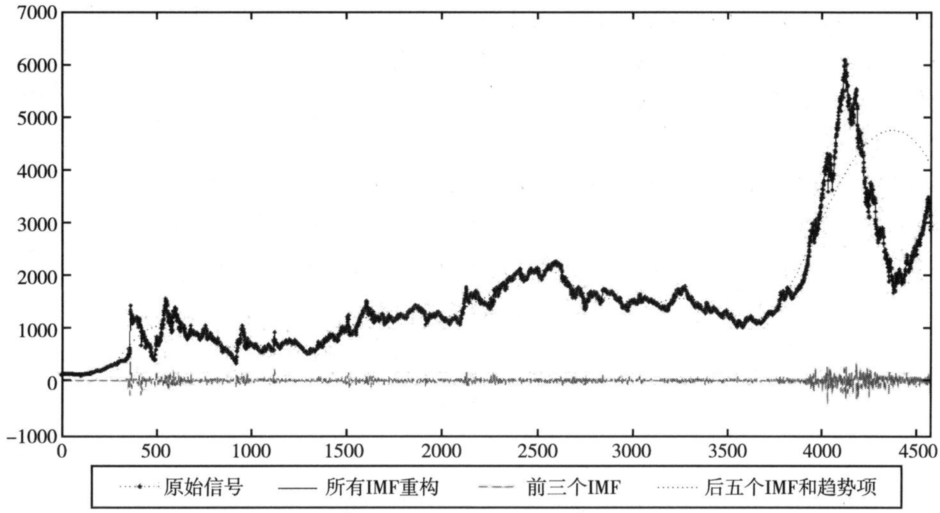

图4–8　上证指数的CEEMD分解信号重构结果

将CEEMD的白噪声残留与EEMD进行对比，代码如下，结果如图4–9所示。

```
%% 5. EEMD 与 CEEMD 的白噪声残留对比
figure(4);
res_ceemd=x'-sum(CEEMDimf(2:m1,:),1);
res_eemd=x'-sum(EEMDimf(2:m2,:),1);
subplot(2,1,1);
plot(t,res_ceemd);
xlim([1,n1]);ylabel(['CEEMD 白噪声残留 ']);
subplot(2,1,2);
plot(t,res_eemd);
xlim([1,n2]);ylabel(['EEMD 白噪声残留 ']);xlabel(['time']);
```

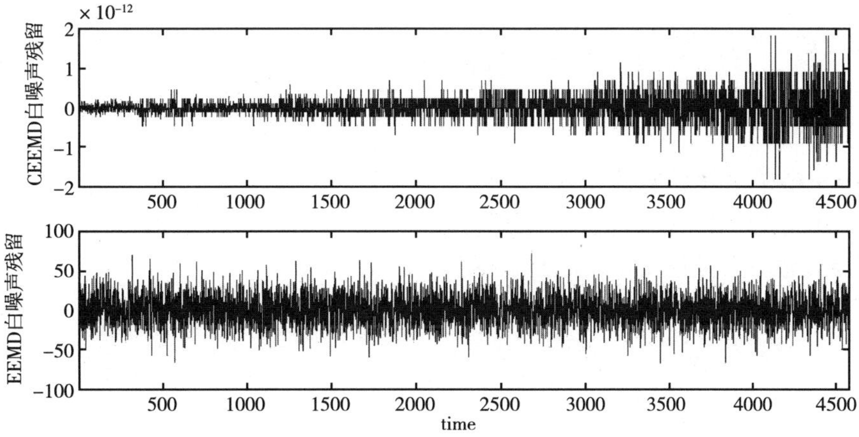

图4–9　上证指数的EEMD与CEEMD分解的白噪声残留对比

4.4 延伸阅读

CEEMD分解方法在原始信号中加入正负成对的辅助白噪声，在集成平均时相消，能有效提高分解效率，解决了EEMD重构误差大、分解完备性差的问题；同时，与集成平均次数动辄百量级的EEMD分解方法不同，CEEMD分解方法的集成平均次数为几十量级，解决了EEMD计算量大的问题。

但CEEMD的不足之处在于如果添加的白噪声幅值与迭代次数选取不合适，会产生冗余的IMF分量，需要对IMF分量进行重新组合或处理。针对这一问题，可以考虑使用改进经验模态分解（MEEMD）分解方法，对IMF分量进行筛选（郑近德等，2013）。

参考文献

[1] Yeh JR, Shieh JS, Huang NE. Complementary ensemble empirical mode decomposition: A novel noise enhanced data analysis method. Advances in Adaptive Data Analysis, 2011, 2 (2): 135–156.

[2] Zhang J, Yan R, Gao RX, Feng Z. Performance enhancement of ensemble empirical mode decomposition. Mechanical Systems and Signal Processing, 2010, 24 (7): 2104–2123.

[3] Wu Z, Huang NE. Ensemble empirical mode decomposition: A noise-assisted data analysis method. Advances in Adaptive Data Analysis, 2009, 1: 1–41.

[4] Flandrin P, Rilling G, Goncalves P. Empirical mode decomposition as a filter bank [J]. IEEE Signal Processing Letters, 2004, 11 (2): 112–114.

[5] 郑近德，程军圣，杨宇. 改进的EEMD算法及其应用研究[J]. 振动与冲击，2013，32（21）：21–26，46.

练习题

1. 简述CEEMD方法的具体步骤。
2. CEEMD与EEMD的不同之处在哪里？
3. CEEMD方法的优势与不足之处有哪些？
4. 请使用CEEMD方法对武汉市AQI数据进行分解（数据：武汉市AQI数据.xlsx）。

第5章 完全自适应噪声集成经验模态分解

5.1 理论基础

针对EMD算法分解信号存在模态混叠的问题，EEMD和CEEMD分解算法通过在待分解信号中加入随机白噪声来减轻EMD分解的模态混叠，但是这两种算法分解信号得到的模态分量中总会残留一定的白噪声，并且信号加噪声经EMD分解可能会产生不同数量的模态，这将影响后续信号的分析和处理，为了解决这些问题，Torres等（2011）提出了一种改进算法——完全自适应噪声集成经验模态分解（CEEMDAN），CEEMDAN 分解从两个方面解决了上述问题：

（1）每次迭代加入经EMD分解后含辅助噪声的 IMF 分量；

（2）EEMD分解和CEEMD分解是将经验模态分解后得到的模态分量进行总体平均，CEEMDAN分解则在得到的第一阶IMF分量后就进行总体平均计算，得到最终的第一阶IMF分量，然后对残余部分重复进行如上操作，这样便有效地解决了白噪声从高频到低频的转移传递问题。

5.2 CEEMDAN分解步骤

5.2.1 算法流程图

CEEMDAN不是在CEEMD方法上改进而来的，而是从EMD的基础上加以改进，同时借用了EEMD方法中加入高斯噪声和通过多次叠加并平均以抵消噪声的思想，接下来对比一下EEMD和CEEMDAN的算法流程图：

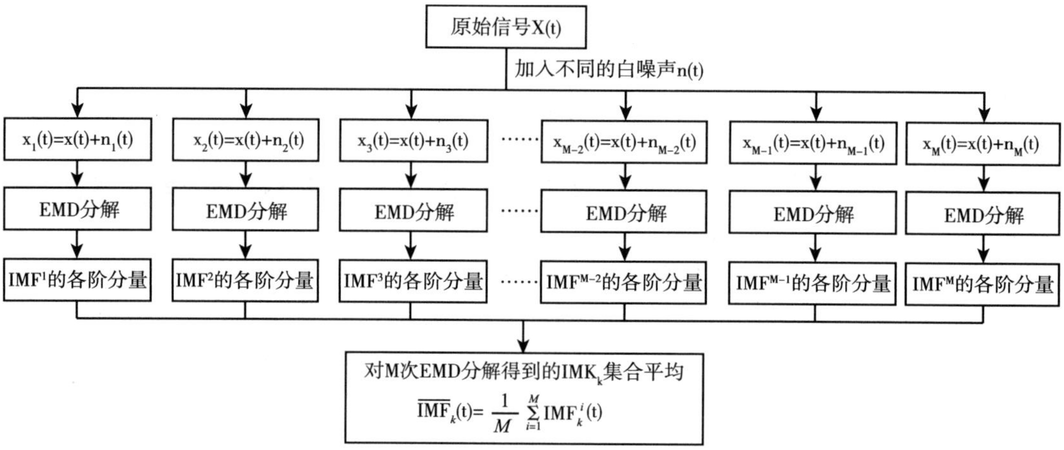

图5-1　EEMD分解流程

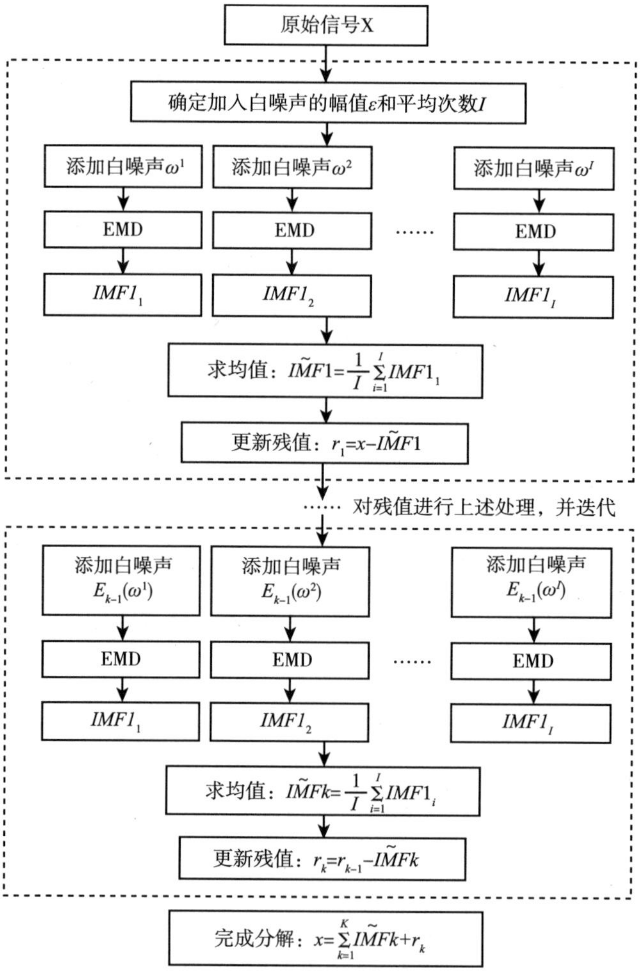

图5-2　CEEMDAN分解流程

图5–1和图5–2的流程图对比展示得很清楚，从图中可以看出，EEMD与CEEMDAN的区别大概是：

（1）EEMD方法是将添加白噪声后的M个信号直接做EMD分解，然后相对应的IMF间直接求均值。

（2）CEEMDAN方法是每求完一阶IMF分量，又重新给残值加入白噪声（或白噪声的IMF分量）并求此时的IMF分量均值，并逐次迭代。

这样的好处是能避免EEMD分解出不同数量模态的情况。

5.2.2　分解步骤

设CEEMDAN分解得到的第k个模态分量为$I\widetilde{M}F_k$，E_j（·）是经过EMD分解后得到的第j个模态分量，ω_j是满足标准正态分布的高斯白噪声信号，ε_k是信噪比，i=1，2，…，I为加入白噪声的次数，x［n］为待分解信号，CEEMDAN分解步骤如下：

Step 1　将高斯白噪声信号加入待分解信号$x[n]$，得到新信号$x[n]+\varepsilon_0\omega^i[n]$，对新信号进行EMD分解，得到它们的第一阶模型分量IMF_1^i如式（5–1）所示：

$$IMF_1^i[n] = E_1(x[n] + \varepsilon_0\omega^i[n]), i = 1, 2, \cdots, I \tag{5–1}$$

Step 2　将产生的I个模态分量进行总体平均得到CEEMDAN分解的第一个模态分量如式（5–2）所示：

$$I\widetilde{M}F_1[n] = \frac{1}{I}\sum_{i=1}^{I} IMF_1^i[n] \tag{5–2}$$

Step 3　计算去除第一个模态分量后的残差如式（5–3）所示：

$$r_1[n] = x[n] - I\widetilde{M}F_1[n] \tag{5–3}$$

Step 4　在$r_1[n]$中加入白噪声得到新信号$r_1[n]+\varepsilon_1 E_1(\omega^i[n])$，再进行EMD分解，得到它们的第一阶模态分量$IMF_2^i[n]$，由此可以得到CEEMDAN分解的第二个模态分量如式（5–4）所示：

$$I\widetilde{M}F_2[n] = \frac{1}{I}\sum_{i=1}^{I} IMF_2^i[n] = \frac{1}{I}\sum_{i=1}^{I} E_1(r_1[n] + \varepsilon_1 E_1(\omega^i[n])) \tag{5–4}$$

Step 5　对于k=2，3，…，K，计算去除第k个模态分量后的残差如式（5–5）所示：

$$r_k[n] = r_{k-1}[n] - I\widetilde{M}F_k[n] \tag{5–5}$$

Step 6　在$r_k[n]$中加入白噪声得到新信号$r_k[n]+\varepsilon_k\omega^i[n]$，再进行EMD分解，得到它们的第一阶模态分量$IMF_{k+1}^i[n]$，由此可以得到CEEMDAN分解的第k+1个模态分量如式（5–6）所示：

$$I\widetilde{M}F_{k+1}[n] = \frac{1}{I}\sum_{i=1}^{I} IMF_{k+1}^i[n] = \frac{1}{I}\sum_{i=1}^{I} E_1(r_k[n] + \varepsilon_k E_k(\omega^i[n])) \tag{5–6}$$

Step 7　返回Step 5计算下一个模态

执行Step5到Step6各迭代，直至获得的残差不再可以分解（残值的极值点个数少于两个，即满足EMD中止条件），最终残差如式（5–7）所示：

$$R[n] = x[n] - \sum_{k=1}^{K} I\widetilde{M}F_k \tag{5-7}$$

其中，K为模态的个数，因此信号$x[n]$的重构如式（5-8）所示：

$$x[n] = \sum_{k=1}^{K} I\widetilde{M}F_k + R[n] \tag{5-8}$$

其确保了分解的完整性，并提供对原始数据的精确重构，模态的最终数量仅由数据和停止准则决定。

5.3 案例应用

案例5-1：PM2.5的CEEMDAN分解

以武汉市PM2.5浓度为例：

```
#Python代码
import pandas as pd
import numpy as np
from PyEMD import CEEMDAN, EMD, EEMD
import matplotlib.pyplot as plt
import matplotlib as mpl
plt.rcParams['axes.facecolor'] = 'snow' # 图片背景
plt.rcParams['font.sans-serif'] = ['SimHei'] # 用来正常显示中文标签
plt.rcParams['axes.unicode_minus'] = False # 用来正常显示负号
mpl.style.use(['ggplot']) # style
font1 = {'family': 'Arial',
         'weight': 'normal',
         'size': 18, } # Arial是字体形式
data = pd.read_csv(r"pm25.csv") # 导入数据
data = np.array(data["pm25"])
x = np.linspace(0, len(data) - 1, len(data)) # 生成横坐标
# CEEMDAN分解
ceemdan = CEEMDAN()
# NE=100  epsilon=0.005(信噪比)
imfs_ceemd = ceemdan(data)
# EEMD分解
eemd = EEMD()
imfs_eemd = eemd(data)
# 原始图
plt.figure(1) # 第一张画布
plt.plot(x, data, linewidth=0.5, color='red') # 原始数据
plt.title("Signal Input") # 标题
plt.xticks(fontsize=13) # x轴刻度字体大小
plt.yticks(fontsize=13) # y轴刻度字体大小
plt.ylabel('PM2.5', font1) # y轴坐标名称及字体样式
plt.ylim(0, 300) # y轴范围
plt.show()
# CEEMDAN分解图
plt.figure(2)
plt.suptitle('CEEMDAN分解', fontsize=16) # 总标题
for i in range(np.shape(imfs_ceemd)[0]): # 每个子图展示一个IMF
    plt.subplot(np.shape(imfs_ceemd)[0], 1, i + 1)
    plt.plot(x, imfs_ceemd[i, :], linewidth=0.5, color='blue')
```

```
    plt.title("IMF-ceemdan" + str(i + 1), fontsize=10, loc='right', y=0.1)  # 子图标题
    plt.yticks(fontsize=10)  # y 轴刻度字体大小
# 子图间距设定
plt.subplots_adjust(left=0.125,
                    bottom=0.1,
                    right=0.9,
                    top=0.9,
                    wspace=0.1,
                    hspace=0.5)
plt.show()
# EEMD 分解图 (同理)
plt.figure(3)
plt.suptitle('EEMD 分解', fontsize=16)
for i in range(np.shape(imfs_eemd)[0]):
    plt.subplot(np.shape(imfs_eemd)[0], 1, i + 1)
    plt.plot(x, imfs_eemd[i, :], linewidth=0.5, color='blue')
    plt.title("IMF-eemd" + str(i + 1), fontsize=10, loc='right', y=0.1)
    # plt.xticks(fontsize=5)  # x 轴刻度字体大小
    plt.yticks(fontsize=10)  # y 轴刻度字体大小
plt.subplots_adjust(left=0.125,
                    bottom=0.1,
                    right=0.9,
                    top=0.9,
                    wspace=0.1,
                    hspace=0.5)
plt.show()
```

图5-3、图5-4和图5-5分别展示了PM2.5的原始数据图、通过EEMD分解后得到的IMF分量的趋势图和通过CEEMDAN分解后得到的IMF分量的趋势图。从图中可以看出，CEEMDAN分解出了更少了IMF分量，且高频分量相比EEMD主要集中在前两个，靠后的分量很好地保留了原始数据的趋势信息。

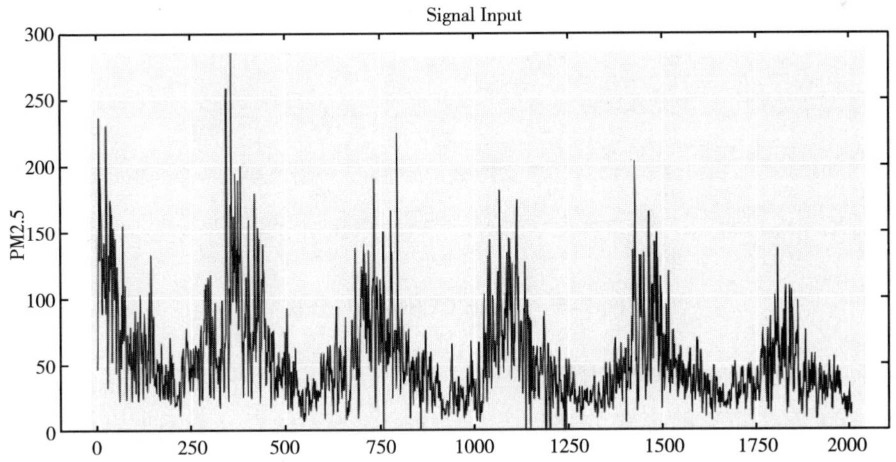

图5-3　PM2.5原始数据

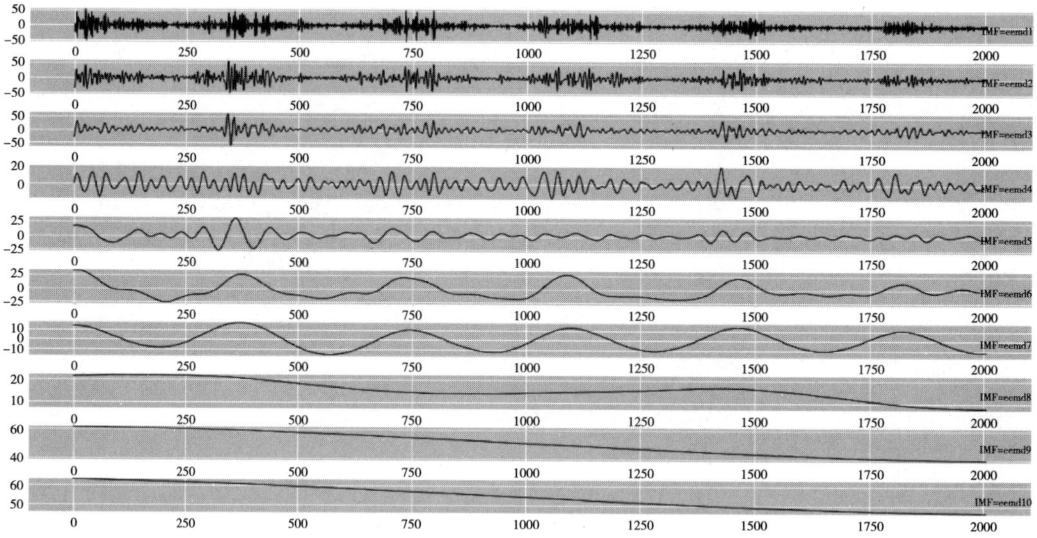

图5-4　PM2.5 EEMD分解

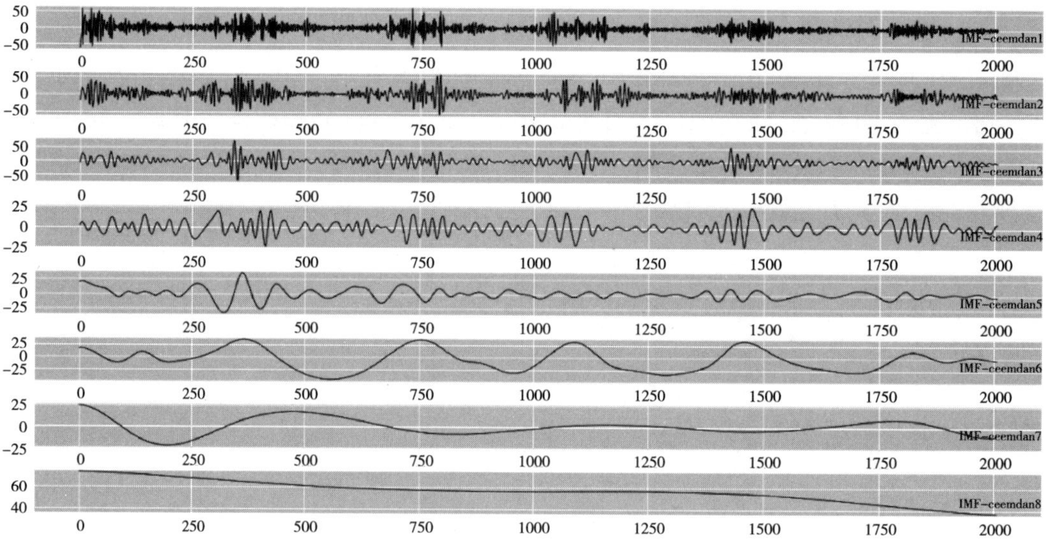

图5-5　PM2.5 CEEMDAN分解

图5-6展示了CEEMDAN得到的IMF分量重构后的图，从图中可以看出后6组IMF分量很好地包络了原始数据的主要信息，除了一些特别的突变点，基本可以很好地重构出原始数据。

```
# 对比图
data_first = imfs_ceemd[:2, :] # 前两组
data_second = imfs_ceemd[2:, :] # 后六组
data_first = np.sum(data_first, 0) # 沿 y 轴方向求和
data_second = np.sum(data_second, 0)
plt.figure(4)
plt.subplot(2, 1, 1) # 第一个子图
plt.plot(x, data, linewidth=0.5, color='red', label='PM2.5')
plt.plot(x, data_second, linewidth=0.5, color='blue', label='后6组IMF和')
plt.title("原始数据与后6组IMF和", fontsize=10, loc='center')
plt.xticks(fontsize=10) # x轴刻度字体大小
plt.yticks(fontsize=10) # y轴刻度字体大小
plt.legend(loc='upper right') # 绘制曲线图例,信息来自类型label
plt.subplot(2, 1, 2) # 第二个子图
plt.plot(x, data_first, linewidth=0.5, color='blue', label='前2组IMF和')
plt.title("前2组IMF", fontsize=10, loc='center')
plt.xticks(fontsize=10) # x轴刻度字体大小
plt.yticks(fontsize=10) # y轴刻度字体大小
plt.legend(loc='upper right') # 绘制曲线图例,信息来自类型label
plt.show()
```

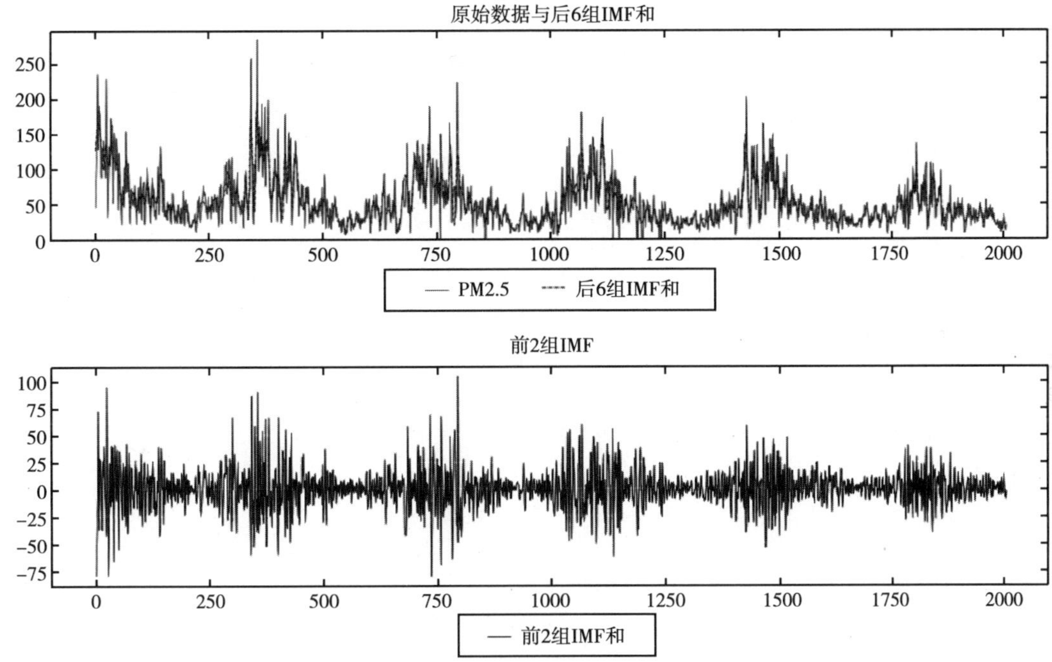

图5-6　PM2.5序列重构对比

案例5-2：上证指数的CEEMDAN分解

以上证指数开盘价为例，图5-7、图5-8、图5-9分别展示了上证指数的原始数据图、通过EEMD分解后得到的IMF分量的趋势图和通过CEEMDAN分解后得到的IMF分量的趋势图，由于上证指数时频分布较为复杂，因此分解出了较多的模态分量IMF。

```
# Python代码
import pandas as pd
import numpy as np
from PyEMD import CEEMDAN, EMD, EEMD
import matplotlib.pyplot as plt
import matplotlib as mpl
import seaborn as sns
sns.set(color_codes=True)

plt.rcParams['font.sans-serif'] = ['SimHei'] #显示中文标签
# plt.rcParams['font.sans-serif'] = ['KaiTi']
plt.rcParams['axes.facecolor'] = 'snow' # 图片背景
plt.rcParams['axes.unicode_minus'] = False #用来正常显示负号
mpl.style.use(['ggplot']) # style
font1 = {'family': 'Arial',
        'weight': 'normal',
        'size': 18, } # Arial是字体形式

data = pd.read_csv(r"shangzheng.csv") # 导入数据
data = np.array(data["open"])
x = np.linspace(0, len(data) - 1, len(data)) # 生成横坐标
# CEEMDAN分解
ceemdan = CEEMDAN()
imfs_ceemd = ceemdan(data)
# EEMD分解
eemd = EEMD()
imfs_eemd = eemd(data)
# 原始图
plt.figure(1) # 第一张画布
plt.plot(x, data, linewidth=0.5, color='red') # 原始数据
plt.title("Signal Input") # 标题
plt.xticks(fontsize=13) # x轴刻度字体大小
plt.yticks(fontsize=13) # y轴刻度字体大小
plt.ylabel('上证指数', font1) # y轴坐标名称及字体样式
plt.show()
# CEEMDAN分解图
plt.figure(2)
plt.suptitle('CEEMDAN分解', fontsize=16) # 总标题
for i in range(np.shape(imfs_ceemd)[0]): # 每个子图展示一个IMF
    plt.subplot(np.shape(imfs_ceemd)[0], 1, i + 1)
    plt.plot(x, imfs_ceemd[i, :], linewidth=0.5, color='blue')
    plt.title("IMF-ceemdan" + str(i + 1), fontsize=10, loc='right', y=0.1) # 子图标题
    # plt.xticks(fontsize=5) # x轴刻度字体大小
    plt.yticks(fontsize=10) # y轴刻度字体大小
# 子图间距设定
plt.subplots_adjust(left=0.125,
                    bottom=0.1,
                    right=0.9,
                    top=0.9,
                    wspace=0.1,
                    hspace=0.5)
plt.show()

# EEMD分解图
plt.figure(3)
plt.suptitle('EEMD分解', fontsize=16)
for i in range(np.shape(imfs_eemd)[0]):
    plt.subplot(np.shape(imfs_eemd)[0], 1, i + 1)
    plt.plot(x, imfs_eemd[i, :], linewidth=0.5, color='blue')
    plt.title("IMF-eemd" + str(i + 1), fontsize=10, loc='right', y=0.1)
    # plt.xticks(fontsize=5) # x轴刻度字体大小
    plt.yticks(fontsize=10) # y轴刻度字体大小
```

```
plt.subplots_adjust(left=0.125,
                bottom=0.1,
                right=0.9,
                top=0.9,
                wspace=0.1,
                hspace=0.7)
plt.show()

# 对比图
data_first = imfs_ceemd[:2, :] # 前两组
data_second = imfs_ceemd[2:, :] # 后六组
data_first = np.sum(data_first, 0) # 沿 y 轴方向求和
data_second = np.sum(data_second, 0)
plt.figure(4)
# NO.1
plt.subplot(2, 1, 1)
plt.plot(x, data, linewidth=1, color='red', label='上证指数')
plt.plot(x, data_second, linewidth=1, color='blue', label='后6组IMF和', linestyle='-.')
plt.title("原始数据与后6组IMF和", fontsize=10, loc='center')
plt.xticks(fontsize=10) # x轴刻度字体大小
plt.yticks(fontsize=10) # y轴刻度字体大小
plt.legend(loc='upper right') # 绘制曲线图例，信息来自类型label
# NO.2
plt.subplot(2, 1, 2)
plt.plot(x, data_first, linewidth=0.5, color='blue', label='前2组IMF和')
plt.title("前2组IMF", fontsize=10, loc='center')
plt.xticks(fontsize=10) # x轴刻度字体大小
plt.yticks(fontsize=10) # y轴刻度字体大小
plt.legend(loc='upper right') # 绘制曲线图例，信息来自类型label
plt.show()
```

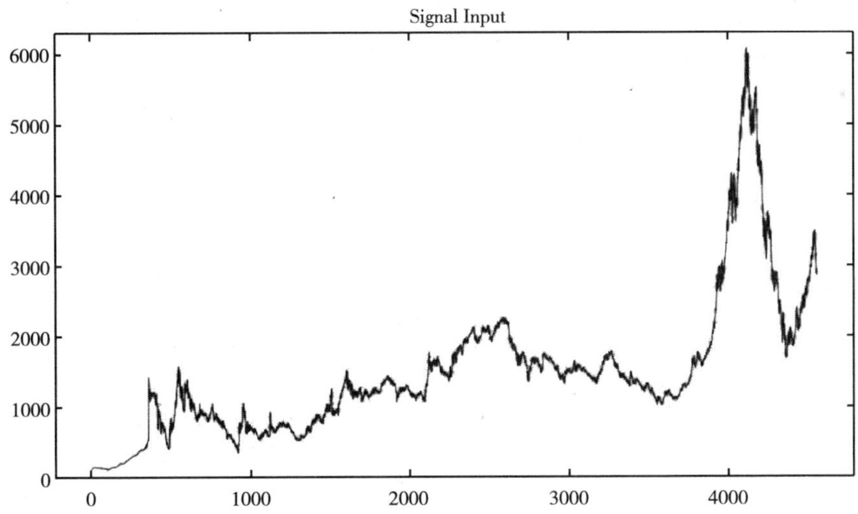

图 5-7　上证指数原始数据

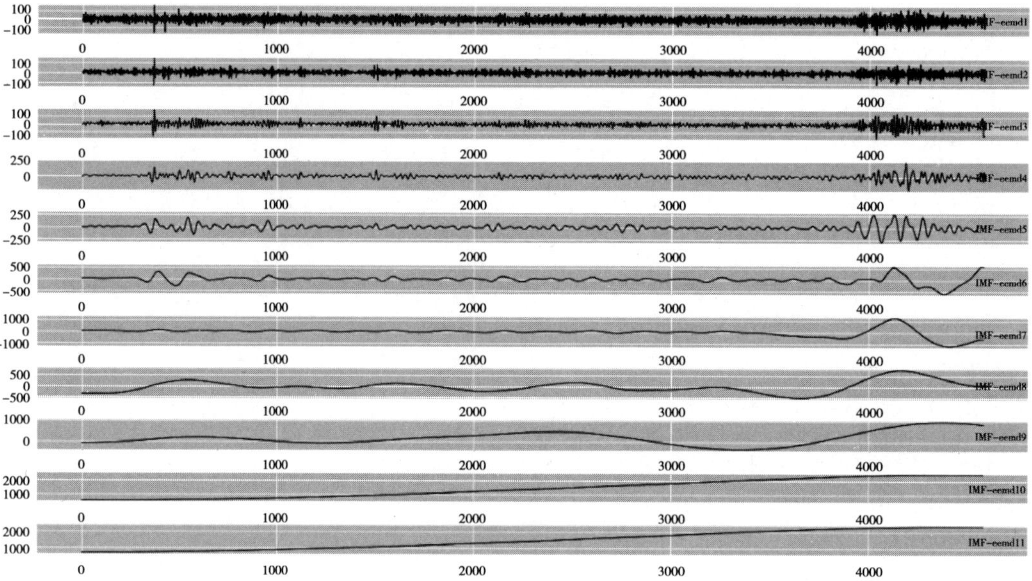

图5-8　上证指数EEMD分解

图5-10展示了上证指数与采用CEEMDAN分解的IMF分量重构的数据的对比图，除去在400前后的突变点和4000左右的峰值点，重构后的数据大体上能还原原始数据。

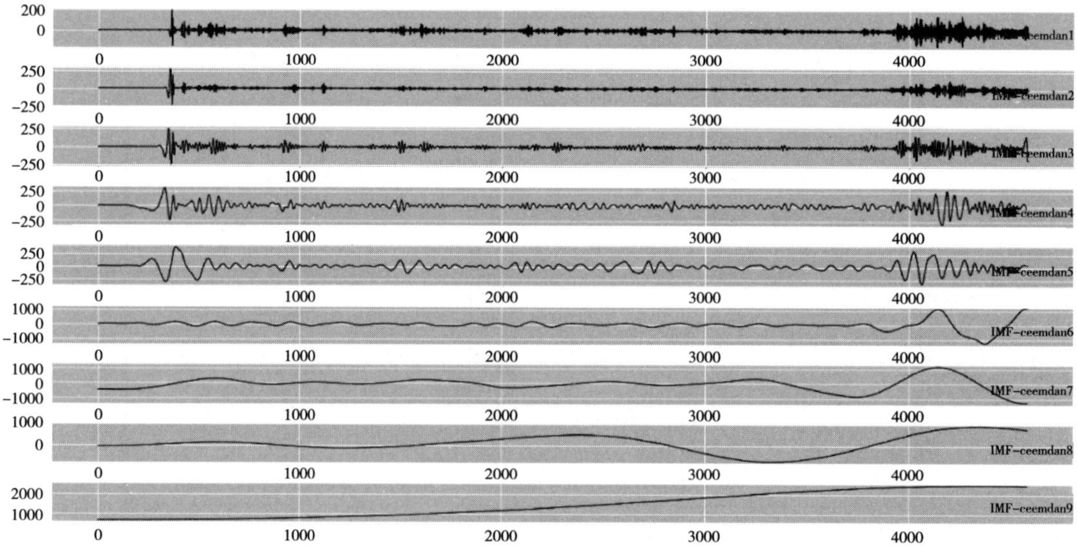

图5-9　上证指数CEEMDAN分解

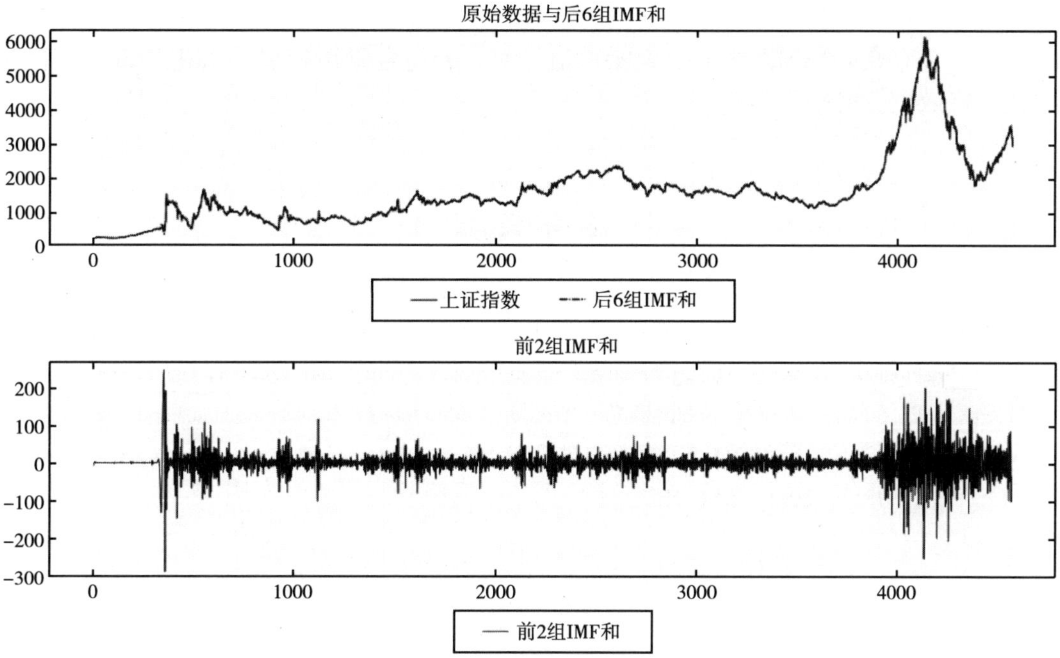

图 5-10　上证指数序列重构对比

5.4 延伸阅读

5.4.1 CEEMDAN 算法优点

CEEMDAN作为EEMD方法的改进型，它的优势主要体现在：

（1）完备性，即把分解后的各个分量相加能够获得原信号的性质。

（2）更快的计算速度，正是由于上一条，相较于EEMD该方法不需要太多的平均次数，可以有效提升程序运算速度。

（3）更好的模态分解结果，EEMD分解可能会出现多个幅值很小的低频IMF分量，这些分量对于信号分析意义不大，CEEMDAN方法可以减少这些分量数目。

（4）解决了EEMD算法中会出现不同模态数量的问题。

5.4.2 CEEMDAN 算法缺点

（1）模态中仍包含一些残余噪声；

（2）与EEMD相比，在分解的早期阶段存在一些“伪”模态，即前两种或三种模式包含大量的相似噪声和类似的信号尺度（ICEEMDAN解决了该问题）；

（3）利用CEEMDAN算法分解含噪声信号时，若将含噪声较多的 IMF分量直接舍弃，容易造成有效信息的缺失。

参考文献

［1］ Colominas M A，Schlotthauer G，Torres M E. Improved complete ensemble EMD：A suitable tool for biomedical signal processing［J］. Biomedical Signal Processing and Control，2014，14：19–29.

［2］ Torres M E，Colominas M A，Schlotthauer G，et al. A complete ensemble empirical mode decomposition with adaptive noise［C］//2011 IEEE international conference on acoustics，speech and signal processing（ICASSP）. IEEE，2011：4144–4147.

练习题

1. CEEMDAN算法相较于EMD算法有什么改进。

2. CEEMDAN算法相较于EEMD算法有什么优势。

3. 请使用CEEMDAN算法对数据集中的数据进行分解。（https：//raw.githubusercontent.com/jbrownlee/Datasets/master/monthly–sunspots.csv。

第6章　改进的集成经验模态分解

6.1　理论基础

改进集成经验模态分解（MEEMD）同EEMD和CEEMD一样是一种噪声辅助信号处理方法。EEMD虽然能够通过多次将不同的白噪声引入到原始信号中，将分解的结果进行集成平均得到各IMF分量，来抑制模态混叠的问题，但其中大量的集成试验计算量很大，模型计算效率较低。CEEMD方法主要是通过向原始信号中添加两个符号相反的白噪声信号，并分别进行EMD分解。CEEMD在保证分解效果与EEMD相当的情况下，减小了由白噪声引起的重构误差，但运算量仍然较大。针对这一问题，Zhang等（2010）提出了MEEMD（Modified Ensemble Empirical Mode Decomposition）分解方法，对CEEMD进行了改进。该方法就是在CEEMD的基础上，对产生的IMF进行逐层筛选，将造成模态混叠的间歇信号和异常信号剔除，再对剩下的信号进行EMD分解，就既解决了模态混叠问题，也避免了不必要的集成实验，保留了CEEMD的优点的同时提高了计算效率。

6.2　MEEMD分解步骤

6.2.1　算法流程图

（1）幅值a_i：振幅太小，影响不了原始信号的极值，解决不了模态混叠；振幅太大，会造成IMF冗余。a_i的选择标准为0.1~0.2 SD，SD为原始信号标准差[2]。

（2）最大IMF个数：当原始数据是白噪声时，其尺度均匀地分布在整个时间尺度或时频空间，分解得到的IMF个数接近于$\log_2 N$；当数据不是纯粹的噪声时，一些时间尺度可能会缺失，此时分解得到的IMF个数小于$\log_2 N$[3]。

（3）加入噪声对数N_e：选择100以内。

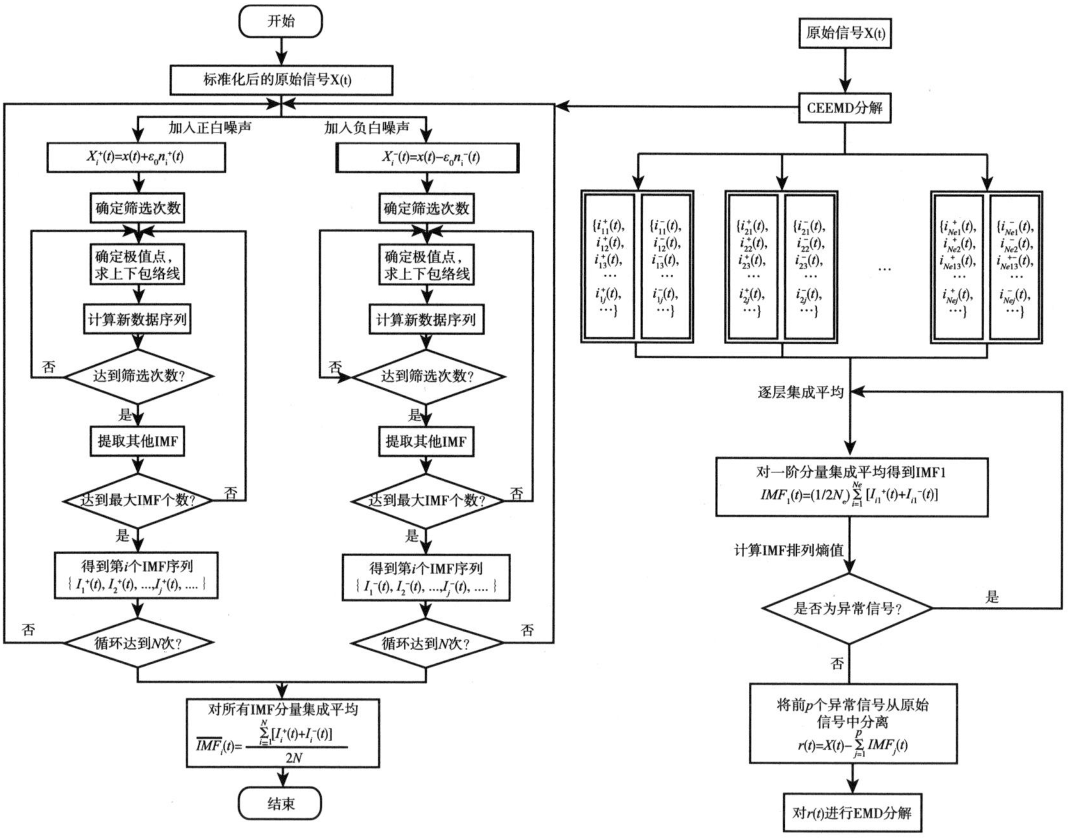

图6–1　CEEMD算法流程

6.2.2　分解步骤

（1）在原始信号中加入符号相反的一对噪声信号，重复N_e次，第i次加正负噪声的公式如式（6–1）和式（6–2）所示：

$$X_i^+(t)=x(t)+a_i n_i(t),\ i=1,2,\cdots,N \tag{6–1}$$

$$X_i^-(t)=x(t)-a_i n_i(t),\ i=1,2,\cdots,N \tag{6–2}$$

其中，$x(t)$为原始信号，$a_i n_i(t)$为正噪声，$-a_i n_i(t)$为负噪声，a_i为幅值，i=1，2，3，…，N_e，其中N_e为添加白噪声的对数。

（2）分别对$X_i^+(t)$以及$X_i^-(t)$进行EMD分解，得到一阶的IMF分量$\{I_{i1}^+(t)\}$和$\{I_{i1}^-(t)\}(i=1,2,\cdots,k,\cdots,N_e)$。

（3）集成平均得到的分量$IMF_1(t)=(1/2N_e)\sum_{i=1}^{N_e}[I_{i1}^+(t)+I_{i1}^-(t)]$，检查$IMF_1(t)$是否为异常信号。如果信号的排列熵值大于$\theta_0$，则被认为是异常信号，否则近似认为平稳信号。$\theta_0$取0.55~0.6较为合适[3]。

（4）如果IMF_1（t）是异常信号，继续执行步骤（3），直至IMF分量IMF_{p+1}（t）不是异常信号。

（5）将已分解的前p个分量从原始信号中分离出来，即如式（6–3）所示：

$$r(t) = X(t) - \sum_{j=1}^{p} IMF_j(t) \tag{6-3}$$

（6）再对剩余信号r（t）进行EMD分解，将得到的所有IMF分量按高频到低频排列。

6.2.3　信号排列熵的计算

排列熵计算方法如下：

（1）对于长度为N的时间序列$\{x(i), i = 1, 2, \cdots, N\}$，对其进行相空间重构，得到如下时间序列：

$$X(1) = \{x(1), x(1+\lambda), \cdots, x(1+(m-1)\lambda\}$$
$$X(k) = \{x(k), x(k+\lambda), \cdots, x(k+(m-1)\lambda\}$$
$$\vdots$$
$$X(N-(m-1)\lambda) = \{x(N-(m-1)\lambda), x(N-(m-2)\lambda), \cdots, x(N)\}$$

其中，m是嵌入维度，λ是时间延迟，每一个X（i）为一个重构分量。

（2）将每一个重构分量按照升序重新排列，即：

$$X(i) = \{x(i+(j_1-1)\lambda) \leqslant x(i+(j_2-1)\lambda) \leqslant \cdots \leqslant x(i+(j_m-1)\lambda)$$

得到向量中各元素位置的列索引构成一组符号序列：

$$S(g) = [j_1, j_2, \cdots, j_m]$$

其中，g=1，2，…，k，k ≤ m！。m维相空间映射不同的符号序列总共有m！种，每一种符号序列出现的概率为P_1，P_2，…，P_k。

（3）时间序列$\{x(i), i=1, 2, \cdots, N\}$的排列熵可以按照Shannon熵的形式定义如式（6–4）所示：

$$H_p(m) = -\sum_{g=1}^{k} P_g \ln P_g \tag{6-4}$$

（4）排列熵最大值为ln（m！），将排列熵H_p（m）进行标准化处理，即如式（6–5）所示：

$$H_p = H_p(m) / \ln(m!) \tag{6-5}$$

H_p的取值范围是$0 \leqslant H_p \leqslant 1$，$H_p$值的大小表示时间序列的随机性程度。$H_p$越大，说明时间序列越随机，反之，则说明时间序列越规则。由于先分解出的高频信号和噪声随机性较大，因此熵值较大，而当分解出的分量为平稳信号时，序列较为规则，熵值则较小，因此，通过设置排列熵阈值可以实现随机性的检测。

6.3 案例应用

案例6-1：PM2.5的MEEMD分解

以武汉市PM2.5浓度为例：

```
%% MATLAB代码
%% 清空环境变量
clear all
clc
%% 导入数据
x = csvread('PM25.csv');
%% 设置参数
Nstd=0.2;% 白噪声幅值
Ne=100;% 噪声对数
m=6;% 嵌入维数
tao=1;% 时延
theta0=0.6;% 排列熵阈值
xsize=length(x);
MAXmodes=fix(log2(xsize))-1;% 最大IMF数
%% MEEMD分解
tic;
result=meemd(x,Nstd,Ne,MAXmodes,m,tao,theta0);
toc;
%% 分解结果绘图
figure;
n = 1:length(x);
m1=size(result,2);
subplot(m1+1,1,1)
plot(n,x)
title('Results of MEEMD')
xlim([1,xsize])
ylabel('PM25')
for i=2:m1
        subplot(m1+1,1,i)
        plot(n,result(:,i-1))
        xlim([1,xsize])
        ylabel(['IMF' num2str(i-1)])
end
subplot(m1+1,1,m1+1)
plot(n,result(:,m1))
ylabel(['res'])
xlabel('Time')
xlim([1,xsize])
```

对MEEMD分解得到的前两个IMF分量、后五个IMF分量分别做信号重构，并与原始信号进行对比，代码如下，结果如图6-3所示。

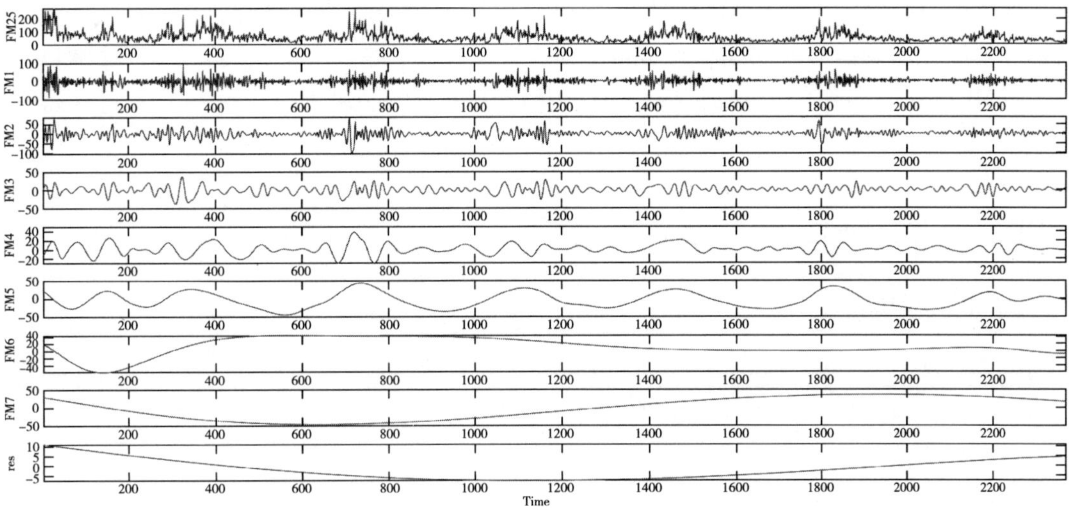

图 6-2　PM2.5 浓度的 MEEMD 分解结果

```
%% 绘制高频、低频分量累加图
figure;
subplot(3,1,1);
n = 1:length(x);
plot(n,x)
title('Results of MEEMD')
xlim([1,xsize])
ylabel('PM25')
IMF_h=result(:,1)+result(:,2);
subplot(3,1,2);
plot(n,IMF_h,'r')
xlim([1,xsize])
ylabel([' 高频 IMF'])
IMF_l=zeros(1,xsize);
for i=3:8
    IMF_l=IMF_l+result(:,i);
end
subplot(3,1,3)
plot(n,IMF_l)
xlim([1,xsize])
ylabel([' 低频 IMF'])
```

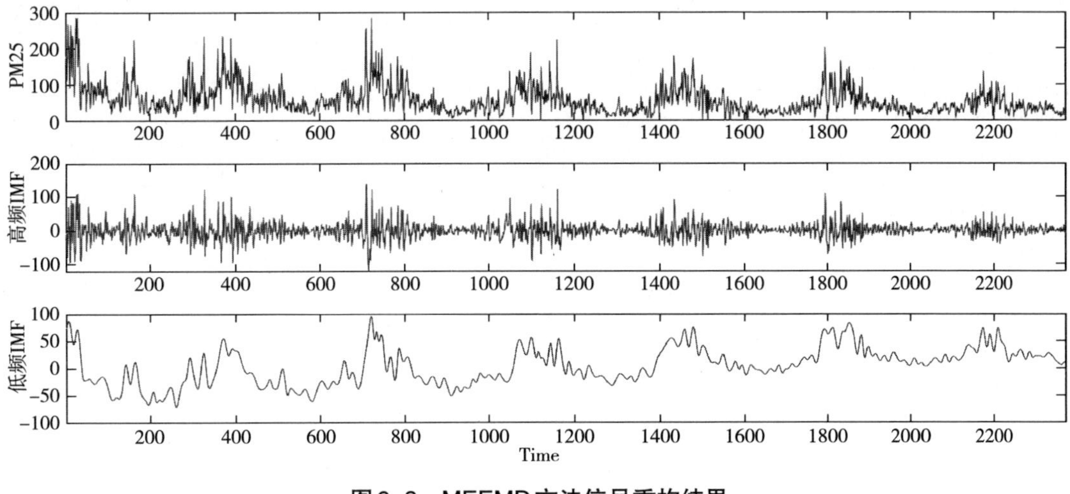

图 6-3　MEEMD 方法信号重构结果

低阶的IMF对应高频低幅的信号，反映出原始信号的波动；高阶的IMF对应低频高幅的信号，反映原始信号的周期与趋势。

将MEEMD的分解结果分别与EEMD、CEEMD分解的结果进行对比：

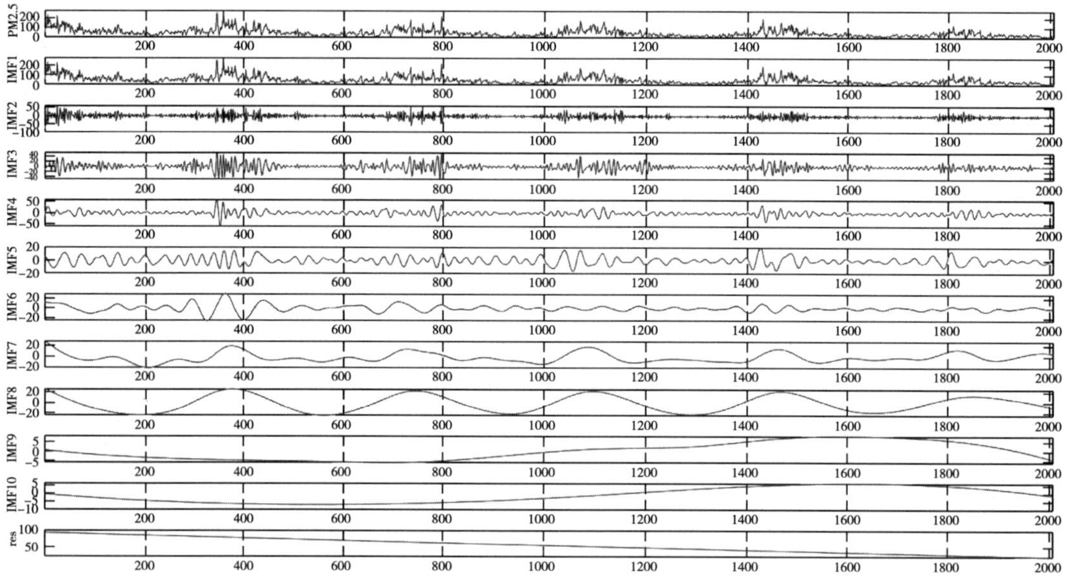

图6-4　PM2.5浓度的EEMD分解结果

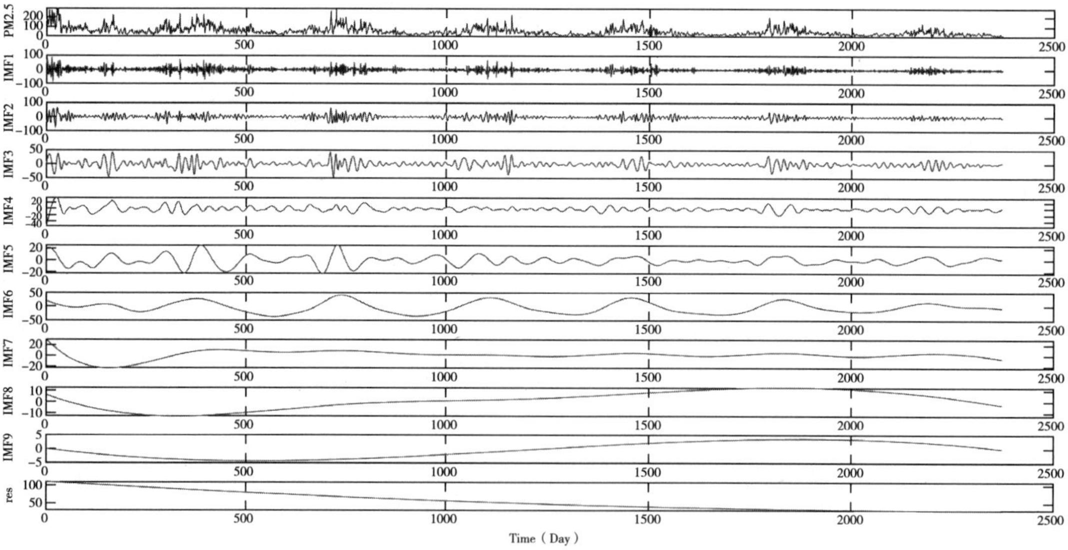

图6-5　PM2.5浓度的CEEMD分解结果

EEMD分解进行100次集成试验用时8.240021 秒，且产生了IMF冗余。MEEMD分解进行100次集成试验只需要用3.502293 秒，就能达到与CEEMD分解进行100次集成试验用8.813237 秒的效果，证明了MEEMD的效率高于EEMD与CEEMD。

案例6-2：上证指数的MEEMD分解

以上证指数开盘价为例：

```
%Matlab代码
clear all
clc
%% 导入数据
load shangzheng.mat;
x=sh_open;
%% 设置参数
Nstd=0.2;
Ne=100;
m=6;
tao=1;
theta0=0.6;
xsize=length(x);
MAXmodes=fix(log2(xsize))-1;
M=MAXmodes+2;
%% MEEMD分解
tic;
result=meemd(x,Nstd,Ne,MAXmodes,m,tao,theta0);
toc;
%% 分解结果绘图
figure;
n = 1:length(x);
m1=size(result,2);
subplot(m1+1,1,1)
plot(n,x)
title('Results of MEEMD')
xlim([1,xsize])
ylabel('shangzheng')
for i=2:m1
        subplot(m1+1,1,i)
        plot(n,result(:,i-1))
        xlim([1,xsize])
        ylabel(['IMF' num2str(i-1)])
end
subplot(m1+1,1,m1+1)
plot(n,result(:,m1))
ylabel(['res'])
xlabel('Time')
xlim([1,xsize])
```

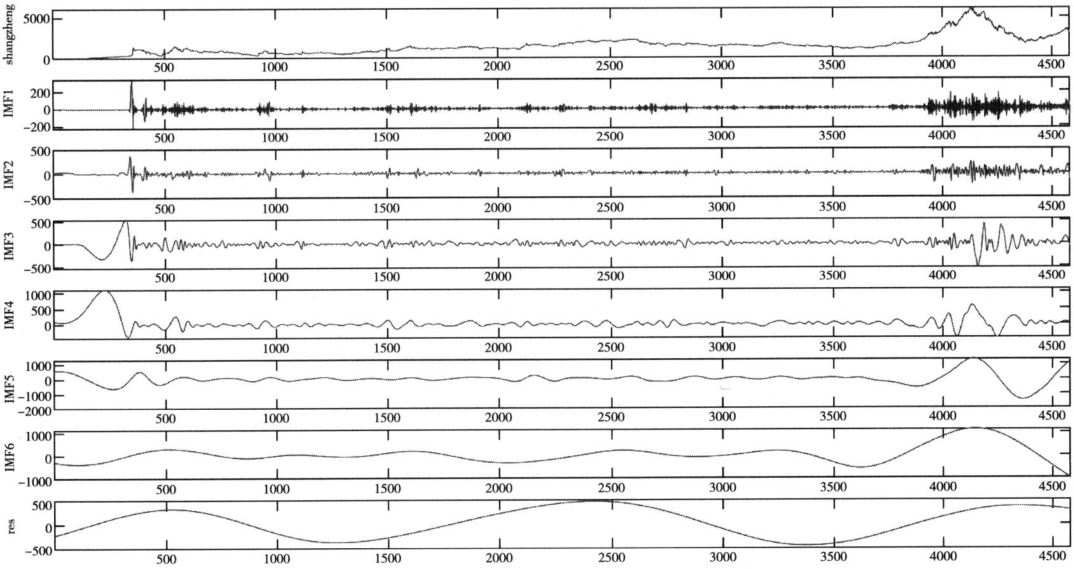

图6-6　上证指数的MEEMD分解结果

```
%% 绘制高频、低频分量累加图
figure;
subplot(3,1,1);
n = 1:length(x);
plot(n,x)
title('Results of MEEMD')
xlim([1,xsize])
ylabel('shangzheng')
IMF_h=result(:,1)+result(:,2);
subplot(3,1,2);
plot(n,IMF_h,'r')
xlim([1,xsize])
ylabel([' 高频 IMF'])
IMF_l=zeros(1,xsize);
for i=3:6
    IMF_l=IMF_l+result(:,i);
end
subplot(3,1,3)
plot(n,IMF_l)
xlim([1,xsize])
ylabel([' 低频 IMF'])
```

对MEEMD分解得到的前两个IMF分量、后五个IMF分量分别做信号重构，并与原始信号进行对比，代码如下，结果如图6-7所示。

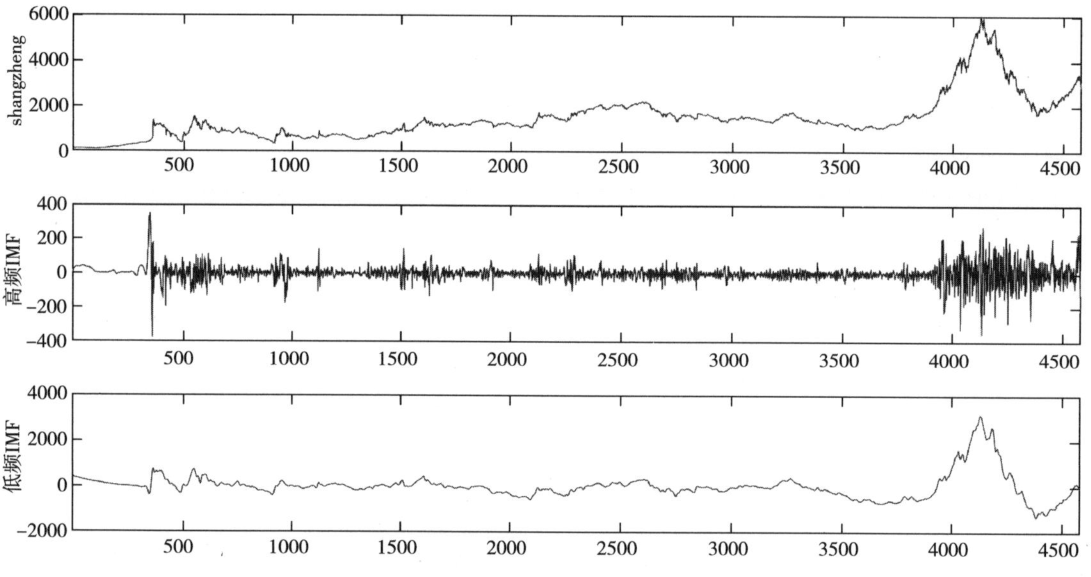

图6-7　MEEMD方法信号重构结果

各方法对PM2.5和上证指数的分解用时，具体如表6-1所示。

表6-1　各方法分解用时

分解方法	PM2.5 用时（s）	上证指数用时（s）
EEMD	8.240021	19.498736
CEEMD	8.813237	17.833388
MEEMD	3.502293	4.591781

6.4 延伸阅读

MEEMD方法在CEEMD分解的基础上，对产生的IMF进行逐层筛选，将异常信号剔除后再进行EMD分解，既解决了EMD分解造成模态混叠的问题，也避免了不必要的集成实验，提高了计算效率；同时，保留了CEEMD分解能够减小重构误差的优点，解决了IMF分量冗余的缺陷。

但 MEEMD 的不足之处在于排列熵阈值的选择对于不同的场景或许有不同，利用排列熵对异常信号进行筛选并不一定是最优的方法，选择更合适的平稳性检测方法会更好地提升分解效果。

参考文献

[1] Wu Z, Huang N E. Ensemble empirical mode decomposition: a noise-assisted data analysis method [J]. Advances in adaptive data analysis, 2009, 1 (1): 1-41.

[2] Zhang J, Yan R, Gao R X, et al. Performance enhancement of ensemble empirical mode decomposition [J]. Mechanical Systems and Signal Processing, 2010, 24 (7): 2104-2123.

[3] 郑近德，程军圣，杨宇. 改进的 EEMD 算法及其应用研究 [J]. 振动与冲击, 2013, 32 (21): 21-26.

练习题

1. MEEMD与EEMD、CEEMD算法有什么区别。

2. MEEMD有什么优势和缺点。

3. 请用MEEMD算法将数据集中的数据进行分解（https://raw.githubusercontent.com/jbrownlee/Datasets/master/monthly-sunspots.csv）。

第7章　改进的完全自适应噪声集成经验模态分解

7.1　理论基础

传统的EMD算法由于存在模态混叠问题，会对信号分析产生较大影响，EEMD算法在整个时频域上添加受控白噪声，通过产生新的极值点来保持原始信号，以此来解决模态混叠现象，但分解结果存在信号重构误差、模态残留噪声以及集成平均次数不对齐等缺点，针对上述问题，CEEMD通过引入正负成对的辅助白噪声，在集成平均时相消，显著缓解了信号的重构误差，但依然存在模态残留噪声以及集成平均分量不对齐的问题；CEEMDAN通过在分解出第一阶固有模态分量后立即进行集成平均，有效解决了EEMD中分量集成平均次数不对等问题，并且重构误差几乎为0，但是分解出的IMF分量中仍然包含残余噪声，并且在分解的早期阶段会出现一些“伪”模态，包含大量的相似噪声和类似的信号尺度，由此引发一系列问题。

为了解决CEEMDAN存在的残余噪声及“虚假”模式问题，Torres等（2011）试图估计每次分解中剩余分量的“真实”平均包络，进一步提出了改进算法：

（1）用局部均值的估计替换模态的估计，计算信号加噪声的局部均值，并将分解到的IMF定义为当前残差信号与其局部均值的差值（针对残余噪声）。

（2）不直接使用白噪声，而是使用高斯白噪声经过EMD分解之后的第k个IMF分量，使用信号的局部均值来提取k阶模态（针对“虚假”模态）。

7.2　ICEEMDAN分解步骤

7.2.1　算法流程图

ICEEMDAN是在CEEMDAN方法上改进而来的，综合考虑了EEMD中添加白噪声集成相消的思想以及CEEMDAN中计算重构序列第一模态后立即集成平均的方法，通过图7–1简单了解一下ICEEMDAN算法的分解思想。

CEEMDAN与ICEEMDAN的区别主要是：

（1）CEEMDAN方法是直接添加白噪声，估计各重构序列的一阶模态分量，集成平均后直接作为最终的模态分量；

（2）ICEEMDAN方法是添加白噪声的k阶模态分量，估计各重构序列的包络线局部均值，集成平均后与原序列做差作为最终的模态分量。使用白噪声的k阶模态分量能解决噪声混叠的问题，用局部均值的估计来替代模态分量的估计能有效减少最终分解模态中的残留噪声问题。

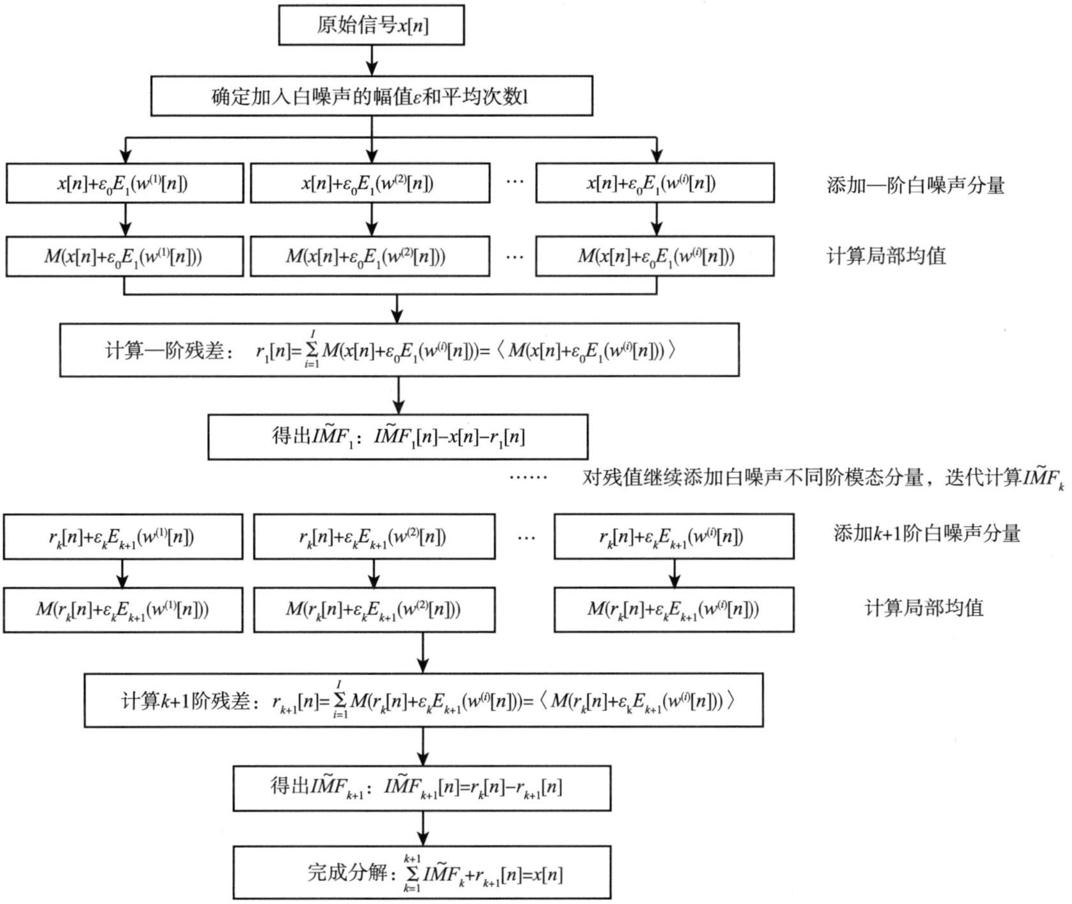

图7–1　ICEEMDAN算法流程

7.2.2　分解步骤

定义$x[n]$为原始信号，操作符$E_k(\cdot)$表示EMD分解后的第k个模态量，$M(\cdot)$表示信号的局部均值。那么$E_1(x)=x-M(x)$。操作符$\langle\rangle$表示取均值，$w^{(i)}$代表服从标准正态分布的高斯白噪声，ε_k为信噪比，具体的分解过程如下：

Step 1：向原始序列中添加I组白噪声$w^{(i)}$，构造新序列如式（7-1）所示：

$$x^{(i)}[n]=x[n]+\varepsilon_0 E_1(w^{(i)}[n]) \tag{7-1}$$

计算重构序列$x^{(i)}[n]$的上下包络线局部均值：$M(x^{(i)}[n])$

Step 2：对I组重构序列局部均值集成平均得到第一个残差分量如式（7-2）所示

$$r_1[n]=\langle M(x^{(i)}[n])\rangle \tag{7-2}$$

Step 3：计算第一模态分量IMF_1值：$IMF_1[n]=x[n]-r_1[n]$

Step 4：在第一个残差分量上继续添加I组白噪声，得到新序列$r_1[n]+\varepsilon_1 E_2(w^{(i)}[n])$继续计算局部均值的集成平均$\langle M(r_1[n]+\varepsilon_1 E_2(w^{(i)}[n]))\rangle$作为第二组残差$r_2[n]$，由此计算第二模态分量$IMF_2$值如式（7-3）所示：

$$IMF_2[n]=r_1[n]-r_2[n]=r_1[n]-\langle M(r_1[n])+\varepsilon_1 E_2(w^{(i)}[n])\rangle \tag{7-3}$$

Step 5：根据公式计算出第K个残差$r_k[n]=\langle M(r_{k-1}[n]+\varepsilon_{k-1}E_k(w^{(i)}[n]))\rangle$和第$k$个模态分量$IMF_k$：$IMF_k[n]=r_{k-1}-r_k$

Step 6：执行Step 4到Step 5迭代，直至获得残差不再满足分解条件，分解结束，得到所有模态与残差数。

通过分解公式可得：

$$\begin{aligned}
IMF_1[n]&=x[n]-r_1[n]\\
IMF_2[n]&=r_1[n]-r_2[n]\\
IMF_3[n]&=r_2[n]-r_3[n]\\
&\vdots\\
IMF_k[n]&=r_{k-1}[n]-r_k[n]\\
\sum_{k-1}^{k} IMF_k+r_k[n]&=x[n]
\end{aligned}$$

将所有分解得到的模态与残差项求和，可以得到原始信号信息，说明重构误差为0，保证了分解的完备性。

7.3 案例应用

案例7-1：PM2.5的CEEMDAN与ICEEMDAN分解

以武汉市PM2.5浓度为例：

```
% MATLAB代码
clc
clear;
%% 1.读入数据
data_all = xlsread('pm25.xlsx');
```

```
pm25 = data_all(:,4);
t = 1:1:length(pm25);
t = t';
%% 2.CEEMDAN分解
%fprintf('************ RUN CEEMDAN ***********\n')
tic;
CEEMDANimf=ceemdan(pm25,0.2,500,5000); %信号分解
toc; %计算运行时间
%CEEMDANimf=CEEMDANimf'; % 部分MATLAB版本需要转置
[m1,n1]=size(CEEMDANimf);
%绘制原始序列
figure(1); %设置画布
plot(t,pm25,'-r','LineWidth',0.50); %线条颜色样式及宽度
title('Original Signal'); %标题
ylabel('PM2.5','FontSize',12); %纵轴标签
xlim([1,n1]) %限制横轴范围
grid on %绘制网格背景
%绘制pm25的CEEMDAN分解结果
figure(2);
subplot(m1+1,1,1); %第一张子图为原始序列
plot(t,pm25);
set(gca,'XLim',[1 length(pm25)]);%设置要显示坐标刻度的范围
title('CEEMDAN decomposition results of PM2.5'); %标题
ylabel(['PM2.5']); %纵轴标签
grid on %设置网格背景
for i=2:m1+1
    subplot(m1+1,1,i);
    plot(t,CEEMDANimf(i-1,:),'LineWidth',0.5); % 第二张子图画第一个IMF图
    grid on;
    ylabel(['IMF',int2str(i-1)]);
    xlim([1,n1]);
    if (i==m1+1)
        ylabel(['res']);
        xlabel('time');
    end
end
%% 3.ICEEMDAN分解(与CEEMDAN对比)
%fprintf('************ RUN ICEEMDAN ***********\n')
tic;
ICEEMDANimf=iceemdan(pm25,0.2,500,5000,2); %分解序列
toc;
%ICEEMDANimf=ICEEMDANimf'; % 部分MATLAB版本需要转置
[m2,n2]=size(ICEEMDANimf);
%绘制pm25的ICEEMDAN分解结果
figure(3);
subplot(m2+1,1,1);
plot(t,pm25);
set(gca,'XLim',[1 length(pm25)]);%设置要显示坐标刻度的范围
title('ICEEMDAN decomposition results of PM2.5');
ylabel(['PM2.5']);
grid on;
for i=2:m2+1
    subplot(m2+1,1,i);
    plot(t,ICEEMDANimf(i-1,:),'LineWidth',0.5); % 第二个子图画第一个IMF图
    ylabel(['IMF',int2str(i-1)]);
    xlim([1,n2]);
    grid on;
    if (i==m2+1)
        ylabel(['res']);
        xlabel('time');
    end
end
%% 4.CEEMDAN信号重构
rec_all=sum(CEEMDANimf(1:m1,:),1); %IMF和趋势项重构原始信号
rec_trend=sum(CEEMDANimf(1:m1-1,:),1); %剔除趋势项的重构信号
rec_3 =sum(CEEMDANimf(3:m1,:),1); %剔除前两个IMF的重构信号
rec_noise = sum(CEEMDANimf(1:2,:),1) %前两个IMF噪音
%画原始信号与各个重构序列的比较图
figure(4); %画布
```

```
subplot(4,1,1); %IMF和趋势项重构原始信号
plot(t,pm25,'r--','LineWidth',0.25); %绘制原始序列
hold on; %锁定当前窗口绘图
plot(t,rec_all','b-','LineWidth',0.25);
hold off; %结束当前窗口绘图
xlim([1,n1]);ylabel(['所有IMF和趋势项']);
title('CEEMDAN PM2.5重构结果')
legend('原始序列','重构序列')
grid on;
subplot(4,1,2); %剔除趋势项的重构信号
plot(t,pm25,'--r',t,rec_trend','-b','LineWidth',0.25);
xlim([1,n1]);ylabel(['剔除趋势项']);
legend('原始序列','重构序列')
grid on;
subplot(4,1,3); %剔除前两个IMF的重构信号
plot(t,pm25,'--r',t,rec_3','-b','LineWidth',0.25);
xlim([1,n1]);ylabel(['剔除前2个IMF']);
legend('原始序列','重构序列')
grid on;
subplot(4,1,4); %前两个IMF噪音
plot(t,pm25,'--r',t,rec_noise','-b','LineWidth',0.25);
xlim([1,n1]);ylabel(['前2个IMF']);
legend('原始序列','重构序列')
grid on;
%% 5.ICEEMDAN信号重构
rec_all_ice=sum(ICEEMDANimf(1:m2,:),1); %IMF和趋势项重构原始信号
rec_trend_ice=sum(ICEEMDANimf(1:m2-1,:),1); %剔除趋势项的重构信号
rec_3_ice =sum(ICEEMDANimf(3:m2,:),1); %剔除前两个IMF的重构信号
rec_noise_ice = sum(ICEEMDANimf(1:2,:),1) %前两个IMF噪音
%画原始信号与各个重构序列的比较图
figure(5);
subplot(4,1,1); %IMF和趋势项重构原始信号
plot(t,pm25,'r--','LineWidth',0.25);
hold on;
plot(t,rec_all_ice','b-','LineWidth',0.25);
hold off; %结束当前窗口绘图
xlim([1,n2]);ylabel(['所有IMF和趋势项']);
title('ICEEMDAN PM2.5重构结果')
legend('原始序列','重构序列')
grid on;
subplot(4,1,2); %剔除趋势项的重构信号
plot(t,pm25,'--r',t,rec_trend_ice','-b','LineWidth',0.25);
xlim([1,n2]);ylabel(['剔除趋势项'])
legend('原始序列','重构序列')
grid on;
subplot(4,1,3); %剔除前两个IMF的重构信号
plot(t,pm25,'--r',t,rec_3_ice','-b','LineWidth',0.25);
xlim([1,n2]);ylabel(['剔除前2个IMF']);
legend('原始序列','重构序列')
grid on;
subplot(4,1,4); %前两个IMF噪音
plot(t,pm25,'--r',t,rec_noise_ice','-b','LineWidth',0.25);
xlim([1,n2]);ylabel(['前2个IMF']);
legend('原始序列','重构序列')
grid on;
%% 6.ICEEMDAN与CEEMDAN重构对比
figure(6)
subplot(2,1,1);
plot(t,pm25,'--r',t,rec_3','b-.',t,rec_3_ice','k-')
xlim([1,n2]);
title('CEEMDAN与ICEEMDAN剔除前2个IMF后的重构对比');
legend('原始序列','CEEMDAN重构序列','ICEEMDAN重构序列')
grid on;
subplot(2,1,2)
plot(t,pm25,'--r',t,rec_noise,'b-.',t,rec_noise_ice,'k-')
xlim([1,n2]);
title('CEEMDAN与ICEEMDAN前2个IMF对比');
legend('原始序列','CEEMDAN重构序列','ICEEMDAN重构序列')
grid on;
```

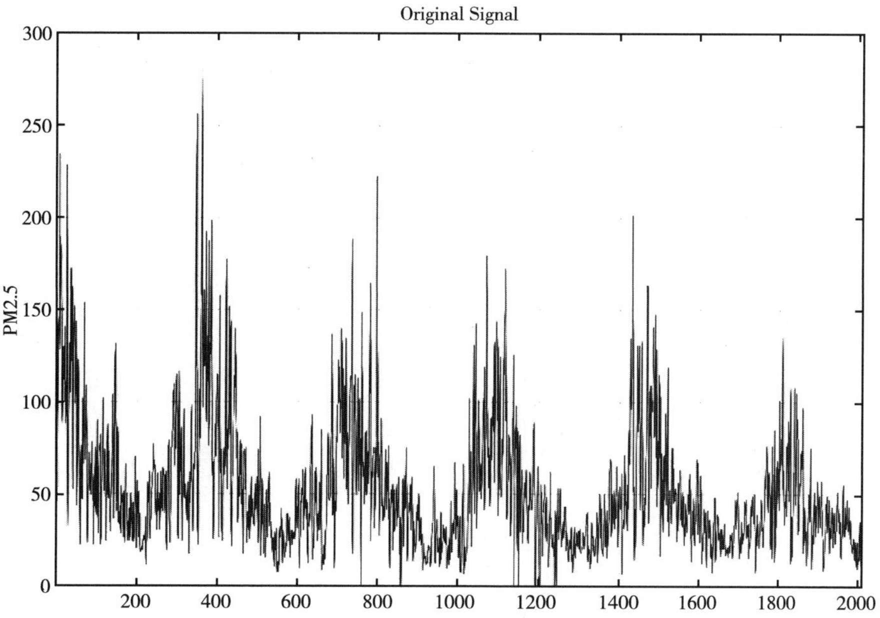

图 7–2　PM2.5 原始数据

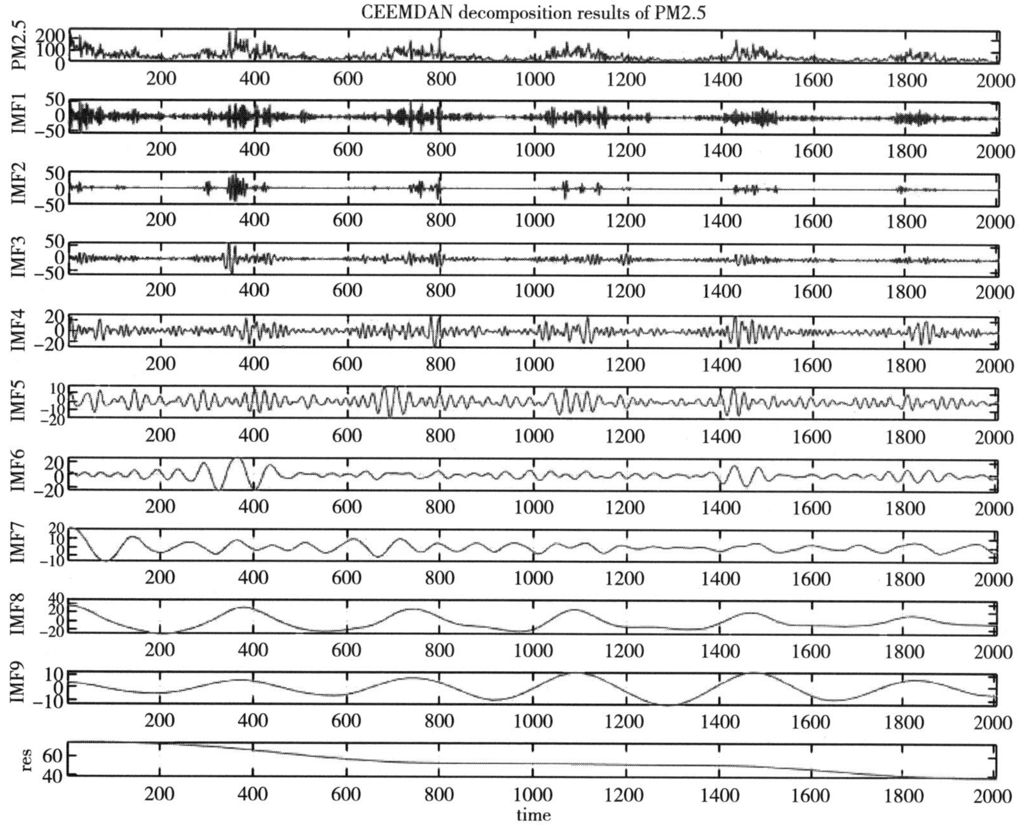

图 7–3　PM2.5 CEEMDAN 分解

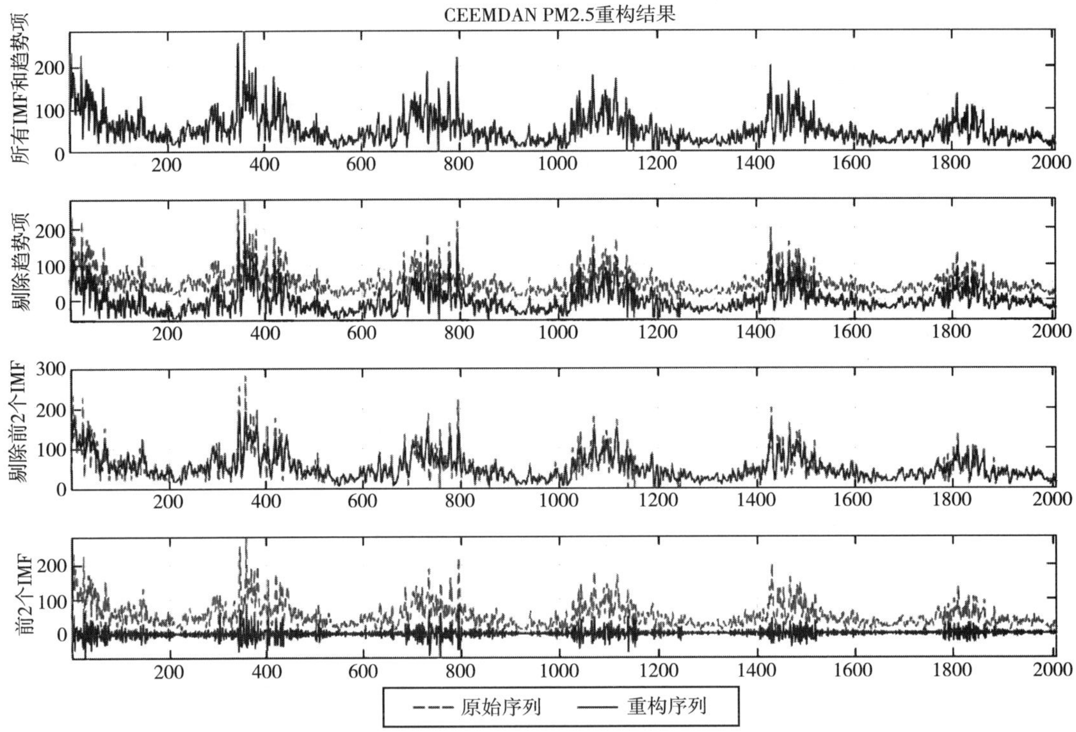

图7-4 PM2.5 CEEMDAN重构

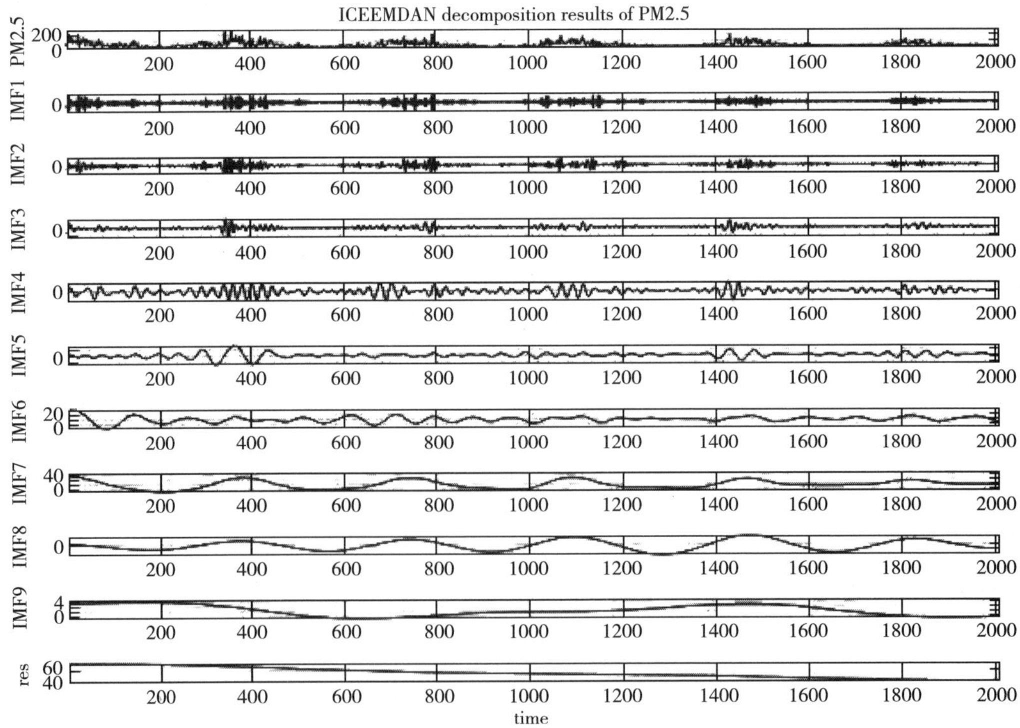

图7-5 PM2.5 ICEEMDAN分解

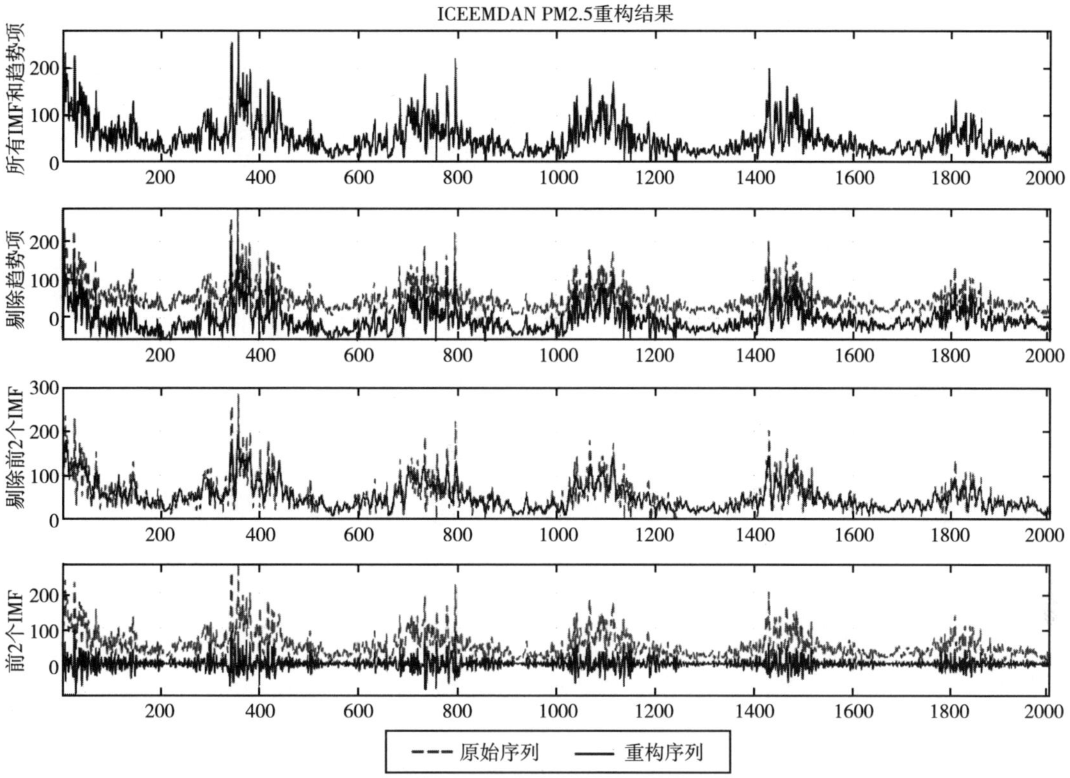

图 7-6　PM2.5 ICEEMDAN 重构

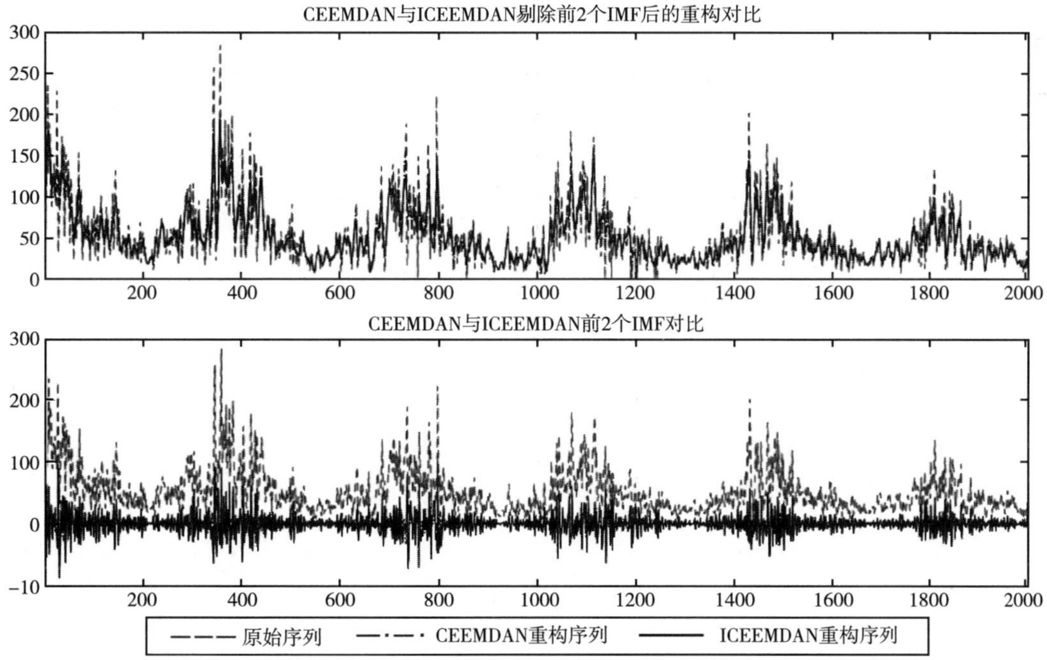

图 7-7　PM2.5 序列重构对比

案例7-2：上证指数的ICEEMDAN分解

以上证指数开盘价为例：图7-8至图7-13显示了原始数据和分解的结果。

```
% Matlab代码
%%1、读入数据
load ('shangzheng.mat');
% 提取数据
shangzheng = sh_open;
%shangzheng = shangzheng';  %有的需要转置
t = 1:1:length(shangzheng);

%% 2.CEEMDAN分解
%fprintf('************ RUN CEEMDAN ***********\n')
tic;
CEEMDANimf=ceemdan(shangzheng,0.2,500,5000);
toc;
%CEEMDANimf=CEEMDANimf';  % 有的MATLAB版本需要转置
[m1,n1]=size(CEEMDANimf);

figure(1);  %绘制原始序列
plot(t,shangzheng,'-r');
title('Original Signal');
ylabel(' 上证指数 ','FontSize',12);
xlim([1,n1]);
grid on;

figure(2);  %绘制上证指数的CEEMDAN分解结果
subplot(m1+1,1,1);
plot(t,shangzheng);
set(gca,'XLim',[1 length(shangzheng)]);%设置要显示坐标刻度的范围
title('CEEMDAN decomposition results of 上证指数 ');
ylabel([' 上证指数 ']);
grid on
for i=2:m1+1
    subplot(m1+1,1,i);
    plot(t,CEEMDANimf(i-1,:),'LineWidth',0.8);   % 第二个子图画第一个IMF图
    grid on
    ylabel(['IMF',int2str(i-1)]);
    xlim([1,n1]);
    if (i==m1+1)
        ylabel(['res']);
        xlabel('time');
    end
end


%% 3.ICEEMDAN分解（与CEEMDAN对比）
%fprintf('************ RUN CEEMD ***********\n')
%StartingSamp=0;
%StepSize=8000;
%[ecg,fs,tm]=rdsamp('fantasia/f1o02',[2],(StartingSamp+StepSize),(StartingSamp+1));
%Nstd = 0.2;
%NR = 500;
%MaxIter = 2000;

tic;
ICEEMDANimf=iceemdan(shangzheng,0.2,500,5000,2);
toc;
%ICEEMDANimf=ICEEMDANimf';  % 有的MATLAB版本需要转置
[m2,n2]=size(ICEEMDANimf);


figure(3);  %绘制上证指数的iCEEMDAN分解结果
subplot(m2+1,1,1);
plot(t,shangzheng);
set(gca,'XLim',[1 length(shangzheng)]);%设置要显示坐标刻度的范围
```

```
title('ICEEMDAN decomposition results of 上证指数 ');
ylabel([' 上证指数 ']);
grid on
for i=2:m2+1
    subplot(m2+1,1,i);
    plot(t,ICEEMDANimf(i-1,:),'LineWidth',0.8);   % 第二个子图画第一个 IMF 图
    ylabel(['IMF',int2str(i-1)]);
    xlim([1,n2]);
    grid on
    if (i==m2+1)
        ylabel(['res']);
        xlabel('time');
    end
end
%subplot(ceil(m1/2),2,1);

%% 4.CEEMDAN 信号重构
rec_all=sum(CEEMDANimf(1:m1,:),1);  %IMF 和趋势项重构原始信号
rec_trend=sum(CEEMDANimf(1:m1-1,:),1); % 剔除趋势项的重构信号
%rec_f3=sum(CEEMDimf(2:4,:),1);   % 第一个是原始信号，最后一个是残差
rec_3 =sum(CEEMDANimf(4:m1,:),1);  % 剔除前 3 个 imf 的重构信号
rec_noise = sum(CEEMDANimf(1:3,:),1)  % 前 3 个 imf 噪音

figure(4);
%suptitle('CEEMDAN 分解重构结果 ') % 总标题
subplot(4,1,1);  % 画原始信号与各个重构序列的比较图
plot(t,shangzheng,'r-');
hold on;
plot(t,rec_all','b-');
%plot(t,shangzheng,'r-',t,rec_all','-','LineWidth',0.5);
hold off;
xlim([1,n1]);ylabel([' 所有 IMF 和趋势项 ']);
title('CEEMDAN 上证指数重构结果 ')
grid on;
%h=legend({' 上证指数 ',' 所有 IMF'})
%set(h, 'FontSize',2)

subplot(4,1,2);
plot(t,shangzheng,'--r',t,rec_trend','-b');
xlim([1,n1]);ylabel([' 剔除趋势项 ']);
grid on;
%legend('shangzheng',' 剔除趋势项 ')

subplot(4,1,3);
plot(t,shangzheng,'--r',t,rec_3','-b');
xlim([1,n1]);ylabel([' 剔除前 3 个 IMF']);
grid on;
%legend('shangzheng',' 剔除前 3 个 IMF')

subplot(4,1,4);
plot(t,shangzheng,'--r',t,rec_noise','-b');
xlim([1,n1]);ylabel([' 前 3 个 IMF']);
grid on;
%legend('shangzheng',' 前 3 个 IMF')


%% 5.ICEEMDAN 信号重构
rec_all_ice=sum(ICEEMDANimf(1:m2,:),1);  %IMF 和趋势项重构原始信号
rec_trend_ice=sum(ICEEMDANimf(1:m2-1,:),1); % 剔除趋势项的重构信号
rec_3_ice =sum(ICEEMDANimf(4:m2,:),1);  % 剔除前 3 个 imf 的重构信号
rec_noise_ice = sum(ICEEMDANimf(1:3,:),1) % 前两 3 个 imf 噪音

figure(5);
subplot(4,1,1);  % 画原始信号与各个重构序列的比较图
plot(t,shangzheng,'r--');
hold on;
plot(t,rec_all_ice','b-');
%plot(t,shangzheng,'r-',t,rec_all','-');
hold off;
```

```
xlim([1,n2]);ylabel(['所有IMF和趋势项']);
title('ICEEMDAN 上证指数重构结果')
grid on;

subplot(4,1,2);
plot(t,shangzheng,'--r',t,rec_trend_ice','-b');
xlim([1,n2]);ylabel(['剔除趋势项'])
grid on;
%legend('上证指数','剔除趋势项')

subplot(4,1,3);
plot(t,shangzheng,'--r',t,rec_3_ice','-b');
xlim([1,n2]);ylabel(['剔除前3个IMF']);
grid on;
%legend('上证指数','剔除前3个IMF')

subplot(4,1,4);
plot(t,shangzheng,'--r',t,rec_noise_ice','-b');
xlim([1,n2]);ylabel(['前3个IMF']);
grid on;
%legend('上证指数','前3个IMF')

%% 6.ICEEMDAN与CEEMDAN重构对比
figure(6)
subplot(2,1,1);
plot(t,shangzheng,'--r',t,rec_3','b-.',t,rec_3_ice','k-')
xlim([1,n2]);
title('CEEMDAN与ICEEMDAN剔除前3个IMF后的重构对比');
%legend('shangzheng','CEEMDAN','ICEEMDAN')
grid on;

subplot(2,1,2)
plot(t,shangzheng,'--r',t,rec_noise,'b-.',t,rec_noise_ice,'k-')
xlim([1,n2]);
title('CEEMDAN与ICEEMDAN前3个IMF对比');
%legend('shangzheng','CEEMDAN','ICEEMDAN')
grid on;
```

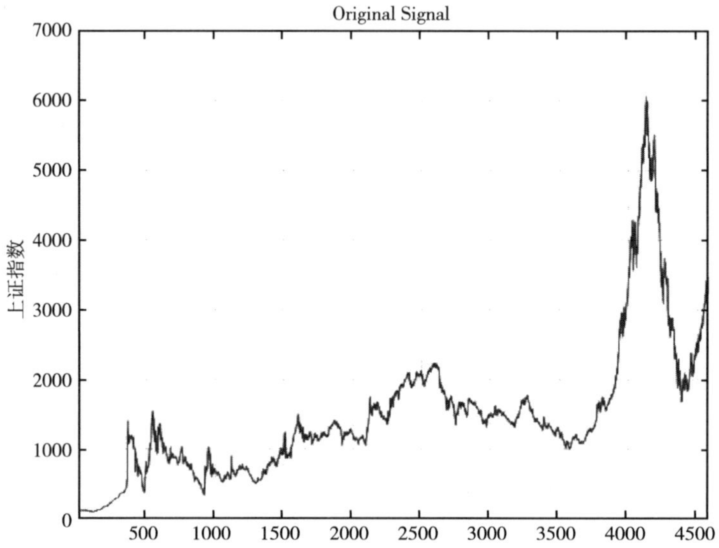

图7-8　上证指数原始数据

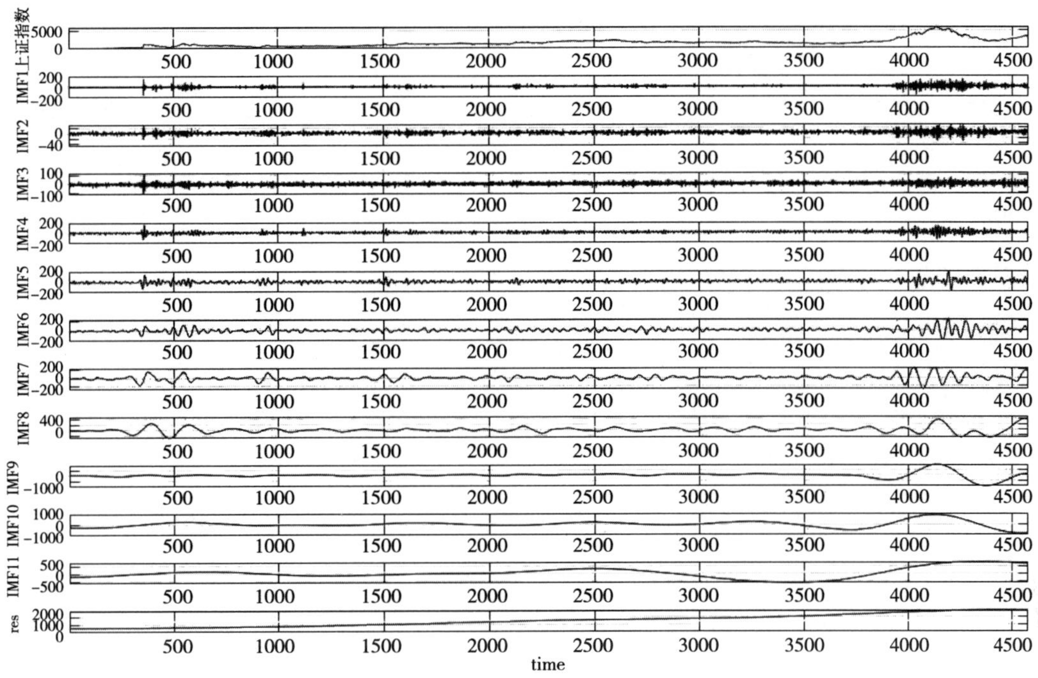

图 7–9　上证指数 CEEMDAN 分解

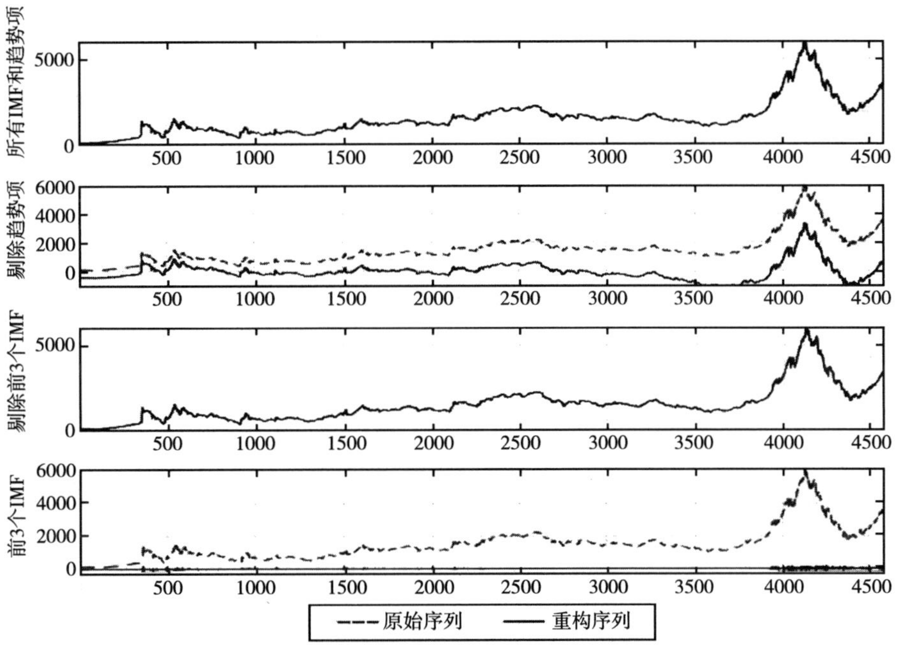

图 7–10　上证指数 CEEMDAN 重构

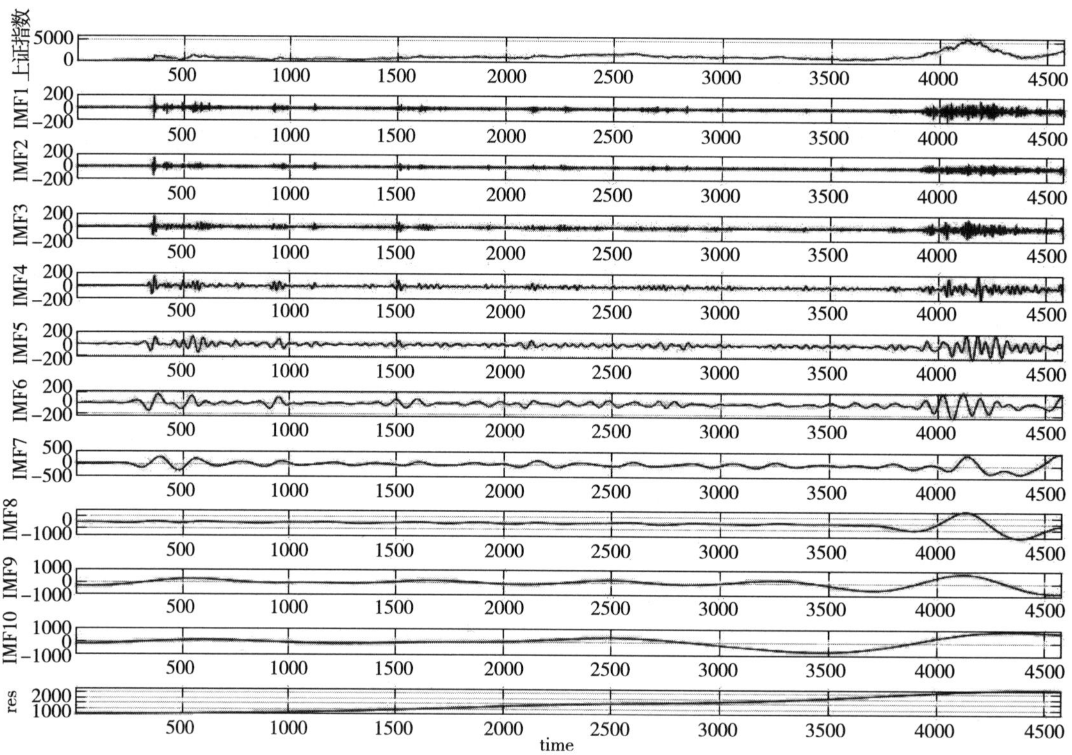

图7-11 上证指数ICEEMDAN分解

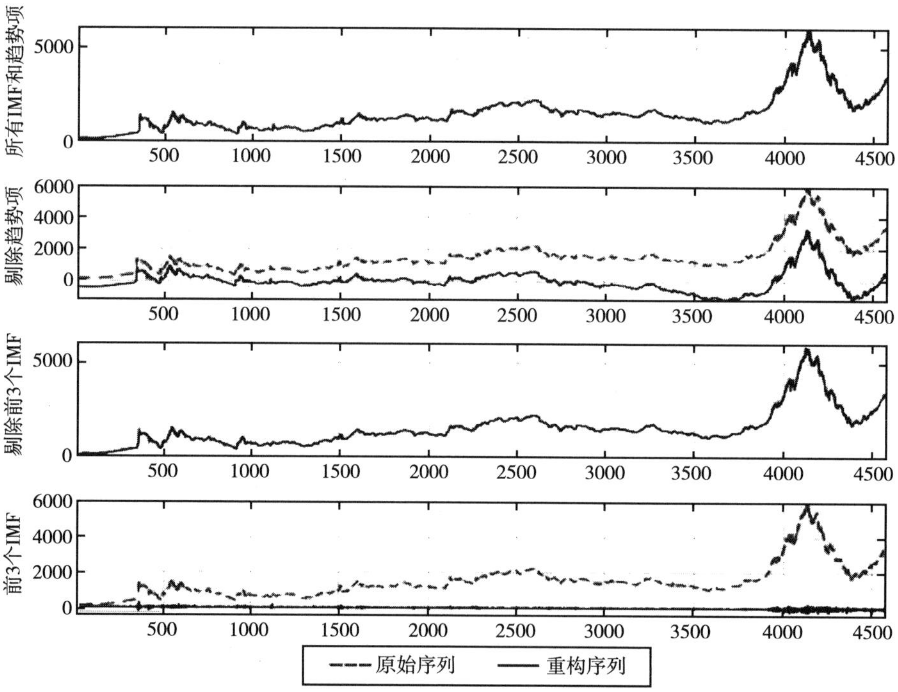

图7-12 上证指数ICEEMDAN重构

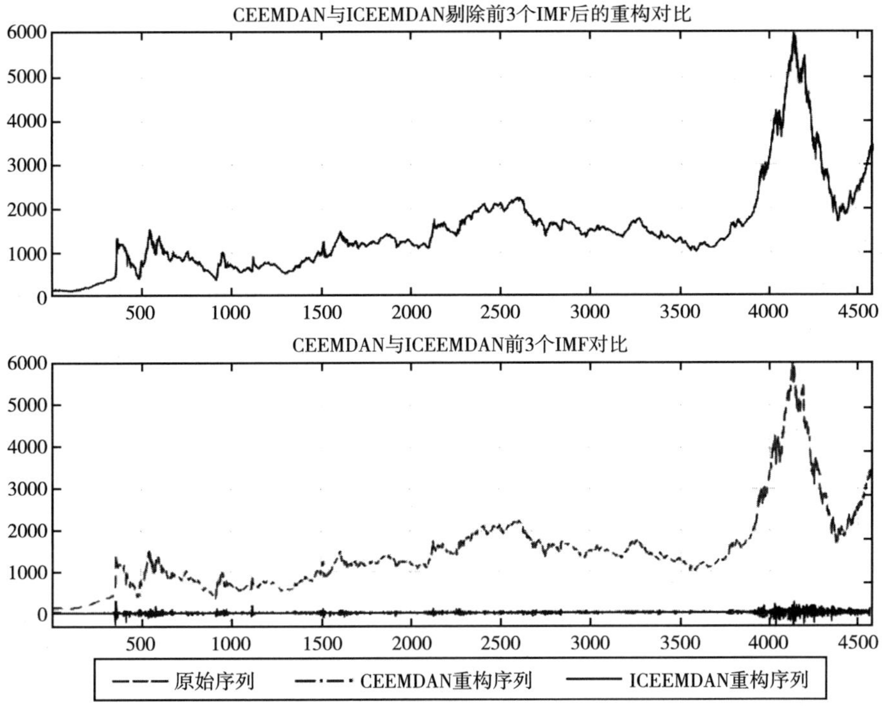

图7-13　上证指数序列重构对比

7.4 延伸阅读

与EEMD和CEEMDAN相比，改进的CEEMDAN引入局部包络平均减小残余噪声；在分解过程中，依次计算IMF，保证了分解的完整性，信号重构误差更小，改善了CEEMDAN的不足，但是由于计算量过大，实时性有待进一步改进。

参考文献

[1] Torres M E, Colominas M A, Schlotthauer G, et al. A complete ensemble empirical mode decomposition with adaptive noise [C] //2011 IEEE international conference on acoustics, speech and signal processing (ICASSP). IEEE, 2011: 4144–4147.

[2] Colominas M A, Schlotthauer G, Torres M E. Improved complete ensemble EMD: A suitable tool for biomedical signal processing [J]. Biomedical Signal Processing and Control, 2014, 14: 19–29.

练习题

1. ICEEMDAN相较于CEEMDAN有什么改进。

2. 相较于CEEMDAN，ICEEMDAN有什么优势。

3. 请用ICEEMDAN算法将数据集中的数据进行分解（https：//raw.githubusercontent.com/jbrownlee/Datasets/master/monthly-sunspots.csv）。

第8章　基于样条优化的经验模态分解

8.1 理论基础

传统的EMD算法可用于分析非线性和非平稳信号，在工程领域有较为广泛的应用。然而，计算IMF的筛选过程（sifting procedure）过程是基于特定参数的，缺乏数学基础。近年来，基于偏微分方程或者优化方法的SP变种被提出，提供了一个更好的数学框架，但这种改进往往会损害EMD有趣的特性。

OS-EMD是一种新的类似于EMD的分解方式，算法中的约束优化（Optimization on Splines）过程代替了原来的SP过程，该算法旨在提供更清晰的数学设置基础上还原（或改进）EMD的分解表现。

8.2 OS-EMD分解步骤

8.2.1 算法流程图

OS-EMD是在针对EMD的SP过程进行了改进，在该算法中，是通过m_{j-1}估计m_j，然后再推断h_j，保留了EMD的递推式，使模态确定问题变得可解。通过流程图8-1简单了解一下OS-EMD算法的分解思想。

8.2.2 分解步骤

定义$s(t)$为原始信号，具体的分解过程如下：

Step 1：计算极值点位置$\hat{x}_i$

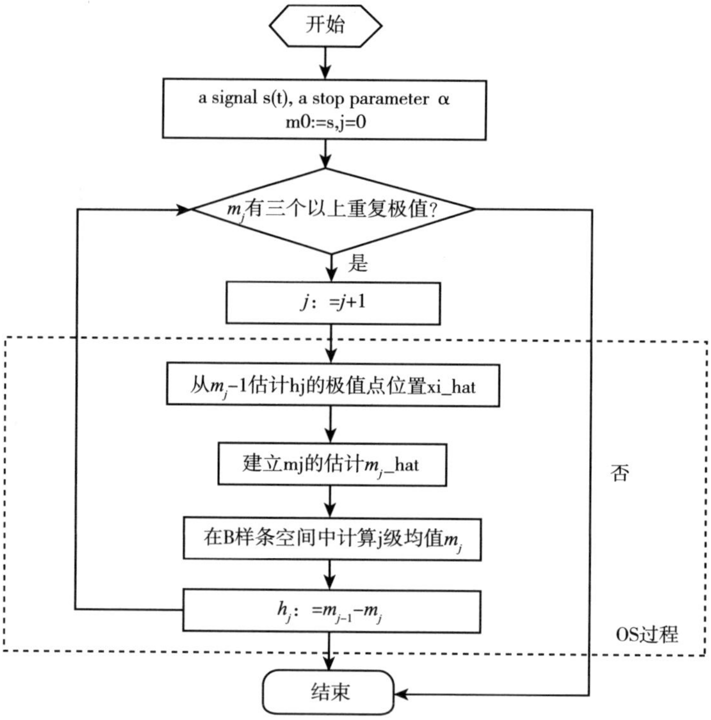

图8-1　OS-EMD算法流程

根据原文的第14条参考文献，原始序列s的偶阶导数提供的极值点估计比s的估计更好，因此，现定义$t^{[0]}$为原始序列s的极值点位置，$t^{[2]}$为原始序列$s^{(2)}$的极值点位置，以此类推，计算$\hat{x}_i$的步骤如下所示：

（1）如果$|t^{[0]}|=|t^{[2]}|$，那么$\hat{x}=t^{[0]}$；

（2）否则，如果$|t^{[2]}|=|t^{[4]}|$并且$|t^{[2]}|>|t^{[0]}|$，那么$\hat{x}=t^{[2]}$；

（3）否则，$\hat{x}=t^{[4]}$。

Step 2：在定义在节点序列τ上的k阶样条空间$\prod_{\tau}^{k}$中计算m的估计$\hat{m}$，根据［2］，首先计算点$(\bar{t}_i,\bar{s}_i)_{i=1\cdots L-1}$，计算公式如式（8-1）和式（8-2）所示：

$$\bar{s}_i=\frac{1}{\bar{x}_{i+1}-\bar{x}_i}\int_{\bar{x}i}^{\bar{x}_{i+1}}s(t)dt \qquad (8-1)$$

$$\bar{t}_i=\frac{\int_{\bar{x}_i}^{\bar{x}_{i+1}}t|s(t)-\bar{s}_i|^2dt}{\int_{\bar{x}_i}^{\bar{x}_{i+1}}|s(t)-\bar{s}_i|^2dt} \qquad (8-2)$$

这些点的计算思想是“局部积分均值”（Local Integral Mean），即$\bar{s}_i$是s在区间$[t_i,t_{i+1}]$上的均值，$\bar{t}_i$是时间重心。这样做的目的是替换EMD算法SP过程中通过求上下包络线样条插值后的均值信号的步骤，替换成计算这些点之后直接在此基础上进行样条插值。

$\hat{m}$最终是一条定义在$(\bar{t}_i,\bar{s}_i)_{i=0\cdots L+1}$这L+1个点上的一条k阶样条插值曲线，并且定义在节点序列$\tau=(\tau_i)_{0\leq i\leq L+k}$上。这样的节点序列$\tau=(\tau_i)_{0\leq i\leq L+k}$可以通过经典算法DeBoor实现。

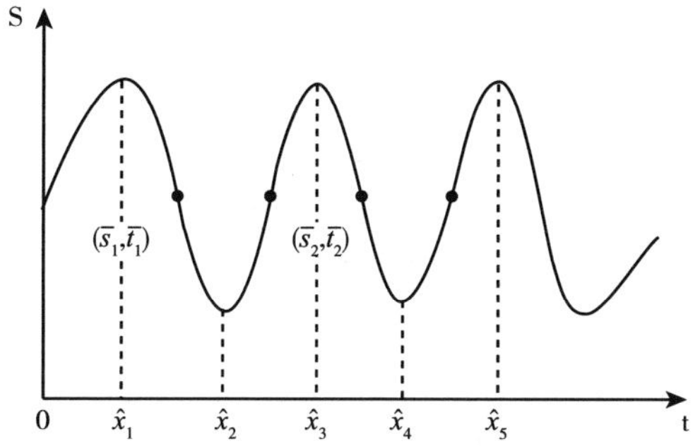

图8-2　对Step2的直观解释

$\hat{x}_1$为估计的极值点位置，$(\bar{s}_i,\bar{t}_i)$为局部均值点，$\bar{s}_i$为s在$[t_i,t_{i+1}]$上的均值，$\bar{t}_i$为时间重心，$\hat{m}$即为$[s_i,s_{i+1}]$上的k阶样条插值点

这里对DeBoor做一个解释：

（1）关于Bezier算法。

Bezier算法围绕着Bezier曲线展开，Bezier曲线的定义如式（8-3）所示：

$$p(t)=\sum_{i=1}^{n}P_i B_{i,n}(t)\quad t\in[0,1] \tag{8-3}$$

其中，P_i为控制顶点，n表示有$n+1$个控制顶点，$B_{i,n}(t)$为Bernstein基函数，其中，$B_{i,n}(t)=C_n^i*t^i(1-t)^{n-i}$。或者展开如式（8-4）所示：

$$B_{i,n}(t)=W_{t,n}^0P_0+W_{t,n}^1P_1+\cdots+W_{t,n}^nP_n \tag{8-4}$$

其中，$W_{t,n}^0$是P_0前系数，是最高幂次为n的关于t的多项式，当t确定后，改值就为定值。因此整个式子可以理解为$B_{i,n}(t)$插值点是这n+1个点施加各自的权重W后累加得到的。这也是为什么改变其中一个控制点，整个贝塞尔曲线都会受到影响。其实对于样条曲线的生成，思路就是这样的，最终曲线的生成，就对于各个控制点施加权重即可。在贝塞尔曲线中，该权重是关于t的函数，即

$$W^i=C_n^i(1-t)^{n-i}t^i \tag{8-5}$$

在B样条中，只不过这个权重设置更复杂点。

（2）关于B-Spline算法产生背景。

Bezier曲线有以下几个不足点，所以导致出现了B-spline算法：

①一旦确定特征多边形，就确定了曲线的阶次；

②Bezier曲线拼接复杂（需要满足几何连续性，参数连续性等）；

③Bezier曲线不能作局部修改（只能整体修改）。

B-spline算法是整条曲线用一段一段的曲线连接而成，采用分段连续多段式生成。

（3）B-Spline曲线定义如式（8-6）所示。

$$P(u)=\sum_{i=1}^{n}P_i B_{i,k}(u)\qquad u\in[u_{k-1},u_{n+1}] \tag{8-6}$$

其中，P_i是特征多边形的顶点，$B_{i,k}$成为k阶（k-1次）基函数，B-spline算法阶数是次数加1。

关于几个容易混淆的概念的说明：

- 控制点：也就是控制曲线的点，等价于贝塞尔函数的控制点，通过控制点可以控制曲线形状。假设有n+1个控制点P_0，P_1，P_2，…，P_n
- 节点：这个跟控制点没有关系，而是人为地将目标曲线分为若干个部分，其目的就是尽量使各个部分有所影响但也有一定独立性，这也是为什么B样条中，有时一个控制点的改变，不会很大影响到整条曲线，而只影响到局部的原因，这是区别于贝塞尔曲线的一点。节点划分影响到权重计算，可以预想到的是，实现局部性的影响的原理应该是在生成某区间内的点时，某些控制点前的权重值会为0，即对该点没有贡献，所以才有上述特点。事实上，就是如此的。先了解有这个概念即可。假设我们划分了m+1个节点t_0，t_1，t_2，…，t_m，将曲线分成了m段。
- 次与阶：次的概念就是贝塞尔中次的概念，即权重中t的最高幂次。而阶=次+1。假设我们用k表示次，即k次。

B-spline基函数的求出算法应用最广泛的是DeBoor-Cox递推算法如式（8-7）和（8-8）所示：

$$B_{i,k}(u) = \frac{u - u_i}{u_{i+k-1} - u_i} * B_{i,k-1}u + \frac{u_{i+k} - u}{u_{i+k} - u_{i+1}} * B_{i+1,k+1}(u) \tag{8-7}$$

$$B_{i,1}(u) = \begin{cases} 1 & u_i < u < u_{i+1} \\ 0 & Otherwise \end{cases} \tag{8-8}$$

Step 3：通过解出二次优化问题$m = \underset{\hat{m} \in C(\hat{m})}{argmin} \| \tilde{m}^{(2)} \|^2$（记号$m^{(n)}$表示一维函数$m$的第$n$阶导数），在$\prod_{\tau}^{k}$一个非空闭凸$C(\hat{m})$中搜索$m$。

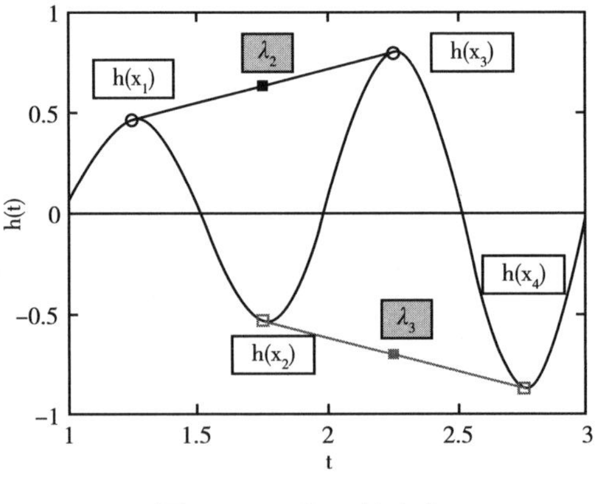

图8-3 λ_2和λ_3的定义

定义$\lambda_i = \frac{h(x_{i+1}) - h(x_{i-1})}{x_{i+1} - x_{i-1}}(x_i - x_{i-1}) + h(x_{i-1})$，约束形式为$|h(x_i) + \lambda_i| \leqslant \alpha |h(x_i) - \lambda_i|$。为了线性化$h$上的这些约束，将原约束中的$x$替换成$\hat{x}$，$h$替换成$s-\hat{m}$，$\lambda_i$替换成$\hat{\lambda}_i$，即

$\hat{\lambda}_i = \frac{(s-m)(\hat{x}_{i+1}) - (s-m)(\hat{x}_{i-1})}{\hat{x}_{i+1} - \hat{x}_{i-1}}(\hat{x}_i - \hat{x}_{i-1}) + (s-m)(\hat{x}_{i-1})$，新的约束形式为：$|(s-m)(\hat{x}_i) + \hat{\lambda}_i(m)| \leqslant \alpha|(s-m)(\hat{x}_i) - \hat{\lambda}_i(m)|$。这些式子定义了约束集，现在可以将最终的优化问题写成如式（8-9）和式（8-10）所示：

$$m = \underset{\hat{m} \in C(\hat{m})}{argmin} \|\tilde{m}^{(2)}\|^2 \tag{8-9}$$

$$C(\hat{m}) = \{\tilde{m} \in \prod_{\tau}^{k}, \forall 1 \leqslant i \leqslant L, \times \frac{|\hat{\lambda}_i(\tilde{m}) + (s-\tilde{m})(\hat{x}_i)|}{|\hat{\lambda}_i(\hat{m}) + (s-\hat{m})(\hat{x}_i)|} \leqslant \alpha\} \tag{8-10}$$

8.3 案例应用

案例8-1：PM2.5的EMD与OS-EMD分解

以武汉市PM2.5浓度为例：

```
% MATLAB代码
%% 清空环境变量
clear all
clc
%% 1.导入数据
data_all = xlsread('pm25.xlsx');
pm25 = data_all(:,4)';
t = 1:1:length(pm25);
%% 2.EMD分解
tic; % 计算运行时间
opt.method = 'emd';
%fprintf('************ RUN EMD ***********\n')
[imf_emd ort_emd nder_emd] = emdos(pm25,opt); % 信号分解
toc;
%% 3.分解EMD结果绘图
figure(1);
% 绘制原始序列
pm25_size = size(pm25);
n = 2008;
N = 1:length(pm25);
m1_emd=size(imf_emd);
subplot(m1_emd(1)+1,1,1)
plot(N,pm25)
title('Results of EMD')
xlim([1,pm25_size(2)])
ylabel('PM25')
% 绘制pm25的OS-EMD分解结果
for i=2:m1_emd
    subplot(m1_emd(1)+1,1,i)
    plot(N,imf_emd(i-1,:))
    xlim([1,pm25_size(2)])
    ylabel(['IMF' num2str(i-1)])
end
% 绘制残差序列
subplot(m1_emd(1)+1,1,m1_emd(1)+1)
plot(N,imf_emd(m1_emd(1),:))
ylabel(['res'])
xlabel('Time')
xlim([1,pm25_size(2)])
```

```
%% 4.OS-EMD 分解
pm25_size = size(pm25);
n = 2008;
% 设置参数
opt.stop = 'h';
opt.method = 'os';
opt.alpha = 0.5;
%opt.sporder = 8;
%opt.orderder = 0;
%fprintf('************ RUN EMDOS ***********\n')
tic; % 计算运行时间
[imf ort nder] = emdos(pm25,opt); % 信号分解
toc;
%% 5. 分解结果绘图
figure(2);
% 绘制原始序列
N = 1:length(pm25);
m1=size(imf);
subplot(m1(1)+1,1,1)
plot(N,pm25)
title('Results of OS-EMD')
xlim([1,pm25_size(2)])
ylabel('PM25')
% 绘制 pm25 的 OS-EMD 分解结果
for i=2:m1
     subplot(m1(1)+1,1,i)
     plot(N,imf(i-1,:))
     xlim([1,pm25_size(2)])
     ylabel(['IMF' num2str(i-1)])
end
% 绘制残差序列
subplot(m1(1)+1,1,m1(1)+1)
plot(N,imf(m1(1),:))
ylabel(['res'])
xlabel('Time')
xlim([1,pm25_size(2)])
%% 6.OS-EMD 信号重构
res_all=sum(imf(1:m1,:),1);  %IMF 和趋势项重构原始信号
res_trend=sum(imf(1:m1-1,:),1);  %剔除趋势项的重构信号
res_3 =sum(imf(3:m1,:),1);  %剔除前两个 IMF 的重构信号
res_noise = sum(imf(1:2,:),1) %前两个 IMF 噪音
%% 7. 绘制 OS-EMD 重构图像
% 画原始信号与各个重构序列的比较图
figure(3); % 画布
subplot(4,1,1);  %所有 IMF 重构原始信号
plot(t,pm25,'r-','LineWidth',0.25);  %绘制原始序列
hold on;
plot(t,res_all','b-','LineWidth',0.25);
% plot(t,pm25,'r-',t,rec_all','-','LineWidth',0.5);
hold off;  %结束当前窗口绘图
xlim([1,pm25_size(2)]);ylabel(['所有 IMF 和趋势项']);
title('OS-EMD PM2.5 重构结果')
grid on;
subplot(4,1,2);  %剔除趋势项的重构信号
plot(t,pm25,'-r',t,res_trend','-b','LineWidth',0.25);
xlim([1,pm25_size(2)]);ylabel(['剔除趋势项']);
grid on;
legend('pm25','剔除趋势项')
subplot(4,1,3);  %剔除前两个 IMF 的重构信号
plot(t,pm25,'-r',t,res_3','-b','LineWidth',0.25);
xlim([1,pm25_size(2)]);ylabel(['剔除前 2 个 IMF']);
grid on;
legend('pm25','剔除前 2 个 IMF')
subplot(4,1,4);  %前两个 IMF 噪音
plot(t,pm25,'-r',t,res_noise','-b','LineWidth',0.25);
xlim([1,pm25_size(2)]);ylabel(['前 2 个 IMF']);
grid on;
legend('pm25','前 2 个 IMF')
%% 8.EMD 信号重构
```

```
res_all_emd=sum(imf_emd(1:m1_emd,:),1);  %IMF和趋势项重构原始信号
res_trend_emd=sum(imf_emd(1:m1_emd-1,:),1); %剔除趋势项的重构信号
res_3_emd =sum(imf_emd(3:m1_emd,:),1);  %剔除前两个IMF的重构信号
res_noise_emd = sum(imf_emd(1:2,:),1) %前两个IMF噪音
%% 9.绘制EMD重构图像
% 画原始信号与各个重构序列的比较图
figure(4); %画布
subplot(4,1,1);  %所有IMF重构原始信号
plot(t,pm25,'r-','LineWidth',0.25); %绘制原始序列
hold on;
plot(t,res_all_emd','b-','LineWidth',0.25);
% plot(t,pm25,'r-',t,rec_all','-','LineWidth',0.5);
hold off; %结束当前窗口绘图
xlim([1,pm25_size(2)]);ylabel(['所有IMF和趋势项']);
title('EMD PM2.5重构结果')
grid on;
subplot(4,1,2); %剔除趋势项的重构信号
plot(t,pm25,'-r',t,res_trend_emd','-b','LineWidth',0.25);
xlim([1,pm25_size(2)]);ylabel(['剔除趋势项']);
grid on;
legend('pm25','剔除趋势项')
subplot(4,1,3); %剔除前两个IMF的重构信号
plot(t,pm25,'-r',t,res_3_emd','-b','LineWidth',0.25);
xlim([1,pm25_size(2)]);ylabel(['剔除前2个IMF']);
grid on;
legend('pm25','剔除前2个IMF')
subplot(4,1,4); %前两个IMF噪音
plot(t,pm25,'-r',t,res_noise_emd','-b','LineWidth',0.25);
xlim([1,pm25_size(2)]);ylabel(['前2个IMF']);
grid on;
legend('pm25','前2个IMF')
%% 10.EMD与OS-EMD重构对比
figure(5)
subplot(2,1,1);
plot(t,pm25,'-b',t,res_3_emd','k-',t,res_3','r-')
xlim([1,pm25_size(2)]);
title('EMD与EMDOS剔除前2个IMF后的重构对比');
legend('pm25','EMD','EMDOS')
grid on;
subplot(2,1,2)
plot(t,pm25,'-b',t,res_noise_emd,'k-',t,res_noise,'r-')
xlim([1,pm25_size(2)]);
title('EMD与EMDOS前2个IMF对比');
legend('pm25','EMD','EMDOS')
grid on;
```

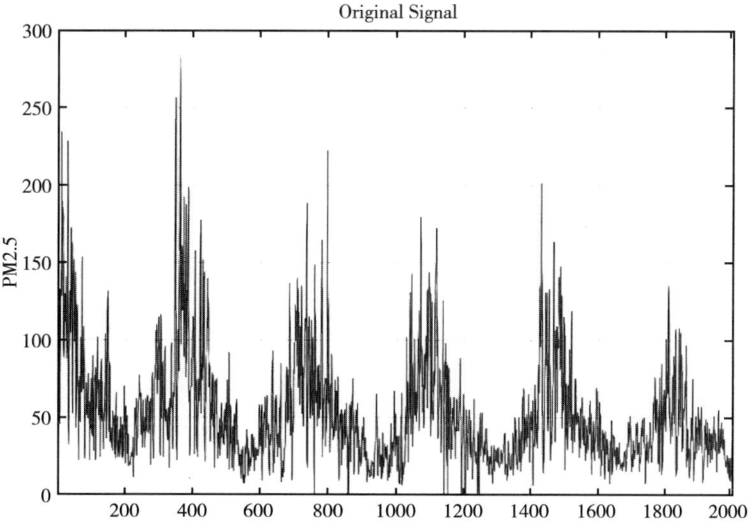

图 8–4　PM2.5 原始数据

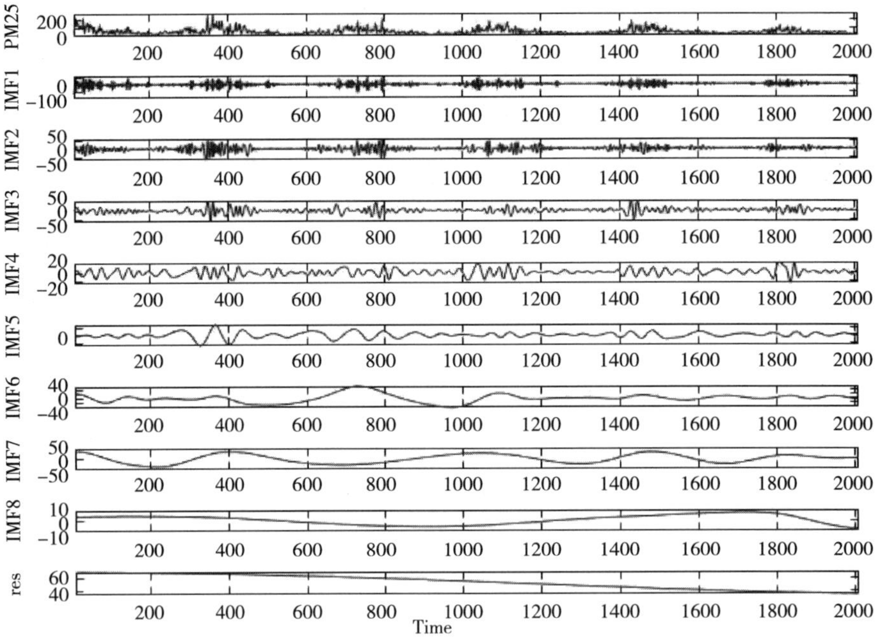

图8–5　PM2.5 EMD分解

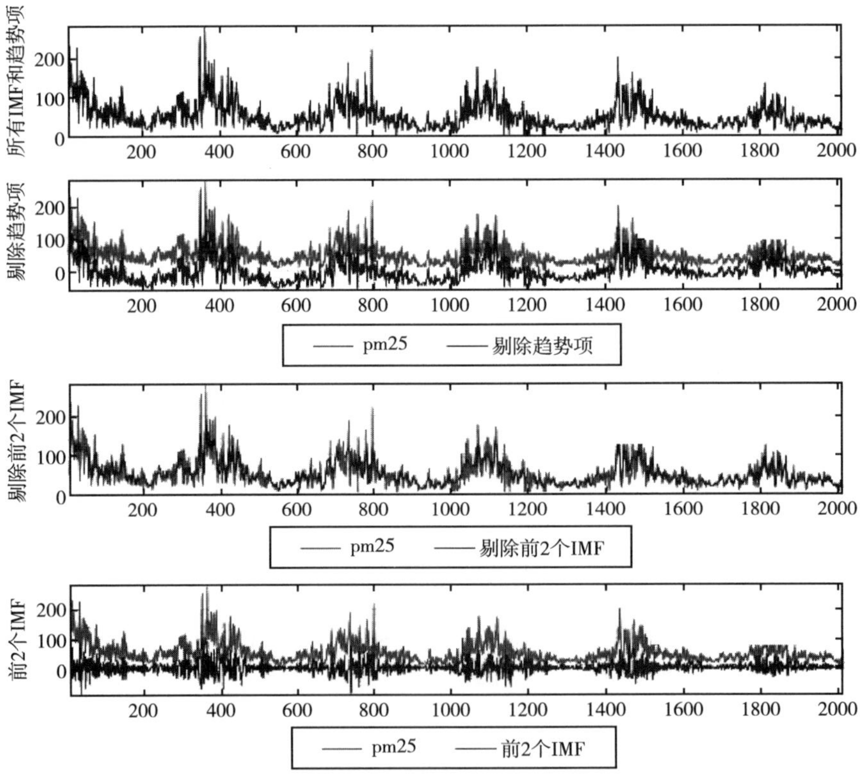

图8–6　PM2.5 EMD重构

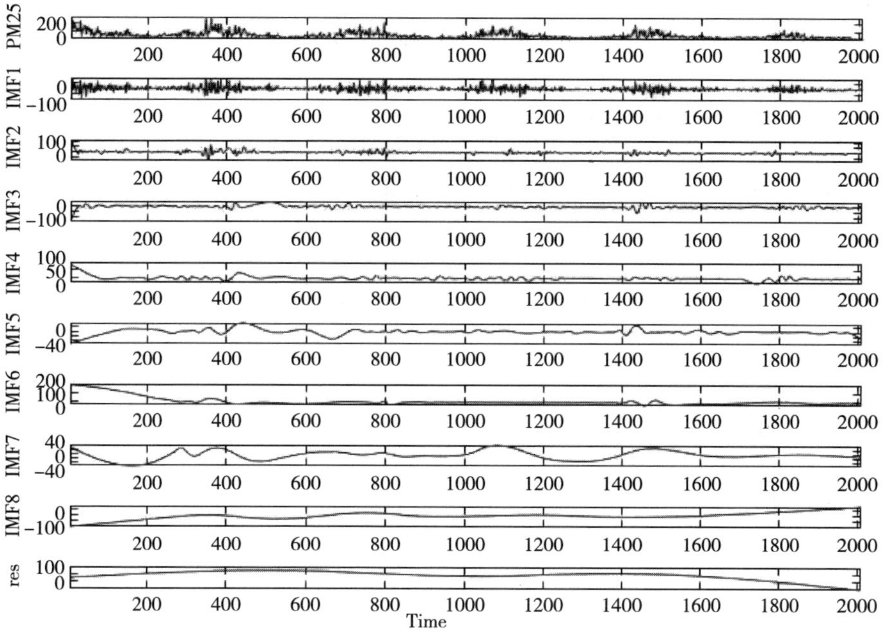

图 8-7　PM2.5 OS-EMD 分解

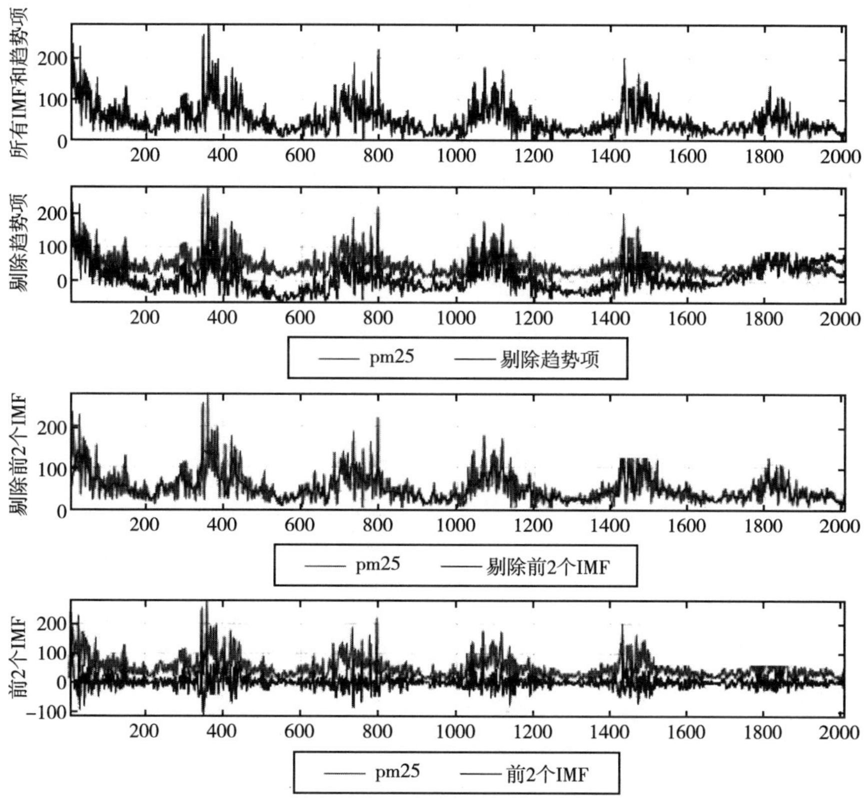

图 8-8　PM2.5 OS-EMD 重构

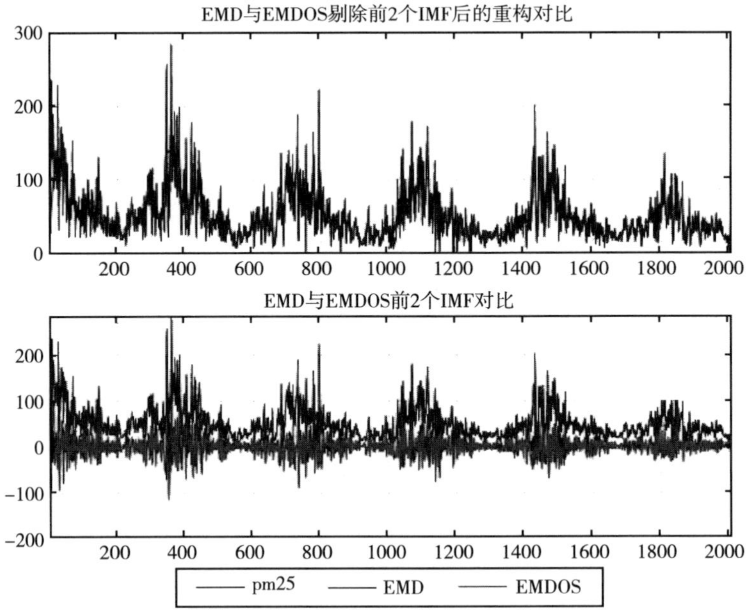

图8-9　PM2.5序列重构结果对比

案例8-2：上证指数的EMD与OS-EMD分解

以上证指数开盘价为例：

```
%Matlab代码
%% 清空环境变量
clc
clear;
%% 1.读入数据
load ('shangzheng.mat');
% 提取数据
shangzheng = sh_open';
%shangzheng = shangzheng';  %有的需要转置
t = 1:1:length(shangzheng);

%% 2.EMD分解
tic; % 计算运行时间
opt.method = 'emd';
%fprintf('************ RUN EMD ***********\n')
[imf_emd ort_emd nder_emd] = emdos(shangzheng,opt); % 信号分解
toc;

%% 3.分解结果绘图
figure(1);
% 绘制原始序列
sz_size = size(shangzheng);
n = 4579;
N = 1:length(shangzheng);
m1_emd=size(imf_emd);
subplot(m1_emd(1)+1,1,1)
plot(N,shangzheng)
title('Results of EMD')
xlim([1,sz_size(2)])
ylabel('sz')
for i=2:m1_emd
    subplot(m1_emd(1)+1,1,i)
```

```
    plot(N,imf_emd(i-1,:))
    xlim([1,sz_size(2)])
    ylabel(['IMF' num2str(i-1)])
end
subplot(m1_emd(1)+1,1,m1_emd(1)+1)
plot(N,imf_emd(m1_emd(1),:))
ylabel(['res'])
xlabel('Time')
xlim([1,sz_size(2)])

%% 4.OS-EMD 分解
sz_size = size(shangzheng);
n = 4579;
% 设置参数
opt.stop = 'h';
opt.method = 'os';
opt.alpha = 0.9;
%opt.sporder = 8;
%opt.orderder = 0;
%fprintf('************ RUN EMDOS ***********\n')
tic; % 计算运行时间
[imf ort nder] = emdos(shangzheng,opt); % 信号分解
toc;

%% 5. 分解结果绘图
figure(2);
sz_size = size(shangzheng);
n = 4579;
N = 1:length(shangzheng);
m1=size(imf);
subplot(m1(1)+1,1,1)
plot(N,shangzheng)
title('Results of OS-EMD')
xlim([1,sz_size(2)])
ylabel('shangzheng')
for i=2:m1
    subplot(m1(1)+1,1,i)
    plot(N,imf(i-1,:))
    xlim([1,sz_size(2)])
    ylabel(['IMF' num2str(i-1)])
end
subplot(m1(1)+1,1,m1(1)+1)
plot(N,imf(m1(1),:))
ylabel(['res'])
xlabel('Time')
xlim([1,sz_size(2)])

%% 6.OS-EMD 信号重构
res_all=sum(imf(1:m1,:),1);  %IMF 和趋势项重构原始信号
res_trend=sum(imf(1:m1-1,:),1); % 剔除趋势项的重构信号
res_3 =sum(imf(3:m1,:),1);  % 剔除前两个 IMF 的重构信号
res_noise = sum(imf(1:2,:),1) % 前两个 IMF 噪音

%% 7. 绘制 OS_EMD 重构图像
% 画原始信号与各个重构序列的比较图
figure(3); % 画布
subplot(4,1,1);  % 所有 IMF 重构原始信号
plot(t,shangzheng,'r-','LineWidth',0.25); % 绘制原始序列
hold on;
plot(t,res_all','b-','LineWidth',0.25);
hold off; % 结束当前窗口绘图
xlim([1,sz_size(2)]);ylabel([' 所有 IMF 和趋势项 ']);
title('OS-EMD 上证指数重构结果 ')
grid on;

subplot(4,1,2); % 剔除趋势项的重构信号
plot(t,shangzheng,'-r',t,res_trend','-b','LineWidth',0.25);
xlim([1,sz_size(2)]);ylabel([' 剔除趋势项 ']);
grid on;
```

```
legend('上证指数','剔除趋势项','Location','NorthWest')

subplot(4,1,3); %剔除前两个IMF的重构信号
plot(t,shangzheng,'-r',t,res_3','-b','LineWidth',0.25);
xlim([1,sz_size(2)]);ylabel(['剔除前2个IMF']);
grid on;
legend('上证指数','剔除前2个IMF','Location','NorthWest')

subplot(4,1,4); %前两个IMF噪音
plot(t,shangzheng,'-r',t,res_noise','-b','LineWidth',0.25);
xlim([1,sz_size(2)]);ylabel(['前2个IMF']);
grid on;
legend('上证指数','前2个IMF','Location','NorthWest')

%% 8.EMD信号重构
res_all_emd=sum(imf_emd(1:m1_emd,:),1);  %IMF和趋势项重构原始信号
res_trend_emd=sum(imf_emd(1:m1_emd-1,:),1); %剔除趋势项的重构信号
res_3_emd =sum(imf_emd(3:m1_emd,:),1);  %剔除前两个IMF的重构信号
res_noise_emd = sum(imf_emd(1:2,:),1) %前两个IMF噪音

%% 9.绘制EMD重构图像
% 画原始信号与各个重构序列的比较图
figure(4); %画布
subplot(4,1,1);  %所有IMF重构原始信号
plot(t,shangzheng,'r-','LineWidth',0.25); %绘制原始序列
hold on;
plot(t,res_all_emd','b-','LineWidth',0.25);
hold off; %结束当前窗口绘图
xlim([1,sz_size(2)]);ylabel(['所有IMF和趋势项']);
title('EMD 上证指数重构结果')
grid on;

subplot(4,1,2); %剔除趋势项的重构信号
plot(t,shangzheng,'-r',t,res_trend_emd','-b','LineWidth',0.25);
xlim([1,sz_size(2)]);ylabel(['剔除趋势项']);
grid on;
legend('上证指数','剔除趋势项','Location','NorthWest')

subplot(4,1,3); %剔除前两个IMF的重构信号
plot(t,shangzheng,'-r',t,res_3_emd','-b','LineWidth',0.25);
xlim([1,sz_size(2)]);ylabel(['剔除前2个IMF']);
grid on;
legend('上证指数','剔除前2个IMF','Location','NorthWest')

subplot(4,1,4); %前两个IMF噪音
plot(t,shangzheng,'-r',t,res_noise_emd','-b','LineWidth',0.25);
xlim([1,sz_size(2)]);ylabel(['前2个IMF']);
grid on;
legend('上证指数','前2个IMF','Location','NorthWest')

%% 10.EMD与OS-EMD重构对比
figure(5)
subplot(2,1,1);
plot(t,shangzheng,'-b',t,res_3_emd','k-',t,res_3','r-')
xlim([1,sz_size(2)]);
title('EMD与EMDOS剔除前2个IMF后的重构对比');
legend('sz','EMD','EMDOS')
grid on;

subplot(2,1,2)
plot(t,shangzheng,'-b',t,res_noise_emd,'k-',t,res_noise,'r-')
xlim([1,sz_size(2)]);
title('EMD与EMDOS前2个IMF对比');
legend('sz','EMD','EMDOS')
grid on;
```

原始数据序列以及EMD分解重构结果如图8-10至图8-12所示。OS-EMD分解结果、重构、对比图如图8-13至图8-15所示。

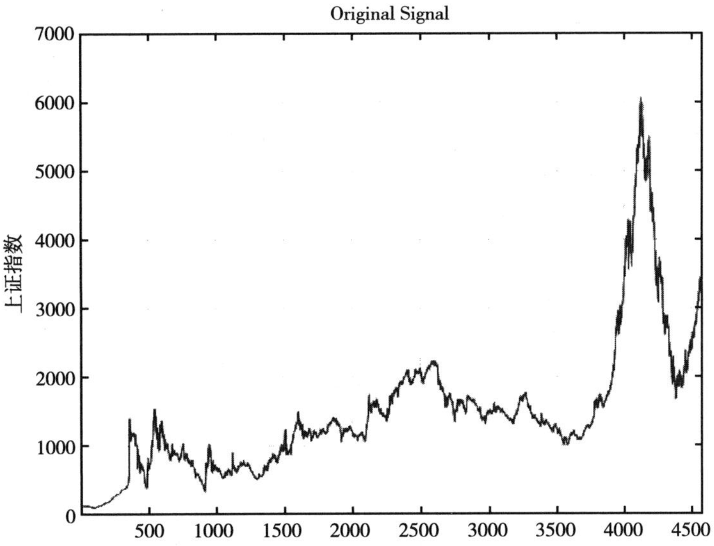

图 8-10　上证指数原始数据

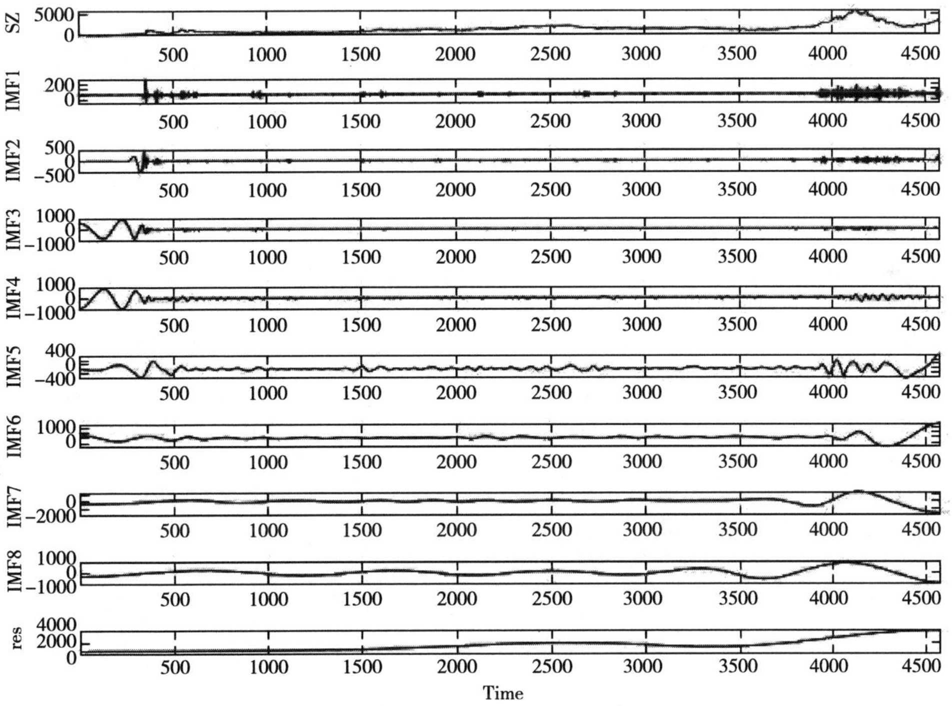

图 8-11　上证指数 EMD 分解

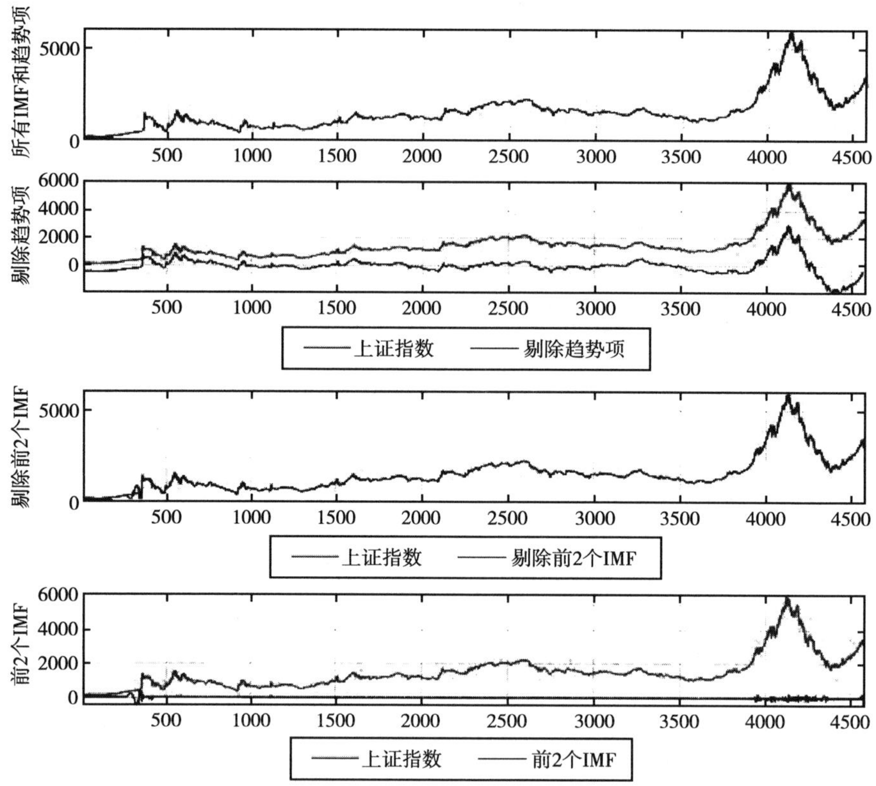

图8-12　上证指数EMD重构

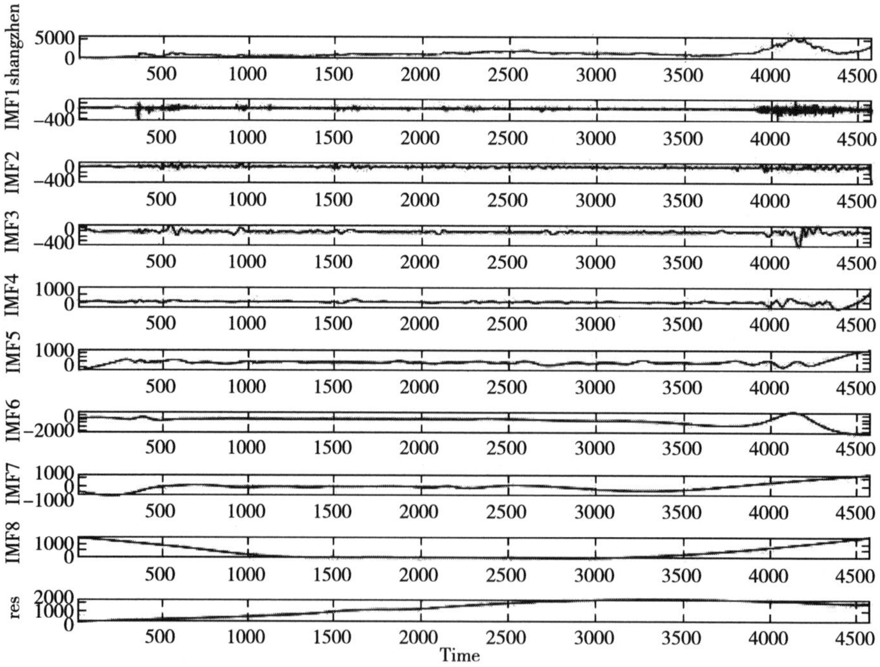

图8-13　上证指数OS-EMD分解

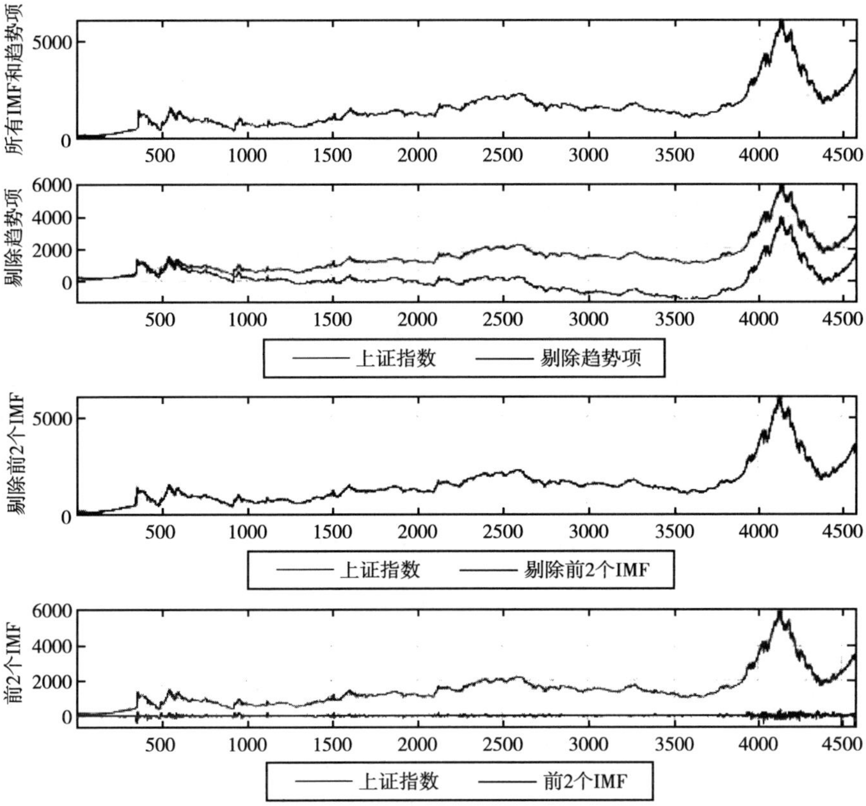

图 8-14　上证指数 OS-EMD 重构

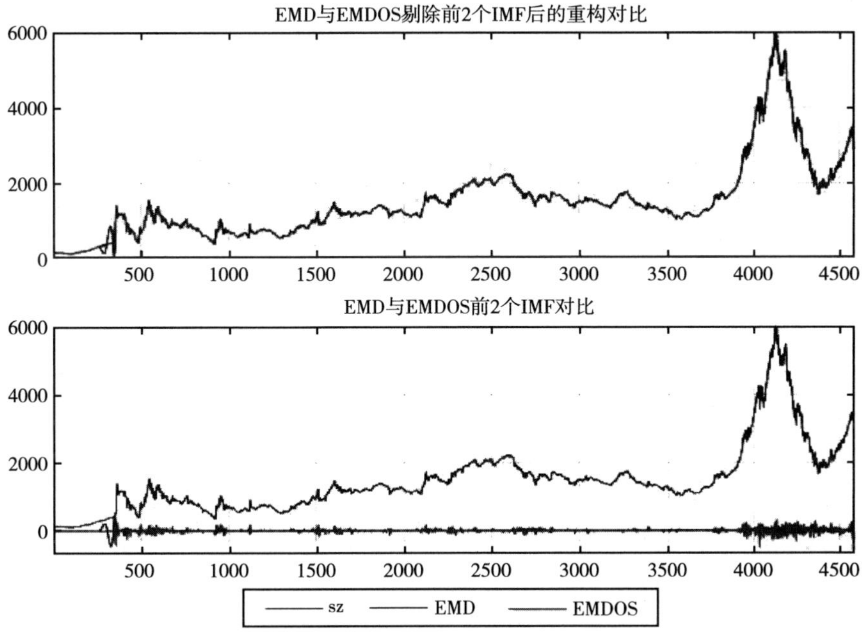

图 8-15　上证指数序列重构对比

8.4 延伸阅读

8.4.1 改进的基于样条优化的经验模态分解优点

（1）与EMD相比，OS-EMD的每个IMF分量的得出有数学基础；

（2）保留了EMD的特质；

（3）在分解被噪声影响的信号时，只需进行简单的预处理去噪操作，便可以进行有效分解。

8.4.2 改进的基于样条优化的经验模态分解缺点

（1）由于增加了复杂的数学理论基础，使计算开销比EMD大很多，计算效率降低；

（2）对参数设置比较敏感，需要花费时间进行调参。

参考文献

[1] Oberlin, T, Meignen, S, Perrier, V. An alternative formulation for the empirical mode decomposition [J]. IEEE Transactions on Signal Processing, 2012 (60): 2236-2246.

[2] Hong Hong, Xinlong Wang, Zhiyong Tao. Local integral mean-based sifting for empirical mode decomposition [J]. IEEE SIGNAL PROCESSING LETTERS, 2009 (16): 841-844.

[3] Sylvain Meignen, Val é rie Perrier. A new formulation for empirical mode decomposition based on constrained optimization [J]. IEEE SIGNAL PROCESSING LETTERS, 2007 (14): 932-935.

练习题

1.样条优化的概念是什么？

2. OS-EMD的优势有哪些方面。

3.请使用OS-EMD算法对数据集中的数据进行分解（https：//raw.githubusercontent.com/jbrownlee/Datasets/master/monthly-sunspots.csv）。

第9章　多分量近端算法的经验模态分解

9.1 理论基础

在EMD中，IMF提取的关键步骤是筛选过程（即EMD将原始信号分解的过程），其主要缺点是在画出上下包络线的过程中依赖于插值方法的选择，对采样效应敏感并且没有明确的收敛保证。因此为了优化解决这些问题，Pustelnik等人于2012年提出了Prox-EMD（a multicomponent proximal algorithm for empirical mode decomposition）方法，这是一种用于经验模态分解的多分量近端算法，主要采用多分量变分分析的趋势波动分解方法（凸优化过程）来替代EMD的筛选过程。

9.2 Prox-EMD分解步骤

（1）将原始信号x进行分解：

$$x = \sum_{k=1}^{K} d_k + a_k \tag{9-1}$$

其中，d_k表示第k个IMF，a_k表示趋势项。设置初始值d_0=0，a_0=x。

（2）序贯变分模态分解（Seq-VMD）为：

$$(a_k, d_k) \in Argmin\ f(a, d; a_{k-1}) + g(a) + h(d) \tag{9-2}$$

本方法主要研究式（9-2）的最小化问题，其中，Argmin表示一组最小化器，g和h都是由N维欧式空间映射到（$-\infty$，$+\infty$）的函数，分别作用于趋势分量和波动分量，f是a和d相互作用的耦合函数；

我们期望IMF_k满足上下包络均值为0；IMF_k拟正交于IMF_j（j<k）；趋势项a_k是一个平滑的信号，因此，下面对f、g、h这三个函数分别进行模拟。

（3）模拟函数。

①解决零均值包络线：

用$t_k[l]$($1 \leqslant l \leqslant L_k$)表示$a_{k-1}$的局部极值的位置，则有：

$$\left| m_2 + \frac{\alpha_l m_1 + \beta_l m_3}{\alpha_l + \beta_l} \right| < \varepsilon_{k,l}, \forall l \in \{1, \cdots, L_k\} \tag{9-3}$$

其中，$\alpha_l = t_k[l+1] - t_k[l]$，$\beta_l = t_k[l] - t_k[l-1]$，$m_1$、$m_2$、$m_3$分别表示极值点对应的极值。式（9–3）表示$m_2$与n之和尽可能接近于0，即解决零均值包络线的问题，具体如图9–1所示。

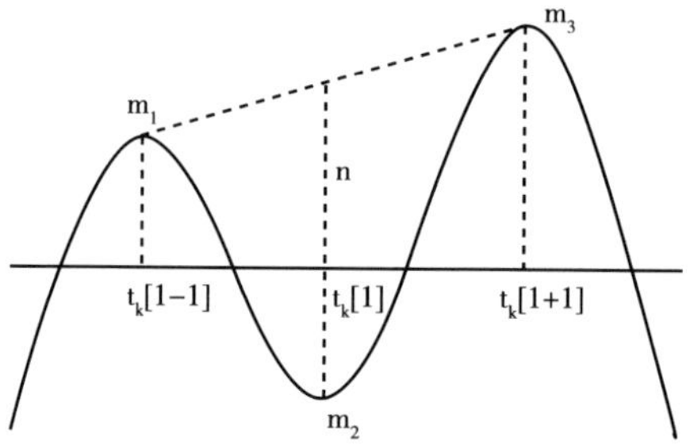

图9–1　零均值包络线局部位置

需要注意，式（9–3）中没有包络被明确地算出来，因此，将所有局部极值不等式相加重写为：

$$||D_k d||_q^q \leqslant \varepsilon_k \tag{9-4}$$

其中，$q \geqslant 1$（一般为1），$\varepsilon_k = \sum_{l=1}^{L_k} \varepsilon_{k,l}^q$，$D_k$是一个矩阵，表示对每个$d(t_k[l])$施加的惩罚项，$D_k$中每一行的非零元素为1，$\alpha_l/(\alpha_l+\beta_l)$，$\beta_l/(\alpha_l+\beta_l)$。

②趋势项具有平滑性，需要以下不等式（9–5）：

$$||Aa||_p^p \leqslant \eta_k \tag{9-5}$$

其中，p=1或2（p=1时，式（9–5）对应于总变化约束）；A表示导数算子（一阶或二阶导数）。

③为了使a_k+d_k接近a_{k-1}，或者说减少抽样效应，引入L2范数：$||a_{k-1}-d-a||_2^2$。

④拟正交条件需要d与d_j的距离尽可能小，则不等式（9–6）：

$$|\langle d, d_j \rangle| \leqslant \zeta_{k,j}, (\forall j < k) \tag{9-6}$$

（4）综合函数。

综合起来得到以下正则化的形式如式（9–7）：

$$(a_k, d_k) \in Argmin\ ||a_{k-1} - d - a||_2^2 + \lambda_k ||Aa||_p^p + \chi_k ||D_k d||_q^q$$
$$s.t.\ (\forall j \in \{0, \cdots, k-1\}), |\langle d, d_j \rangle| \leqslant \zeta_{k,j} \tag{9-7}$$

其中，λ和χ是正则化系数。这是一个非线性约束下的极小化问题，采用凸优化的方法来求最小解。

关于ε_k、η_k以及p、q值的确定可以根据多次实验比较归一化均方误差来确定最优的值。

9.3 案例应用

案例 9-1：PM2.5 的 Prox-EMD 分解

以武汉市 PM2.5 浓度为例：

```
% MATLAB代码
addpath( genpath('include'), '-end' );
addpath( genpath('define'), '-end' );
addpath( genpath('EMDs'), '-end' );
addpath( genpath('package_emd'), '-end' );
addpath( genpath('emdos'), '-end' );
addpath( genpath('tftb-0.2'), '-end' );
% 读入数据
data_all = csvread('pm25.csv');
pm25 = data_all;
t = 1:1:length(pm25);
% 创建结构体data
data=struct;
data.x=pm25';
% 创建结构体algo2
algo=struct;
% 分解
imf=prox_emd(data.x, data, algo);
% 作图
n =  size(imf,1);
figure();
subplot(n+1,1,1);
plot(t,pm25);
set(gca,'XLim',[1 length(pm25)]); % 设置要显示坐标刻度的范围
title('EMD decomposition results of PM2.5');
ylabel(['PM2.5']);
for i = 2:n+1
    subplot(n+1,1,i);
    plot(t,imf(i-1,:));
    set(gca,'XLim',[1 length(pm25)]); % 设置要显示坐标刻度的范围
    ylabel(['IMF',num2str(i-1)]);
    if (i == n+1)
        ylabel(['res']);
        xlabel('time');
    end
end
%重构
new_imf = imf;
new_data = sum(new_imf,1);%行向量
%绘图(原始信号与重构对比)
figure;
subplot(3,1,1)
plot(data.x);title('原始序列');ylabel('PM2.5')
subplot(3,1,2)
plot(new_data);title('重构序列');ylabel('PM2.5')
subplot(3,1,3)
plot(new_data);
hold on
plot(data.x);
title('重构信号与原信号比较');
```

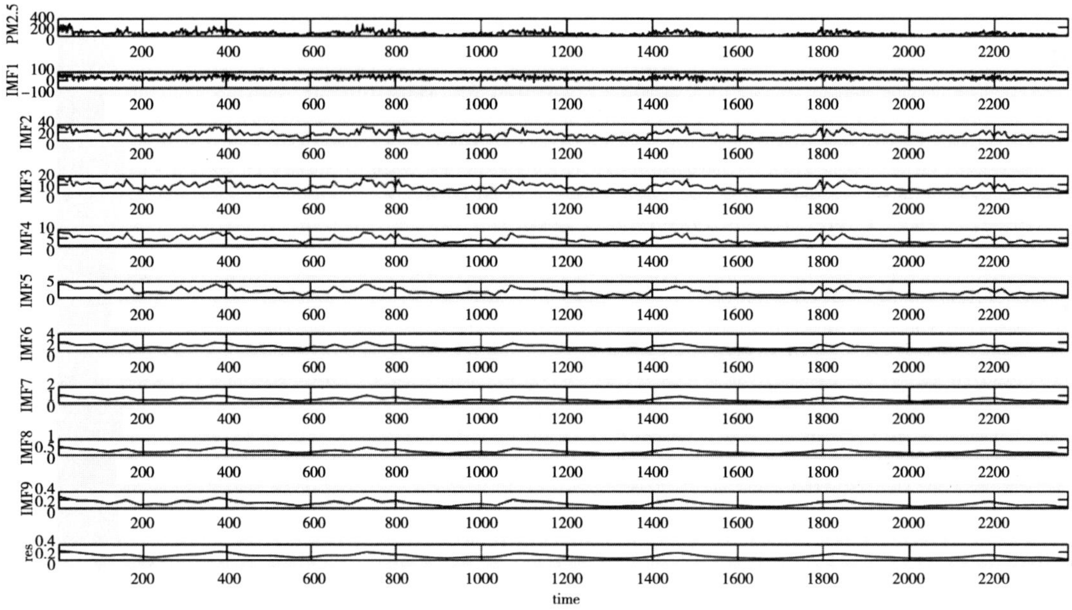

图 9-2 PM2.5 浓度的 Prox-EMD 分解结果

将IMF重构并与原始信号对比之后如图9-3所示。

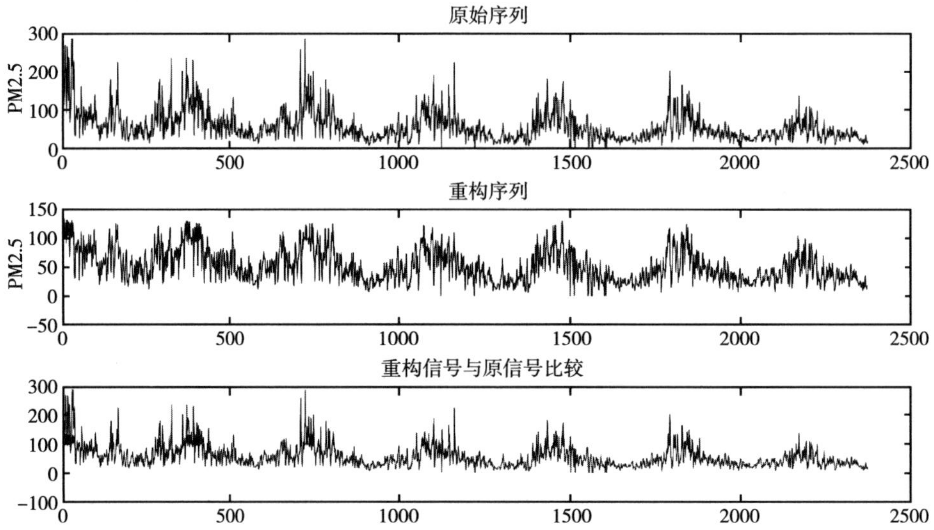

图 9-3 PM2.5 的原始序列及重构序列对比

由图9-3可知重构信号与原始信号的重合度较高。

案例9-2：上证指数的Prox-EMD分解

以上证指数开盘价为例：

```
% MATLAB代码
% 读入数据
load shangzheng.mat;
% 提取数据
shangz = sh_open;
t = 1:1:length(shangz);
% 创建结构体data
data=struct;
data.x= shangz ';
% 创建结构体algo2
algo=struct;
% 分解
imf=prox_emd(data.x, data, algo);
% 作图
n =  size(imf,1);
figure();
subplot(n+1,1,1);
plot(t, shangz);
set(gca,'XLim',[1 length(shangz)]); % 设置要显示坐标刻度的范围
title('EMD decomposition results of shangzheng');
ylabel([' shangzheng']);
for i = 2:n+1
    subplot(n+1,1,i);
    plot(t,imf(i-1,:));
    set(gca,'XLim',[1 length(shangz)]); % 设置要显示坐标刻度的范围
    ylabel(['IMF',num2str(i-1)]);
    if (i == n+1)
        ylabel(['res']);
        xlabel('time');
    end
end
%重构
new_imf = imf;
new_data = sum(new_imf,1);%行向量
%绘图(原始信号与重构对比)
figure;
subplot(3,1,1)
plot(data.x);title(' 原始序列 ');ylabel('shangzheng')
subplot(3,1,2)
plot(new_data);title(' 重构序列 ');ylabel('shangzheng')
subplot(3,1,3)
plot(new_data);
hold on
plot(data.x);
title(' 重构信号与原信号比较 ');
```

将IMF重构并与原始信号对比之后如图9-5所示。由图9-5可知重构信号与原始信号重合度较高。

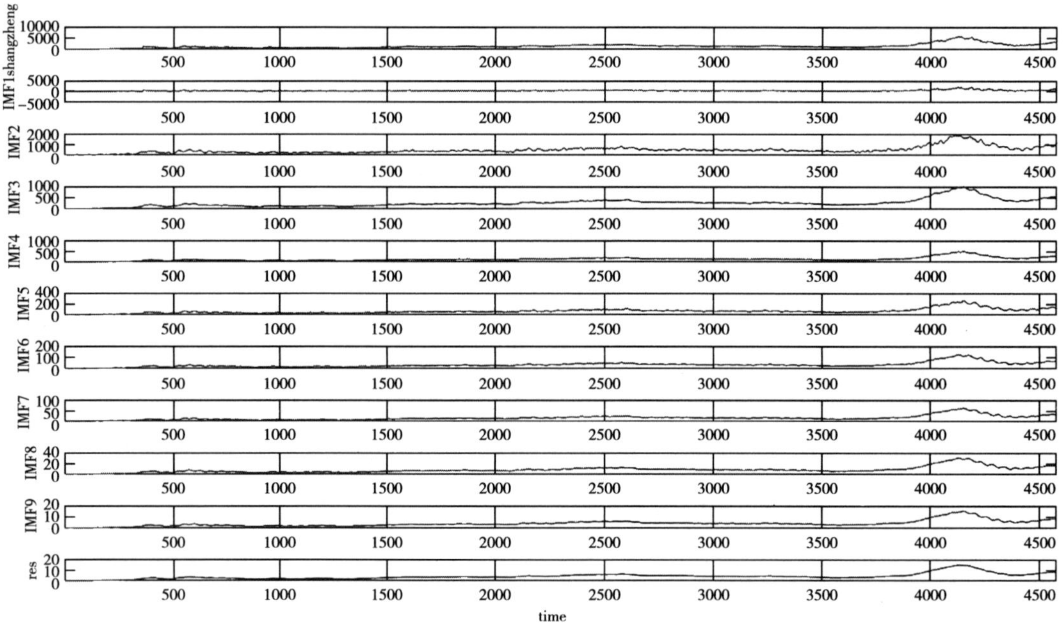

图9-4 上证指数的Prox-EMD分解结果

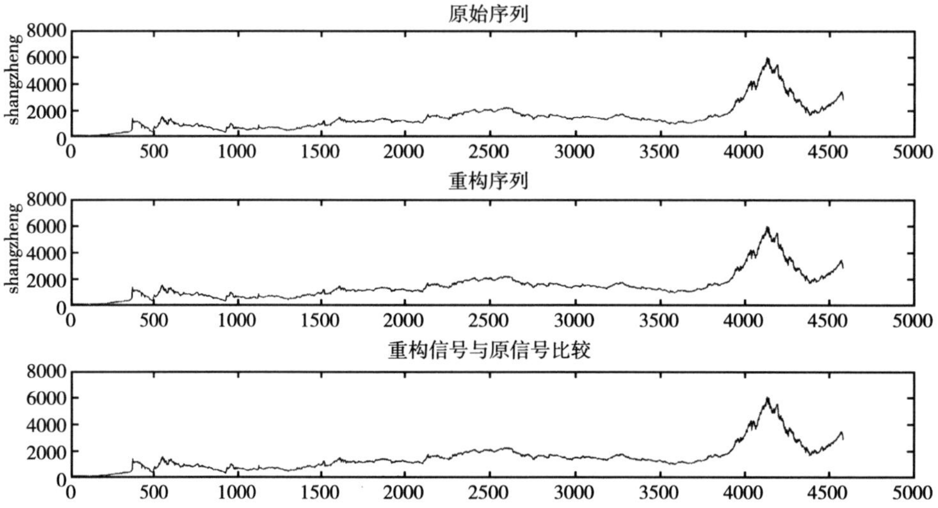

图9-5 上证指数的原始序列及重构序列对比

9.4 延伸阅读

Prox-EMD分解方法采用了凸优化过程替代EMD中插值筛选的过程，避免了样条行为，既不需要使用样条，也不需要对有序趋势进行初步估计，具有经典经验模态分解所不具备的收敛性。

但不足之处在于 ε_k、η_k、p、q这几个参数不好确定，运行时间较长，且对于一些数据的分解效果不是太好。

参考文献

[1] Combettes P L, Pesquet J C. Primal-dual splitting algorithm for solving inclusions with mixtures of composite, Lipschitzian, and parallel-sum type monotone operators [J]. Set-Valued and variational analysis, 2012, 20 (2): 307-330.

[2] Pustelnik N, Borgnat P, Flandrin P. A multicomponent proximal algorithm for Empirical Mode Decomposition [C] // Signal Processing Conference. IEEE, 2012: 1880-1884.

[3] Pustelnik N, Borgnat P, Flandrin P. Empirical mode decomposition revisited by multicomponent non-smooth convex optimization [J]. Signal Processing, 2014, 102: 313-331.

练习题

1. Prox-EMD方法的核心思想是什么？
2. Prox-EMD与EMD方法有何不同？
3. 下载标普500指数2019—2021年的日交易数据，并进行Prox-EMD分解与重构。

第10章　基于无约束优化方法的经验模态分解

10.1　理论基础

EMD作为一种自适应的方法，在分解非线性和非平稳信号方面应用广泛。但该方法也存在缺点，如缺乏数学基础，最终结果为算法输出等。针对这些问题，Colominas等人（2015）提出了一种基于无约束优化的、容易实现的算法UOA-EMD（An unconstrained optimization approach to empirical mode decomposition）。在原始EMD算法中，局部均值被定义为上下包络线的均值，而上下包络线是由三次样条插值得到，UOA-EMD方法通过求解无约束优化问题获取局部均值。与其他基于优化的分解方法相比，该方法需要调整的参数个数只有一个，计算代价也更小，更容易实现。

10.2　UOA-EMD分解步骤

10.2.1　优化问题的构造

（1）定义内积：

$$p_{t_{k[l]}}^{k}d_k = d_k(t_k[l]) + \frac{d_k(t_k[l+1])\Delta_l^- + d_k(t_k[l-1])\Delta_l^+}{\Delta_l^+ + \Delta_l^-} \qquad (10\text{-}1)$$

其中，d_k表示第k个模态，$t_k[l]$表示信号局部极值的位置，其中$1\leqslant l\leqslant L$，L表示局部极值的个数$\Delta_l^+ = t_k[l+1] - t_k[l]$，$\Delta_l^- = t_k[l] - t_k[l-1]$。

（2）构造优化问题：

$$\min_a \underbrace{||P(x-a)||^2 + \lambda ||Da||^2}_{f(a)} \qquad (10\text{-}2)$$

其中，x 表示原始信号，D 是一个二阶差分矩阵，a 为要求解的局部均值，$\lambda||Da||^2$为正则化项，λ为该优化问题的正则化参数。

10.2.2　分解步骤

（1）选择参数λ>0；

（2）定义二阶差分矩阵：

$$D=\begin{bmatrix} -2 & 1 & & & \\ 1 & -2 & 1 & & \\ & \ddots & \ddots & \ddots & \\ & & 1 & -2 & 1 \\ & & & 1 & -2 \end{bmatrix};$$

（3）令$a_0=x$，即原始信号；

（4）取k=1，2，…，开始循环：

使用估计得到的局部极值a_{k-1}，构造矩阵p^k；

计算局部均值a_k：

$$M_1=(p^k)^Tp^k+\lambda D^TD$$

$$M_1=(p^k)^Tp^k$$

$$a_k=M_1^{-1}M_2a_{k-1}$$

计算模态：$d_k=a_{k-1}-a_k$；

（5）满足终止条件后结束循环。

经过上述步骤后，最终可以得到一系列原始信号的分量d_k。在本方法中，选择的终止循环准则为式（10–3）：

$$z=\frac{||\hat{a}_k^{(i+1)}||^2}{||d_k^{(i)}||^2} \tag{10–3}$$

其中，$\hat{a}_k^{(i+1)}$表示第 k 个模态$d_k^{(i)}$的局部均值，本书取$z=10^{-4}$。

10.3　案例应用

案例 10–1：PM2.5 的 UOA–EMD 分解

以武汉市 PM2.5 浓度为例：该分解方法运行时间 0.074481 秒，代码与结果为：

```
%   MATLAB代码
%%%读取数据
data_all = xlsread('pm25.xlsx');
pm25 = data_all(:,4);
t = 1:1:length(pm25);
%绘制原始序列
figure;
plot(pm25);
set(gca,'XLim',[1 length(pm25)]);%设置要显示坐标刻度的范围
title('pm2.5原始序列');
%%进行UOA-EMD分解
tic;
loc0=pm25; %%令原始信号为a0
imf =[];
z=[];
for k=1:100  %%创建循环
    loc1=local_mean(loc0,1); %%调用局部均值求解函数
    imf(:,k)=loc0-loc1;
    loc0=loc1;
    z=(norm(loc1,2)).^2/(norm(imf(:,k),2)).^2;
    if z<=0.0001 %创建终止迭代的条件
        break
    end
end
toc;
%%画图
imf=imf'; %将求得的Imf分量进行转置
n = size(imf,1);
figure();
subplot(n+1,1,1);
plot(t,pm25);
set(gca,'XLim',[1 length(pm25)]);%设置要显示坐标刻度的范围
title('UOA-EMD decomposition results of PM2.5');
ylabel(['PM2.5']);
for i = 2:n+1
    subplot(size(imf,1)+1,1,i);
    plot(t,imf(i-1,:));
    set(gca,'XLim',[1 length(pm25)]);%设置要显示坐标刻度的范围
    ylabel(['IMF',num2str(i-1)]);
end

%%重构
sub1=sum(imf(5:11,:),1); %低频长期趋势
sub2=sum(imf(1:4,:),1); %高频短期波动
figure;
subplot(2,1,1);
plot(pm25,'g','linewidth',2);set(gca,'XLim',[1 length(pm25)]);%设置要显示坐标刻度的范围
ylabel('PM2.5浓度');
hold on
plot(sub1,'b-.','linewidth',1);
hold off
legend('原始序列','长期趋势');
subplot(2,1,2);
plot(sub2,'r');set(gca,'XLim',[1 length(pm25)]);
xlabel('时间');ylabel('PM2.5浓度');
legend('随机波动');

sub0=sum(imf,1);
figure;
plot(pm25,'g','linewidth',2);set(gca,'XLim',[1 length(pm25)]);%设置要显示坐标刻度的范围
hold on
plot(sub0,'r','linewidth',1);
hold off
xlabel('时间');ylabel('PM2.5浓度');
legend('原始序列','重构序列'); %该方法得到的重构序列和原始序列完全重合
```

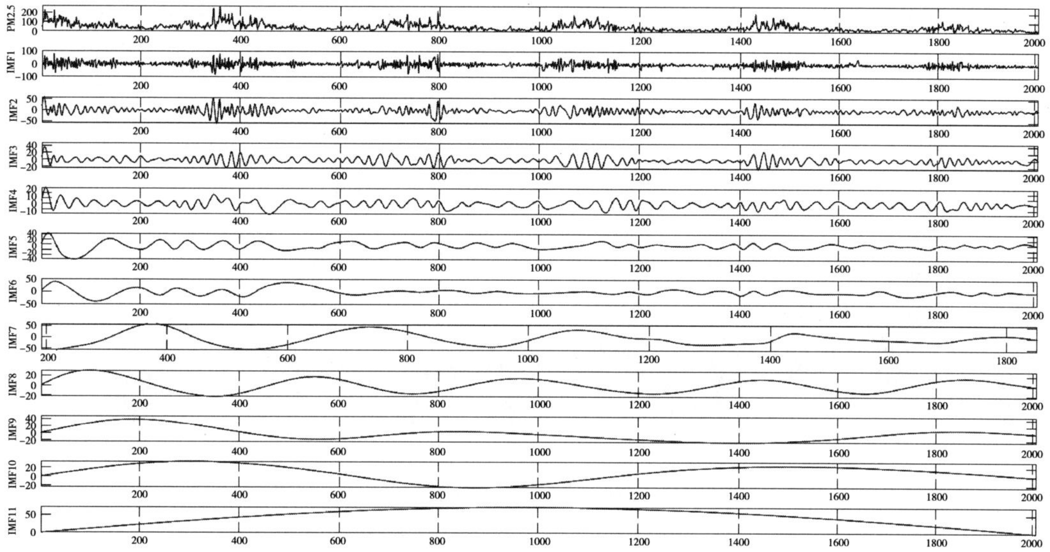

图 10–1　PM2.5 浓度的 UOA–EMD 分解结果

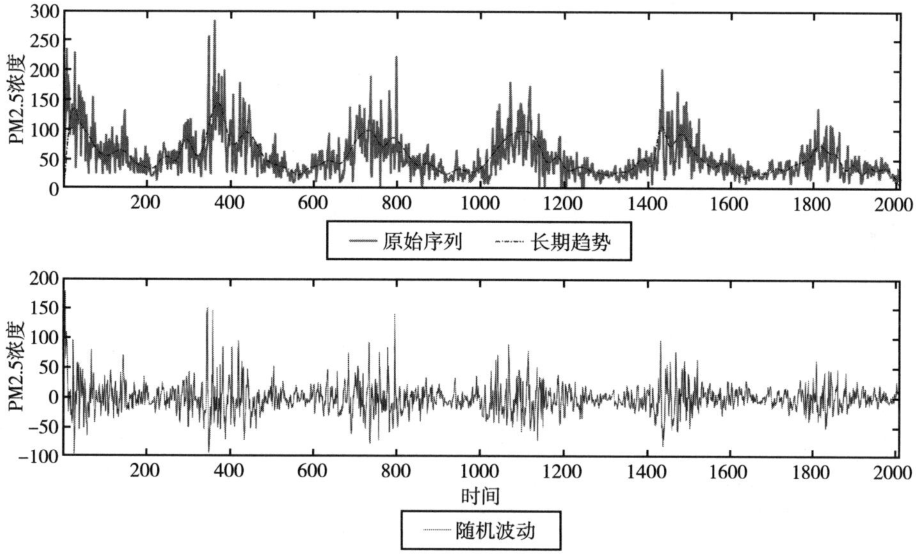

图 10–2　PM2.5 浓度的 UOA–EMD 趋势重构结果

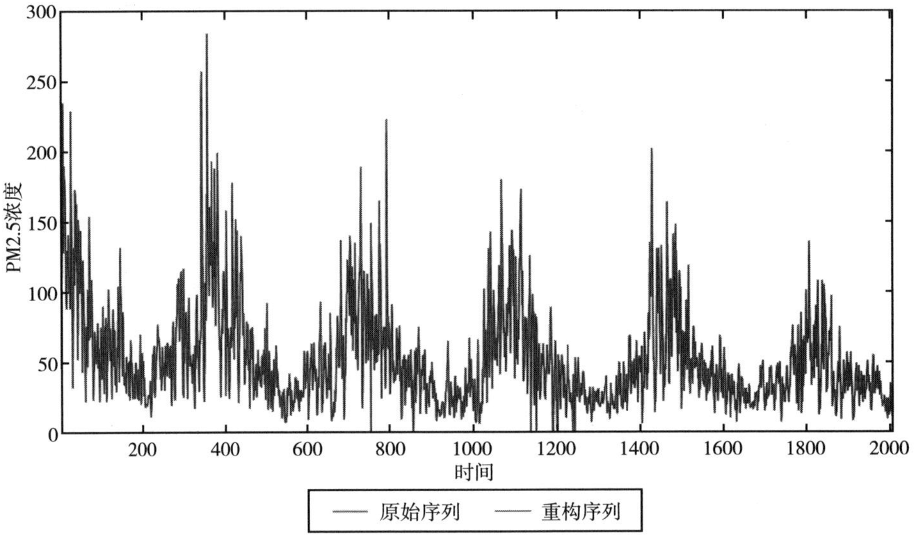

图10-3　PM2.5浓度的UOA-EMD序列重构结果

案例10-2：上证指数的UOA-EMD分解

以上证指数开盘价为例：

```
%   MATLAB代码
%%上证指数分解
%加载数据
load shangzheng.mat
sz = sh_open;%上证指数开盘价
% 1. 绘制原始序列
figure;
plot(sz);
set(gca,'XLim',[1 length(sz)]);%设置要显示坐标刻度的范围
ylabel('上证指数');
xlabel('时间');
%%进行UOA-EMD分解
loc01=sz;  %%令原始信号为a0
imf1 =[];
z1=[];
for k1=1:100   %%创建循环
      loc11=local_mean(loc01,1);  %%调用局部均值求解函数
      imf1(:,k1)=loc01-loc11;
      loc01=loc11;
      z1=(norm(loc11,2)).^2/(norm(imf1(:,k1),2)).^2;
      if z1<=0.0001  %创建终止迭代的条件
            break
      end
end
%%画图
t1 = 1:1:length(sz)
imf1=imf1'; %将求得的Imf分量进行转置
n =  size(imf1,1);
figure();
subplot(n+1,1,1);
plot(t1,sz);
set(gca,'XLim',[1 length(sz)]);%设置要显示坐标刻度的范围
```

```
title('UOA-EMD decomposition results of 上证指数');
ylabel(['sz']);
for i = 2:n+1
    subplot(size(imf1,1)+1,1,i);
    plot(t1,imf1(i-1,:));
    set(gca,'XLim',[1 length(sz)]);% 设置要显示坐标刻度的范围
    ylabel(['IMF',num2str(i-1)]);
end
%% 重构
sub1=sum(imf1(6:13,:),1); % 低频长期趋势
sub2=sum(imf1(1:5,:),1); % 高频短期波动
figure;
subplot(2,1,1);
plot(sz,'g','linewidth',2);set(gca,'XLim',[1 length(sz)]);% 设置要显示坐标范围
ylabel(' 上证指数 ');
hold on
plot(sub1,'b-.','linewidth',1);
hold off
legend(' 原始序列 ',' 长期趋势 ');
subplot(2,1,2);
plot(sub2,'r');set(gca,'XLim',[1 length(sz)]);
xlabel(' 时间 ');ylabel(' 上证指数 ');
legend(' 随机波动 ');
sub0=sum(imf1,1);
figure;
plot(sz,'g','linewidth',2);set(gca,'XLim',[1 length(sz)]);% 设置要显示坐标刻度的范围
hold on
plot(sub0,'r','linewidth',1);
hold off
xlabel(' 时间 ');ylabel(' 上证指数 ');
legend(' 原始序列 ',' 重构序列 ');  % 该方法得到的重构序列和原始序列完全重合
```

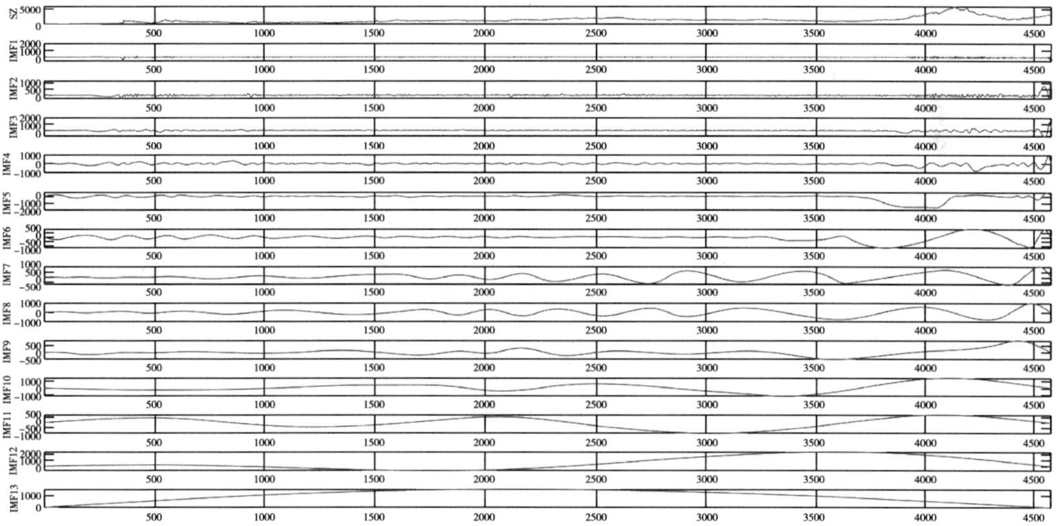

图 10-4　上证指数的 UOA-EMD 分解结果

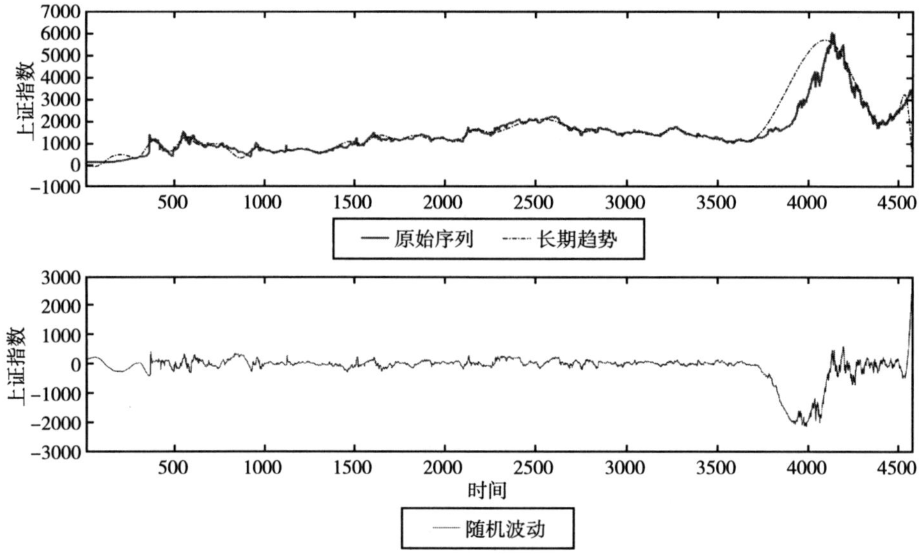

图10-5　上证指数的UOA-EMD分解趋势

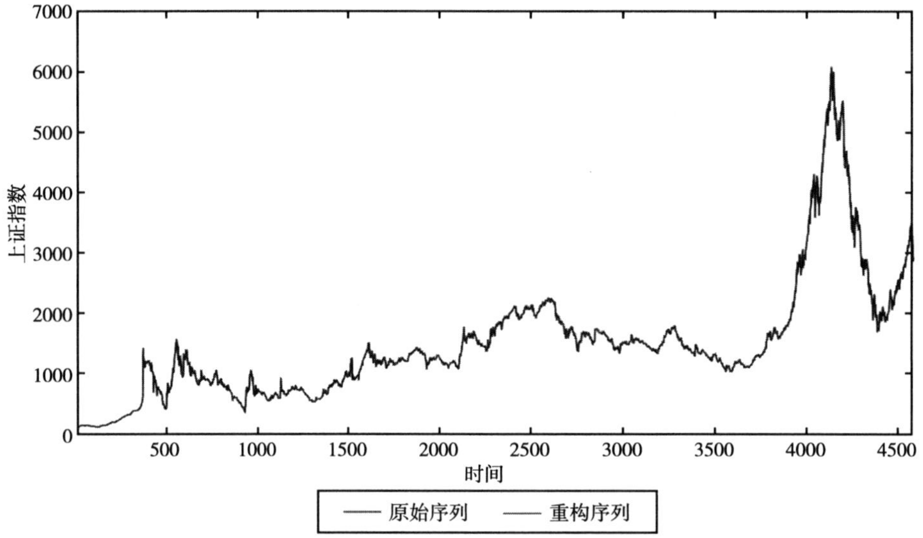

图10-6　上证指数的UOA-EMD重构序列

10.4 延伸阅读

UOA-EMD分解方法采用了求解无约束优化问题的方法来获得局部均值，避免了使用三次样条插值可能导致的问题，且计算代价与EMD相当，在对模拟信号和真实信号的分解上都表现得更好。与其他基于优化的分解方法相比，计算时间更短，且没有限制条件。

参考文献

[1] Colominas M A, Schlotthauer G, Torres M E. An unconstrained optimization approach to empirical mode decomposition [J]. Digital Signal Processing, 2015, 40: 164–75.

[2] Oberlin T, Meignen S, Perrier V. An alternative formulation for the empirical mode decomposition [J]. IEEE Transactions on Signal Processing, 2012, 60 (5): 2236–2246.

[3] Pustelnik N, Borgnat P, Flandrin P. A multicomponent proximal algorithm for empirical mode decomposition [C] //2012 Proceedings of the 20th European Signal Processing Conference (EUSIPCO). IEEE, 2012: 1880–1884.

练习题

1. UOA-EMD方法的核心思想是什么?

2. UOA-EMD与Prox-EMD有哪些区别?

3. 下载标普500指数2019—2021年的日交易数据，并进行UOA-EMD分解与重构。其结果与Prox-EMD分解结果有何区别?

第11章　变点分析技术改进的EMD去噪方法

11.1　理论基础

在研究股票市场的波动溢出效应时，噪声交易一直是一个不容忽视的影响因素，我国股票市场发展尚未成熟，噪声交易盛行。一般认为，EMD分解算法的信号含噪部分主要集中在高频部分，即阶数较小的IMF分量中（李学峰等，2013）。因此，针对金融市场长期存在的噪声问题和EMD分解算法的特性，李合龙等人（2019）提出一种改进的EMD去噪方法，即使用CUSUM型估计量进行均值变点分析以确定含噪信号具体的IMF阶数来进行有效去噪。

11.2　变点分析技术改进的EMD去噪方法分解步骤

11.2.1　算法流程图

图11–1为变点分析改进的EMD去噪方法分解算法，其主要步骤为：

（1）构建$Engery_i$序列中，N为IMF_i的序列长度。

（2）构建统计量$R(k)$中，T为序列$x(t)$的长度。

（3）软阈值去噪中，IMF_i阈值$\lambda=\sigma_i\sqrt{2\ln N}$，$\sigma_i=\dfrac{\text{median}\,|IMF_I|}{0.6745}$，$i<k_0+1$。

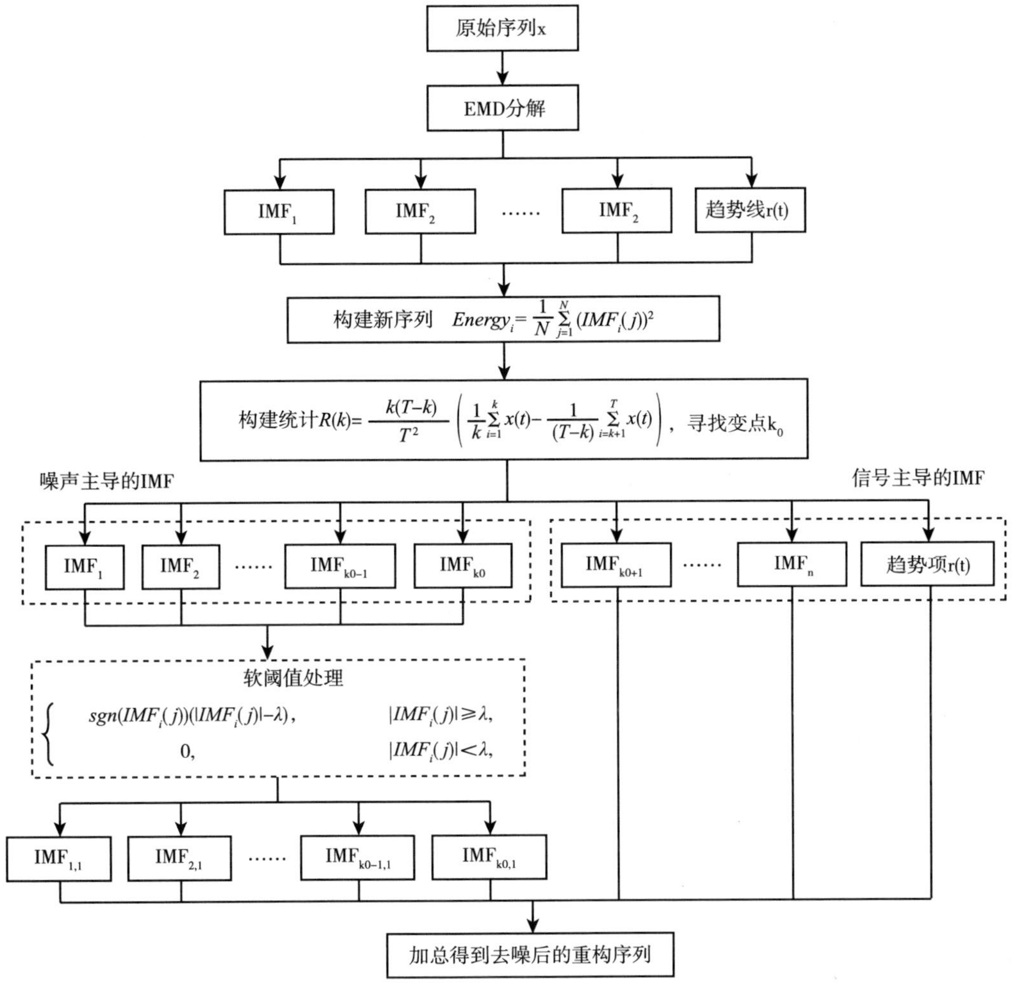

图 11–1　变点分析改进的 EMD 去噪算法流程

11.2.2　去噪步骤

为了提高变点位置判别的准确性，基于序列中噪声主导部分和信号主导部分的能量差异特性，采用CUSUM型估计量对均值变点进行估计，进而判断噪声主导的IMF分量并进行软阈值去噪处理最终得到重构后的序列。

因此，改进的EMD去噪方法的完整过程包括EMD分解、能量序列构建、变点分析、软阈值去噪和重构五个部分，具体步骤如下：

（1）对原序列进行EMD分解，得到对应的IMF_i，IMF_2，…，IMF_n和趋势项$r(t)$。

（2）求IMF_i能量$Engery_i=\frac{1}{N}\sum_{j=1}^{N}(IMF_I(j))^2$，$N$为$IMF_i$的序列长度，将$Engery_i$作为独立序列。

（3）在能量序列上构造统计量：

$$R(k)=\frac{k(T-k)}{T^2}\left(\frac{1}{k}\sum_{i=1}^{k}x(t)-\frac{1}{(T-k)}\sum_{i=k+1}^{T}x(t)\right) \tag{11-1}$$

求使得 $R(k)$ 最大时的 k_0，即所要寻找的均值变点位置，找出前 k_0 个含噪声的 IMF_1，IMF_2，…，IMF_{k_0}。

（4）对含噪 IMF 分量进行软阈值去噪处理，得到去噪后的 IMF 分量，记为 $IMF_{1,1}$，$IMF_{2,1}$，…，$IMF_{k_0,1}$。其中，软阈值去噪公式如式（11-2）：

$$\begin{cases}\operatorname{sgn}(IMF_i(j))(|IMF_i(j)|-\lambda),|IMF_i(j)|\geqslant\lambda,\\0,|IMF_i(j)|<\lambda.\end{cases} \tag{11-2}$$

其中，IMF_i 阈值 $\lambda=\sigma_i\sqrt{2\ln N}$，$\sigma_i=\dfrac{\text{median}|IMF_I|}{0.6745}$，$i<k_0$。

（5）将第三步得到的 $IMF_{1,1}$，$IMF_{2,1}$，…，$IMF_{k_0,1}$ 与 IMF_{k_0+1}，…，IMF_n，$r(t)$ 加总即可得到去噪后的重构序列。

11.3 案例应用

案例11-1：PM2.5的改进EMD分解

以武汉市PM2.5浓度为例：

```
% Matlab代码
%% 1 读入PM2.5数据，进行EMD分解
data = csvread('PM25.csv');
[imf,ort,nbits] = emd(data);
t = 1:length(data);
[a, b]=size(imf);% a个分量，每个分量b条数据
%% 2 变点分析
N = length(imf(1,:));
E = sum(imf(1:(a-1),:).^2,2)/N;% 除去res，求IMFi的Energy
T = length(E);
for k=1:T-1
    R(k)=k*(T-k)/(T^2)*(mean(E(1:k))-mean(E(k+1:T)));% 构造R(k)
end
[maximum,k0] = max(abs(R));% 寻找变点k0
%% 3 软阈值去噪
new_imf = imf;
for i=1:k0
    sigma = median(abs(new_imf(i,:)))/0.6745;
    lam = sigma*sqrt(2*log(N));
    new_imf(i,abs(new_imf(i,:))<lam) = 0;
    new_imf(i,abs(new_imf(i,:))>=lam) = sign(new_imf(i,abs(new_imf(i,:))>=lam)).*(abs(new_imf(i,abs(new_imf(i,:))>=lam))-lam);
end
%% 4 重构
new_data = sum(new_imf,1);% 行向量
%绘图
figure;
subplot(2,1,1)
plot(data);title(' 原始序列 ');ylabel('PM2.5')
subplot(2,1,2)
plot(new_data);title(' 去噪后的序列 ');ylabel('PM2.5');xlabel('Time(Day)')
```

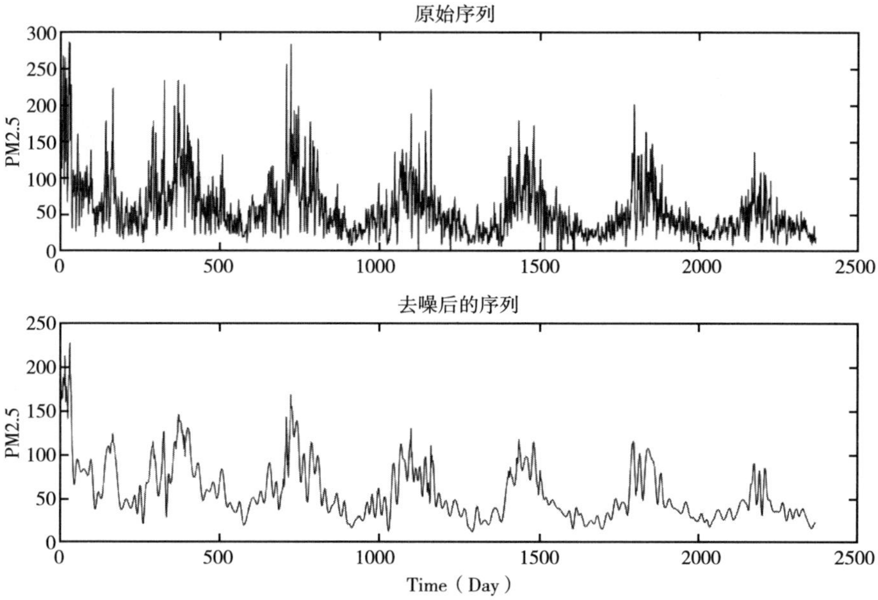

图 11-2　PM2.5 去噪前后对比

案例 11-2：上证指数的改进 EMD 分解

以上证指数开盘价为例：

```
% Matlab代码
%% 1 读入上证指数数据，进行EMD分解
load shangzheng.mat;
% 提取数据
data = sh_open;
data = data';
t = 1:1:length(data);
[imf,ort,nbits] = emd(data);
[a, b]=size(imf);% a个分量，每个分量b条数据
%% 2 变点分析
N = length(imf(1,:));
E = sum(imf(1:(a-1),:).^2,2)/N;%除去res,求IMFi的Energy
T = length(E);
for k=1:T-1
    R(k)=k*(T-k)/(T^2)*(mean(E(1:k))-mean(E(k+1:T)));% 构造R(k)
end
[maximum,k0] = max(abs(R));% 寻找变点k0
%% 3 软阈值去噪
new_imf = imf;
for i=1:k0-1
    sigma = median(abs(new_imf(i,:)))/0.6745;
    lam = sigma*sqrt(2*log(N));
    new_imf(i,abs(new_imf(i,:))<lam) = 0;
    new_imf(i,abs(new_imf(i,:))>=lam) = sign(new_imf(i,abs(new_imf(i,:))>=lam)).*(abs(new_imf(i,abs(new_imf(i,:))>=lam))-lam);
end
%% 4 重构
new_data = sum(new_imf,1);% 行向量
%绘图
figure;
subplot(2,1,1)
plot(data);title('原始序列');ylabel('上证指数')
subplot(2,1,2)
plot(new_data);title('去噪后的序列');ylabel('上证指数');xlabel('Time(Day)')
```

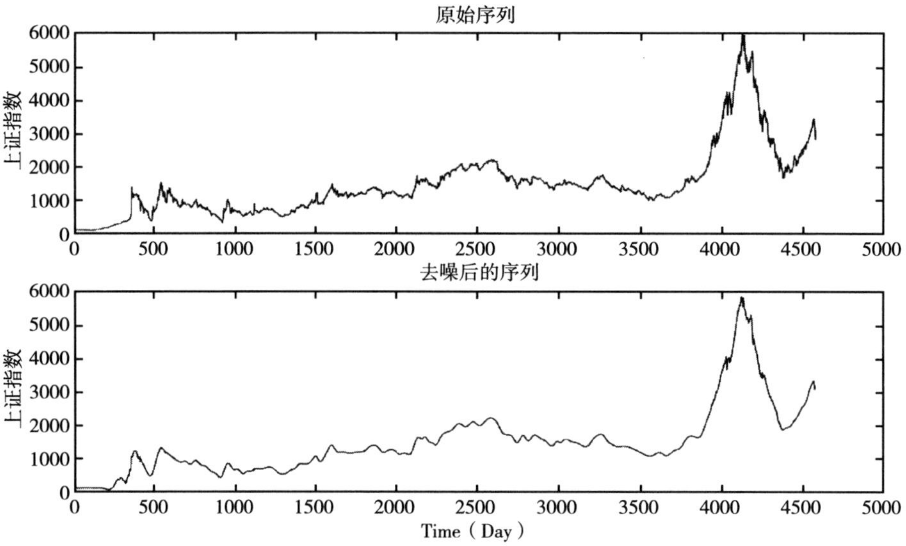

图 11-3 上证指数去噪前后对比

11.4 延伸阅读

传统EMD中通过直接舍去若干个阶数较小的IMF实现去噪，存在丢失有用信号的风险，变点分析改进的EMD去噪方法针对EMD分解时信号的含噪部分主要集中在阶数较小的IMF分量中的特性，有效区分噪声主导的IMF和信号主导的IMF，针对含噪的IMF进行软阈值去噪，最大化保留数据特性。

参考文献

[1] 李学峰，王兆宇，李佳明.噪声交易与市场渐进有效性［J］.经济学（季刊），2013，12（3）：913-934.

[2] 李合龙，杨能，林楚汉，张卫国.我国股票市场行业间波动溢出效应研究——基于改进的EMD去噪方法［J］.系统工程理论与实践，2019，39（9）：2179-2188.

练习题

1. 本章中改进EMD方法确定序列中变点的方法是什么？
2. 变点分析改进的EMD方法与传统EMD方法相比有哪些优点？

第12章　二维经验模态分解

12.1 理论基础

12.1.1 基本介绍

经验模态分解法（EMD）是一种新的非平稳信号分析方法，具有局部性、自适应性等优点，最初主要应用于信号分析、故障诊断等。宋平舰（2001）和Nunes（2003）等人将其扩展到二维，提出二维经验模态分解（BEMD，Bidimensional Empirical Mode Decomposition）的模型，并将其应用到图像处理领域。作用是提取不同的空间频率分量（频域）或不同的空间尺度（即结构从最精细到最粗糙的尺度），主要应用于纹理提取和图像滤波。

12.1.2 基础知识补充

（1）自然图像的特点。

一幅图像通常用二维数组f（x，y）来表示，其中x和y表示二维空间XY中一个坐标点的位置，而f则代表图像在点（x，y）的某种性质F的数值。如常用的图像一般是灰度图，这时f表示灰度值，通常是连续的，即f，x，y的值可以是任意实数。为了能用计算机对图像进行加工，需要把连续的图像在坐标空间XY和性质空间F都离散化。这种离散化了的图像就是数字图像，可以用I（r，c）来表示。这里I代表离散化后的f（r，c）代表离散化后的（x，y）其中r代表图像的行，c代表图像的列。

（2）二维图像的幅度-频率联合调制表示法（AM-FM Representation）。

对于自然图像而言，f对点（x，y）赋予的灰度值是非平稳非线性的，可以看作在（x，y）上的二维非平稳非线性信号。另外，图像的多尺度性使得对图像中如频率、幅度等信息的分析变得更加困难。为了获取有效的频率、幅度信息，将多尺度图像分解为具有局部单一尺度的分量显得尤为重要。这就导致了图像的幅度－频率联合表示法的提出。

早在EMD方法出现之前，对二维图像的幅度—频率联合调制表示法就受到广泛关注。该方法将二维图像表示成一系列局部协调的复指数函数之和，每个复指数函数都具有如下形式，即：

$$t(X) = a(X)exp[j\varphi(X)] \tag{12-1}$$

或者将二维图像表示成实函数之和，每个分量具有如下形式：

$$S(X) = a(X)\cos[\varphi(X)]\text{（调幅—调频信号）} \tag{12-2}$$

t（x）是对S（x）信号的解析，具有多尺度特征的自然图像可表示为t（x）的实部。

12.2 BEMD算法分解步骤

12.2.1 具体分解步骤

二维图像的幅度—频率联合调制表示法让人们很自然地将一维经验模态分解扩展到二维，与一维不同的是，二维IMF是一个零均值的二维AM–FM分量。但其筛选过程类似EMD，具体实现过程如下：

步骤1：对所给图像曲面求取局部极值点，包括所有局部极大值和极小值。

步骤2：求取均值包络曲面。对极大值点和极小值点分别进行曲面拟合，经插值后得到极大值点包络曲面和极小值点包络曲面，将两曲面数据求平均得到均值包络曲面数据。

步骤3：用原曲面减去均值包络曲面。

步骤4：判断是否满足终止条件。与一维相似需计算终止条件，计算终止条件：

$$SD = \sum_{x=1}^{X}\sum_{y=1}^{Y}\left[\frac{|D_{i(k-1)}(x,y) - D_{ik}(x,y)|^2}{D_{ik}^2(t)}\right] \tag{12-3}$$

其中SD在0.05至0.75之间，重复步骤1至步骤3，直到满足给定的终止条件得到第1层二维固有模态函数IMF1，用原图像减去第1层模态函数得到第1层残差residue1。对残差重复步骤1至步骤4，依次得到图像的N层固有模态函数和第N层残差。

12.2.2　分解流程图

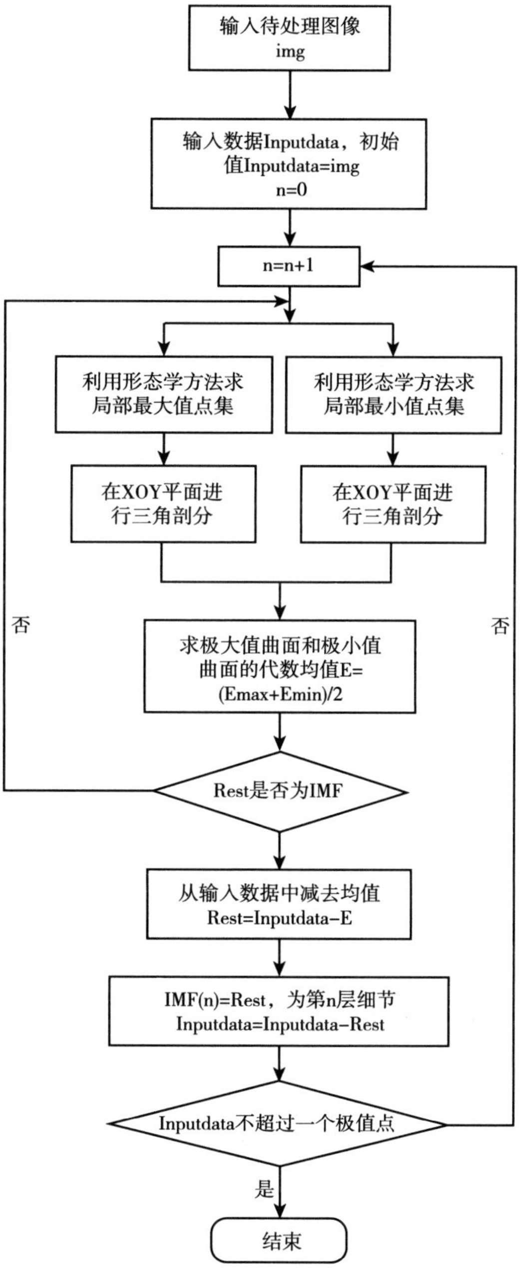

图 12-1　BEMD 分解流程

12.2.3 SD公式解析

记$f(x, y)$为待处理的数字图像，其极大值包络曲面$E_{MAX}(x, y)$和极小值包络曲面$E_{MIN}(x, y)$的代数均值记为$E_1(x, y)$，即：

$$E_1(x,y) = \frac{E_{MAX}(x,y) - E_{MIN}(x,y)}{2} \tag{12-4}$$

它与原图像数据$f(x, y)$的茶汁定义为$D_1(x, y)$，即：

$$D_1(x,y) = f(x,y) - E_1(x,y) \tag{12-5}$$

$D_1(x, y)$是$f(x, y)$的一个中间过程值，重复上述过程k次，直到$D_{ik}(x, y)$是一个IMF，此时有：

$$D_{1(k-1)}(x,y) - E_{1k}(x,y) = D_{1k}(x,y) \tag{12-6}$$

判断第i层IMF的筛分结束的标准差判别函数为：

$$SD = \sum_{x=1}^{X} \sum_{y=1}^{Y} \left[\frac{| D_{i(k-1)}(x,y) - D_{ik}(x,y) |^2}{D_{ik}^2(t)} \right] \tag{12-7}$$

12.2.4 邻域法求极值

$I(i-1, j-1)$	$I(i, j-1)$	$I(i+1, j-1)$
$I(i-1, j)$	$I(i, j)$	$I(i+1, j)$
$I(i-1, j+1)$	$I(i, j+1)$	$I(i+1, j+1)$

（a）图像内部点

$I(i, j-1)$	$I(i+1, j-1)$
$I(i, j)$	$I(i+1, j)$
$I(i, j+1)$	$I(i+1, j+1)$

（b）图像边界点

$I(i, j)$	$I(i+1, j)$
$I(i, j+1)$	$I(i+1, j+1)$

（c）图像角点

图12-2 邻域法求极值（薛中伟，2011）

由于像素点的位置不同，对应周围邻域的大小不同，因此在提取灰度图像时，将像素点(i, j)的灰度值分别与对应邻域像素的灰度值进行比较。如果是图像内部的点，将点(i, j)的灰度值与周围的8邻域进行比较。同理，图像边界上的点和角点分别与周围5邻域和3邻域进行比较，由于5邻域和3邻域是8邻域的特殊情况，因此这种提取灰度图像极值的方法也称为8邻域比较法。

12.2.5 形态学重构法

形态学重构法是提取灰度图像极值点的一种有效方法，它根据灰度图像的特征对标记图像进行反复的膨胀和腐蚀操作，直到标记图像的像素值不再变化为止。原始灰度图像减去膨胀重构出的图像差值即是原始灰度图像的极大值，同样，原始灰度图像减去腐蚀重构出的图像差值即为原始灰度图像的极小值。

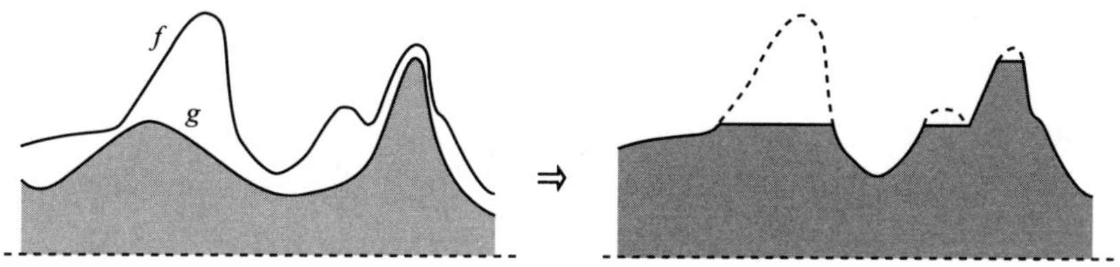

图12-3　形态学灰度重建（Vincent，1992）

12.2.6　径向基函数插值

插值核心思想：采样n个点，依据这n个点获得近似函数$s(x)$，$s(x)$以逼近原函数$f(x)$，且所获得的近似函数在此n个点上的值必须等于原函数，此为插值。

径向基函数是一个取值仅仅依赖于离原点距离和距某点距离的实值函数，也就是$\phi(x)=\phi(||x-x_i||)$，常见的径向基函数及其对应的基函数：

$$
\begin{aligned}
\phi(r) &= r \quad (Linear)\\
\phi(r) &= r^3 \quad (Cubic)\\
\phi(r) &= r^2\log r \quad (Thin\ plate\ spline)\\
\phi(r) &= \sqrt{r^2+\gamma^2} \quad (Multiquadric)\\
\phi(r) &= e^{-\gamma r^2} \quad (Gaussian)
\end{aligned}
\tag{12-8}
$$

其中，$r\geqslant 0$。

RBF插值构造的近似函数为：

$$s(x)=p_m(x)+\sum_{i=1}^{n}\lambda_i\phi(||x-x_i||) \tag{12-9}$$

其中，s是径向基函数，p_m是低度多项式，通常是一次或者二次的，x_i是RBF中心，λ_i为权重。$p_m(x)$的选取如表12-1。

表12-1　$p_m(x)$选择

ϕ	空间维度	多项式次数
Linear	任意	1
Thin-plate	2	1
Gaussian	任意	无
multiquadric	任意	无

12.2.7　三角剖分插值

极值点找出来后，它们在平面上是散乱分布的，需要把它们按一定的邻接关系有序地组织起来以便在空间上进行曲面拟合。三角剖分可以将极值点以邻近三角形的方式连接在一起，根据每个极值点相邻的三角形的顶点，形成每个三角形的“邻居”，最终构成邻接表，将原本算乱的点变得有序。

三角剖分的最邻近插值：三角形内部的点用距离这个点最近三角形的顶点的值进行插值。

三角剖分线性插值：计算查询点的封闭三角形和顶点权重的模。该权重记为重心坐标，表示单位体的一部分。即，三个权重的和等于1。函数V在查询点处的插值是V在三个顶点处的加权值之和。即，如果函数在三个顶点处具有值V1、V2、V3，且权重为B1、B2、B3，则插值为（V1）（B1）+（V2）（B2）+（V3）（B3）。权重的具体值为顶点所对应的三角形面积除以三角形的总面积。即：

$$V1 = \frac{A_1}{A_1 + A_2 + A_3}$$

$$V2 = \frac{A_2}{A_1 + A_2 + A_3}$$

$$V3 = \frac{A_3}{A_1 + A_2 + A_3} \quad (12\text{-}10)$$

三次样条插值：将三次样条插值应用到每个三角形上，进行三角形内插。每两个数据点之间用一个三次多项式函数表示，即：

$$S_i = a_i x^3 + b_i x^2 + c_i x + d_i, i = 1, 2, \cdots, n-1 \quad (12\text{-}11)$$

并且满足过每一个数据点和每段的连接处光滑的要求，即：

$$S_i(x_i) = y_i, i = 1, 2, \cdots, n-1$$

$$S_i(x_{i+1}) = y_{i+1}, i = 1, 2, \cdots, n-1$$

$$S'_i(x_{i+1}) = S'_{i+1}(x_{i+1}), i = 1, 2, \cdots, n-2$$

$$S''_i(x_{i+1}) = S''_{i+1}(x_{i+1}), i = 1, 2, \cdots, n-2 \quad (12\text{-}12)$$

12.3 案例应用

案例12-1：Lena图像的BEMD分解

以Lena图像为例：

```
%Matlab代码
function [imf_matrix]=bemd(img)

%%输入一副灰度图像
RGB = imread('lena.png');
img = im2double(rgb2gray(RGB));
```

```
%%%%% 主函数
% 分解IMF个数设置为3(加上残余量为4个分解量)（可根据实际情况修改）
m=4;
k=1;
input_img=img;
while(k<m)
   [imf_de res_de]=decompsition(input_img); %% 通过分解得到IMF分量和余项
   imf_matrix(:,:,k)=imf_de;%% 保存IMF分量
   figure(k)
   imagesc(imf_de)
   colormap(gray)
   input_img=res_de; %% 将余项作为新信号，再次分解
   k=k+1;
end
imf_matrix(:,:,4)=res_de;%% 保存残余量
figure(k)
imagesc(imf_matrix(:,:,4))
colormap(gray)
end
function  [imf_de res_de]=decompsition(input_img)

[width height]=size(input_img);
x=1:width;
y=1:height;
input_img_temple=input_img;
[XI,YI] = meshgrid(x,y);
%%形态学求极值
while(1)
   B = imregionalmax(input_img_temple);
   %C = double(B);
   [xmax,ymax]= find (B~=0);
   zmax = zeros(length(xmax),1);
   for i = 1:length(xmax);
      zmax(i,1) =input_img_temple(xmax(i,1),ymax(i,1));
   end
   D = imregionalmin(input_img_temple);
   %E = double(D);
   [xmin,ymin]= find (D ~=0);
   zmin = zeros(length(xmin),1);
   for i = 1:length(xmin);
      zmin(i,1) =input_img_temple(xmin(i,1),ymin(i,1));
   end
   rbfmax=rbfcreate([xmax';ymax'], zmax','RBFFunction', 'thinplate');
   rbfmin=rbfcreate([xmin';ymin'], zmin','RBFFunction', 'thinplate');
   zmaxgrid = rbfinterp([XI(:)'; YI(:)'], rbfmax);
   zmaxgrid= reshape(zmaxgrid, size(XI));
   zmingrid = rbfinterp([XI(:)'; YI(:)'], rbfmin);
   zmingrid= reshape(zmingrid, size(XI));
   zavggrid=(zmaxgrid+zmingrid)/2; %%%% 包络均值
%%%%%%IMF分量判断%%%%%
   zavggrid = zavggrid';
   imf_de= input_img_temple-zavggrid;
   SD=sum(sum(imf_de-input_img_temple).^2)/sum(sum(imf_de).^2);

   if SD<0.3
      break
   else
      input_img_temple=imf_de;
   end

end

res_de=input_img-imf_de;
end
```

```
function options = rbfcreate(x, y, varargin)
tic;
% Print out possible values of properties.
if (nargin == 0) & (nargout == 0)
  fprintf('              x: [ dim by n matrix of coordinates for the nodes ]\n');
  fprintf('              y: [   1 by n vector of values at nodes ]\n');
  fprintf('    RBFFunction: [ gaussian  | thinplate | cubic | multiquadrics | {linear} ]\n');
  fprintf('    RBFConstant: [ positive scalar     ]\n');
  fprintf('      RBFSmooth: [ positive scalar {0} ]\n');
  fprintf('          Stats: [ on | {off} ]\n');
  fprintf('\n');
  return;
end
Names = [
    'RBFFunction      '
    'RBFConstant      '
    'RBFSmooth        '
    'Stats            '
];
[m,n] = size(Names);
names = lower(Names);

options = [];
for j = 1:m
  options.(deblank(Names(j,:))) = [];
end

%%查看输入
[nXDim nXCount]=size(x);
[nYDim nYCount]=size(y);

if (nXCount~=nYCount)
  error(sprintf('x and y should have the same number of rows'));
end;

if (nYDim~=1)
  error(sprintf('y should be n by 1 vector'));
end;

options.('x')           = x;
options.('y')           = y;

%%默认值
options.('RBFFunction') = 'linear';
options.('RBFConstant') = (prod(max(x')-min(x'))/nXCount)^(1/nXDim);
options.('RBFSmooth')   = 0;
options.('Stats')       = 'off';

%%参数解析代码
i = 1;
if rem(nargin-2,2) ~= 0
  error('Arguments must occur in name-value pairs.');
end
expectval = 0;
while i <= nargin-2
  arg = varargin{i};

  if ~expectval
    if ~isstr(arg)
      error(sprintf('Expected argument %d to be a string property name.', i));
    end

    lowArg = lower(arg);
    j = strmatch(lowArg,names);
    if isempty(j)
      error(sprintf('Unrecognized property name "%s".', arg));
    elseif length(j) > 1
      k = strmatch(lowArg,names,'exact');
      if length(k) == 1
```

```
        j = k;
      else
        msg = sprintf('Ambiguous property name "%s" ', arg);
        msg = [msg '(' deblank(Names(j(1),:))];
        for k = j(2:length(j))'
          msg = [msg ', ' deblank(Names(k,:))];
        end
        msg = sprintf('%s).', msg);
        error(msg);
      end
    end
    expectval = 1;

  else
    options.(deblank(Names(j,:))) = arg;
    expectval = 0;
  end
  i = i + 1;
end

if expectval
  error(sprintf('Expected value for property "%s".', arg));
end


%% 创建RBF插值
  %选择所用基函数的形式
switch lower(options.('RBFFunction'))
      case 'linear'
        options.('rbfphi')   = @rbfphi_linear; %线性
      case 'cubic'
        options.('rbfphi')   = @rbfphi_cubic;% 立方
      case 'multiquadric'
        options.('rbfphi')   = @rbfphi_multiquadrics;% 多项式
      case 'thinplate'
        options.('rbfphi')   = @rbfphi_thinplate;% 薄板
      case 'gaussian'
        options.('rbfphi')   = @rbfphi_gaussian;% 高斯型
    otherwise
        options.('rbfphi')   = @rbfphi_linear;
end

phi       = options.('rbfphi');
% 调用函数，求解出数据集使用调用||x-xi|| 函数的值
A=rbfAssemble(x, phi, options.('RBFConstant'), options.('RBFSmooth'));

b=[y'; zeros(nXDim+1, 1)];     %这是数据集对应的输出值Y

%inverse
rbfcoeff=A\b;    %这是径向基函数对应的参数系数

%SVD
% [U,S,V] = svd(A);
%
% for i=1:1:nXCount+1
%     if (S(i,i)>0) S(i,i)=1/S(i,i); end;
% end;
% rbfcoeff = V*S'*U*b;


options.('rbfcoeff') = rbfcoeff;


if (strcmp(options.('Stats'),'on'))
   fprintf('%d point RBF interpolation was created in %e sec\n', length(y), toc);
   fprintf('\n');
end;

function [A]=rbfAssemble(x, phi, const, smooth)
```

```
%x 为已知的数据集
%phi 表示调用的是哪个基函数形式
%const 表示高斯形式时的方差
%smooth 偏移量 一般为0
[dim n]=size(x); %得到数据集的维数
A=zeros(n,n);  %初始化有数据集带入基函数中得到的值
for i=1:n
   for j=1:i
      r=norm(x(:,i)-x(:,j)); %每个数据跟其他数据之间的距离
      temp=feval(phi,r, const); %带入相应的基函数中得到的值，存储到A中，用于求解系数
      A(i,j)=temp;
      A(j,i)=temp;
   end
   A(i,i) = A(i,i) - smooth;
end
% Polynomial part
P=[ones(n,1) x'];
A = [ A      P
     P' zeros(dim+1,dim+1)];
end
end

%% 五种基函数的表达式
function u=rbfphi_linear(r, const)
u=r;
end

function u=rbfphi_cubic(r, const)
u=r.*r.*r;
end

function u=rbfphi_gaussian(r, const)
u=exp(-0.5*r.*r/(const*const));
end

function u=rbfphi_multiquadrics(r, const)
u=sqrt(1+r.*r/(const*const));
end

function u=rbfphi_thinplate(r, const)
u=r.*r.*log(r+1);
end
function [f] = rbfinterp(x, options)
%x 为插值的数据
%options 径向基函数的参数设定
tic;
phi      = options.('rbfphi'); %调用的基函数形式
rbfconst  = options.('RBFConstant');%基函数的方差设置
nodes     = options.('x');        %已知的数据集x
rbfcoeff  = (options.('rbfcoeff'))';%求得的径向基函数的系数
[dim            n] = size(nodes);
[dimPoints  nPoints] = size(x);
if (dim~=dimPoints)
  error(sprintf('x should have the same number of rows as an array used to create RBF interpolation'));
end

f = zeros(1, nPoints);
r = zeros(1, n);

for i=1:1:nPoints
            s=0;
   r =  (x(:,i)*ones(1,n)) - nodes; %新数据点到已知每个数据点的距离
   r = sqrt(sum(r.*r, 1));
%    for j=1:n
%         r(j) =  norm(x(:,i) - nodes(:,j));
%    end

    s = rbfcoeff(n+1) + sum(rbfcoeff(1:n).*feval(phi, r, rbfconst));
```

```
    for k=1:dim
        s=s+rbfcoeff(k+n+1)*x(k,i);    % linear part
    end
    f(i) = s;
end

if (strcmp(options.('Stats'),'on'))
    fprintf('Interpolation at %d points was computed in %e sec\n', length(f), toc);
end
end
```

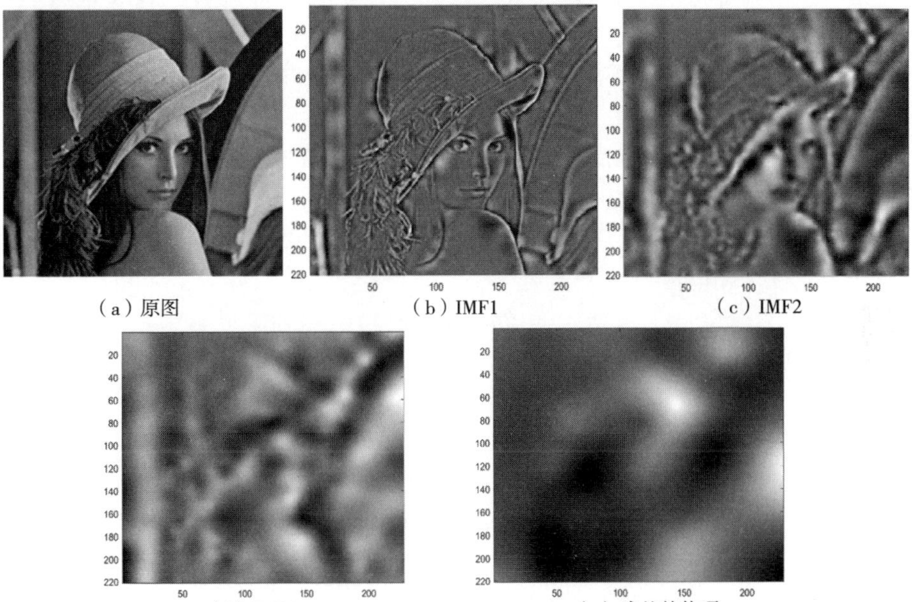

（a）原图　（b）IMF1　（c）IMF2　（d）IMF4　（e）残差趋势项

图 12-4　BEMD 分解结果

从应用实例可以看出，随着小尺度信息的不断分离，剩余的大尺度信息逐渐趋于平缓，反映了图像的基本趋势信息，符合基于图像基本特征的目标识别方法要求。小尺度信息则描述了图像的细节信息，适用于基于纹理细节的识别方法。

参考文献

［1］ Beucher S. Geodesic Reconstruction, Saddle Zones & Hierarchical Segmentation［J］. Image Analysis and Stereology, 2001, 20（3）.

［2］ Carr J C , Fright W R . Surface interpolation with radial basis functions for medical imaging［J］. IEEE Transactions on Medical Imaging, 2002, 16（1）: 96–107.

［3］ Havlicek J P , Harding D S . The multicomponent AM–FM image representation［J］. IEEE Transactions on Image Processing A Publication of the IEEE Signal Processing Society, 1996, 5（6）: 1094–100.

［4］ Nunes J C, Bouaoune Y, ric Del é chelle, et al. Image analysis by bidimensional empirical mode

decomposition [J] . Image & Vision Computing, 2003, 21: 1019–1026.
[5] Vincent L. Morphological grayscale reconstruction: definition, efficient algorithm and applications in image analysis [C] // IEEE Computer Society Conference on Computer Vision & Pattern Recognition. IEEE, 1992.
[6] Vincent L. Morphological grayscale reconstruction in image analysis: applications and efficient algorithms.[J]. IEEE Transactions on Image Processing A Publication of the IEEE Signal Processing Society, 1993, 2 (2): 176–201.
[7] 秦勃，时鹏. 经验模式多尺度图像分解 [C] //.第一届全国几何设计与计算学术会议论文集. 2002: 305–308.
[8] 宋平舰，张杰. 二维经验模分解在海洋遥感图像信息分离中的应用 [J] . 高技术通讯，2001 (9): 62–67.
[9] 薛中伟. 二维经验模式分解及其在图像处理中的应用 [D] .哈尔滨工程大学，2011.
[10] 周欣. 二维经验模式分解（BEMD）在图像处理中的应用 [D] .华中科技大学，2007.

练习题

1. 二维经验模态分解的步骤是什么?
2. 图像分解中常用的插值方式有哪些? 简述其主要思想。
3. 选取一张图片并利用二维经验模态分解方法进行处理。

第 13 章　小波分解

13.1　理论基础

13.1.1　概念

第一个小波（Haar小波）是在1909年由阿尔佛雷德·哈尔提出，1984年吉恩·莫莱特和物理学家亚历克斯·格罗斯曼发明了“wavelet”一词，之后出现对于连续小波变换及其各种应用以及比较详尽的数学研究。1988年，史蒂芬·马拉特和伊夫·梅耶尔提出了多分辨率的概念。隔年史蒂芬·马拉特提出了快速小波变换。随着快速小波变换的发展，许多小波变换的应用得以实现。小波变换是指用有限长或快速衰减的“母小波”（Mother Wavelet）的振荡波形来表示信号，该波形被缩放和平移以匹配输入的信号。

13.1.2　小波变换的发展

（1）傅里叶变换的局限性。

对于非平稳信号①，傅里叶变换具有局限性。傅里叶变换将信号从时域变换到频域来分析信号的频率分量组成，但由于傅里叶变换的全局变换抹去了信号的时间信息，因此无法得知信号在不同时间的频率信息。傅里叶变换还不能及时捕捉突变扰动对信号带来的变化，但是在现实生活的有些场合，这些突变往往十分重要。

（2）短时傅里叶变换的局限性。

短时距傅里叶变换是傅里叶变换的一种变形，短时傅里叶变换的过程是将长时间信号分成数个较短的等长，然后再分别计算每个较短段的傅里叶变换。短时距傅里叶变换在傅里叶变换基础上添加窗函数，可以分析出随着时间变化的频率，随着窗函数大小的不同会有不同的频率和时间分辨率，当窗函数宽度越大，频率的分辨率高，根据海森堡测不准原理②，时间分辨率低，反之，当窗函数宽度越小，时间的分辨率高，根据海森堡测不准原

① 平稳信号的定义是频率含量不随时间变化的信号，非平稳信号的定义是频率含量随时间变化的信号。

② 海森堡测不准原理：$\Delta t \Delta f > C$，其中Δt为信号的时间不确定度，Δf为信号的频率不确定度，C为常数。

理，频率分辨率低。

但是短时傅里叶变换的窗长是固定的，即时间分辨率是固定的，根据海森堡测不准原理，其频率分辨率也是固定的。短时傅里叶变化结果在时间和频率上具有中等的分辨率。但是不论高频低频，其时间和频率分辨率都不可调，而我们希望对于低频信号有低的时间分辨率，高的频率分辨率；对于高频信号：高的时间分辨率，低的频率分辨率。

（3）小波变换。

小波变换提供可以调变的时频窗口来解决这个问题，窗口的宽度随着频率变化来进行调整，小波变换对于低频率使用宽窗子来使频率分辨率高，时间分辨率低。对于高频率选择使用窄窗子来使频率分辨率低，时间分辨率高。

13.1.3 小波变换的分类

（1）连续小波变换（Continuous Wavelet Transform，CWT）：输入为连续函数，输出为连续函数。

（2）离散系数连续小波变换（Continuous Wavelet Transform with Discrete Coefficients）：输入为连续函数，输出为离散值。

（3）离散小波变换（Discrete Wavelet Transform，DWT）：输入为离散值，输出为离散值。

13.1.4 连续小波变换

（1）小波的定义。

小波是在有限距离上均值为零值点的波形，并且是不规律和非对称的。

（2）连续小波变换。

连续小波变换是一种用来分解一个连续时间函数并将其变成数个小波。一个有连续时间性质且可积分的函数$x(t)$可以用下面的积分来表示：

$$CWT_x^{\psi}=\frac{1}{\sqrt{s}}\int_{-\infty}^{+\infty}x(t)\psi\left(\frac{t-\tau}{s}\right)dt \tag{13-1}$$

其中，$\psi(t)$为小波母函数，τ为平移位置，s为缩放因子。

（3）小波母函数。

小波母函数不是一个特定的函数，而是一个函数的集合，满足下列条件的函数均可以作为小波母函数：

①紧支撑性：$\exists a>0$，$\forall |t|>a$，$\psi(t)=0$；

②波动性：$\int_{-\infty}^{+\infty}\psi(t)dt=0$；

③容许条件：$c_{\psi}=2\pi\int_{-\infty}^{+\infty}\frac{|\overline{\psi(f)}|}{|f|}df<+\infty$；

④正交性。

变换后的小波母函数称为小波函数。

（4）连续小波变换的过程。

①选取小波函数与信号$x(t)$的开始点相乘并进行积分计算，得到的值代表小波和这个区域的信号的接近程度，值越大相似度越高。

②在时间轴上平移小波，重复1，直到你完全运算完整个信号。

③改变s的值，对小波母函数进行放缩得到新的小波函数，重复1、2。

（5）连续小波变换的缺点。

连续小波变换需要一个连续信号，但是实际采样信号①往往是离散的，我们无法直接对实际信号进行连续小波变换。

如果对实际采样信号进行插值连续化，计算机是无法处理的。因为计算机只能处理离散问题，无法处理连续问题。如果计算机要进行连续小波变换，就意味着需要计算机做无穷次运算，计算机的计算能力再强也是做不到。为了使用计算机进行小波变换的实现，我们需要引入离散小波变换。

13.2 离散小波分解步骤

一次半子带滤波②和一次2倍下采样③称为一层小波分解。假设原采样信号有N个点，信号的最高频率为F_S。

Step1：第一层小波分解：

①原信号经过一次高通滤波后，得到$\left(\frac{F_S}{2},F_S\right)$的部分，此时有$N$个点，再经过一次2倍下采样变成$\frac{N}{2}$个点，称这$\frac{N}{2}$为小波分解的高频系数。

②原信号经过一次低通滤波后，得到$\left(0,\frac{F_S}{2}\right)$的部分，此时有$N$个点，再经过一次2倍下采样变成$\frac{N}{2}$个点，称这$\frac{N}{2}$为小波分解的低频系数。

Step2：第二层小波分解：

保持频率在$\left(\frac{F_S}{2},F_S\right)$范围内的$\frac{N}{2}$个点的高频系数不变，把频率在$\left(0,\frac{F_S}{2}\right)$范围内的$\frac{N}{2}$个点的低频系数作为新的信号按照（1）（2）步骤再进行一次小波分解得到：

频率在$\left(\frac{F_S}{4},\frac{F_S}{2}\right)$区间，$\frac{N}{4}$个点的高频系数，频率在$\left(0,\frac{F_S}{4}\right)$区间，$\frac{N}{4}$个点的低频系数；

① 实际采样信号的特点：1.离散性；2.有限性。

② 小波母函数本质上是一种带通滤波器。通过小波母函数构造得到两个滤波器：高通滤波器和低通滤波器。假设信号中的最高频率为F_S，高通滤波器的作用就是得到频率区间在$\left(\frac{F_S}{2},F_S\right)$的部分，低通滤波器的作用就是得到频率区间在$\left(0,\frac{F_S}{2}\right)$的部分。这个过程称为一次半子带滤波。

③ N倍下采样过程：将采样点N倍稀释。2倍下采样过程将采样点稀释2倍，即每2个点采样数据点就去除一个点。N倍上采样过程：将采样点数量增加N倍。一般通过补0或者插值的方法实现上采样。

Step3：依次进行第三层、第四层小波分解，直到第$\log_2 N$层①小波分解。

13.3 案例应用

案例13-1：PM2.5的小波分解

以武汉市PM2.5浓度为例：

```
% MATLAB代码
%1. 读入数据
data1=xlsread ('PM25.xlsx');
data1=data1([1:990],3);
lens1=length(data1);
% 2. 小波分解
[c,l]=wavedec(data1,3,'db4'); %使用db4小波对数据进行三尺度分解
% 3. 绘制分解结果
figure(1)
subplot(4,1,1);plot(data1);title(' 原始信号 ');ylabel('data1');
subplot(4,1,2);plot(c);
title(' 原始信号的分解结构:第三层的低频系数和第三、二、一层的高频系数 ')
ca1=appcoef(c,l,'db4',1);
%从前面的小波3尺度的分解结构[c,l]中提取尺度1的低频系数
ca2=appcoef(c,l,'db4',2);
ca3=appcoef(c,l,'db4',3);
figure(2)
subplot(4,1,1);plot(data1);title(' 原始信号 ');ylabel('data1');
subplot(4,1,2);plot(ca1);title(' 第1层低频信号 ');ylabel('ca1');
subplot(4,1,3);plot(ca2);title(' 第2层低频信号 ');ylabel('ca2');
subplot(4,1,4);plot(ca3);title(' 第3层低频信号 ');ylabel('ca3');
a3=wrcoef('a',c,l,'db4',3); %基于[C,L],用wrcoef函数重构第3层低频信号
a2=wrcoef('a',c,l,'db4',2); %基于[C,L],用wrcoef函数重构第2层低频信号
a1=wrcoef('a',c,l,'db4',1); %基于[C,L],用wrcoef函数重构第1层低频信号
d1=wrcoef('d',c,l,'db4',1); %基于[C,L],用wrcoef函数重构第1层高频信号
d2=wrcoef('d',c,l,'db4',2); %基于[C,L],用wrcoef函数重构第2层高频信号
d3=wrcoef('d',c,l,'db4',3); %基于[C,L],用wrcoef函数重构第3层高频信号
figure(3);
subplot(5,1,1);plot(data1);title(' 原始信号 ');ylabel('data1');
subplot(5,1,2);plot(d1);title(' 第1层高频信号 ');ylabel('d1');
subplot(5,1,3);plot(d2);title(' 第2层高频信号 ');ylabel('d2');
subplot(5,1,4);plot(d3);title(' 第3层高频信号 ');ylabel('d3');
subplot(5,1,5);plot(a3);title(' 第3层低频信号 ');ylabel('a1');
figure(4);
subplot(3,1,1);plot(data1);title(' 原始数据 ');ylabel('data1');
subplot(3,1,2);plot(a3+d1+d2+d3);title(' 重构信号 ');ylabel('a3+d1+d2+d3');
subplot(3,1,3);plot(data1);
hold on
subplot(3,1,3);plot(a3+d1+d2+d3,'--');title(' 原始数据与重构数据的对比 ')
```

① 由于不断地下采样，在第$\log_2 N$层小波分解的低频系数和高频系数只剩下1个数，小波分解无法进行。

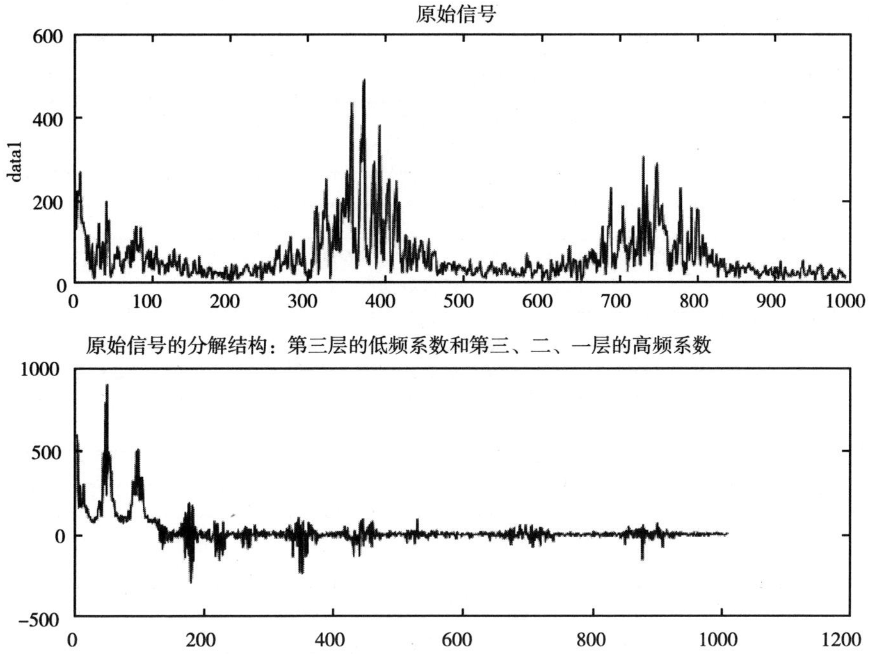

图 13-1　PM2.5 原始信号及原始信号分解结构

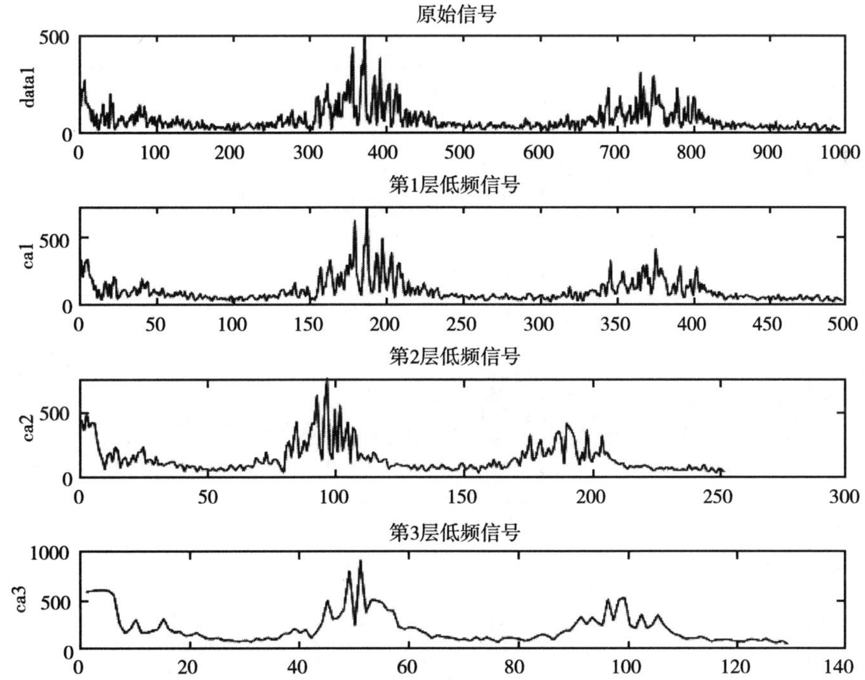

图 13-2　PM2.5 原始信号及各层低频信号

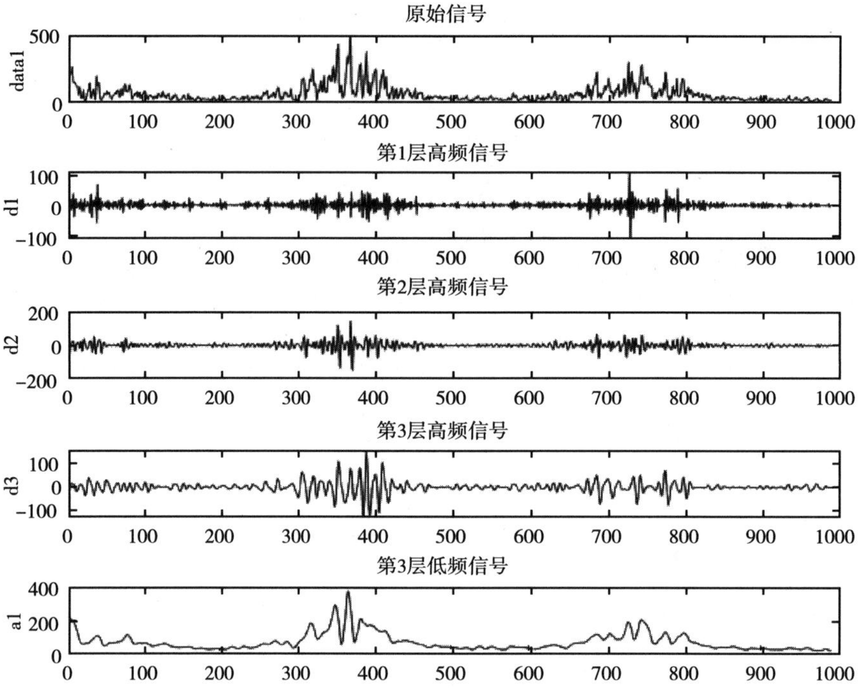

图 13–3　PM2.5 原始信号及三层小波分解结果

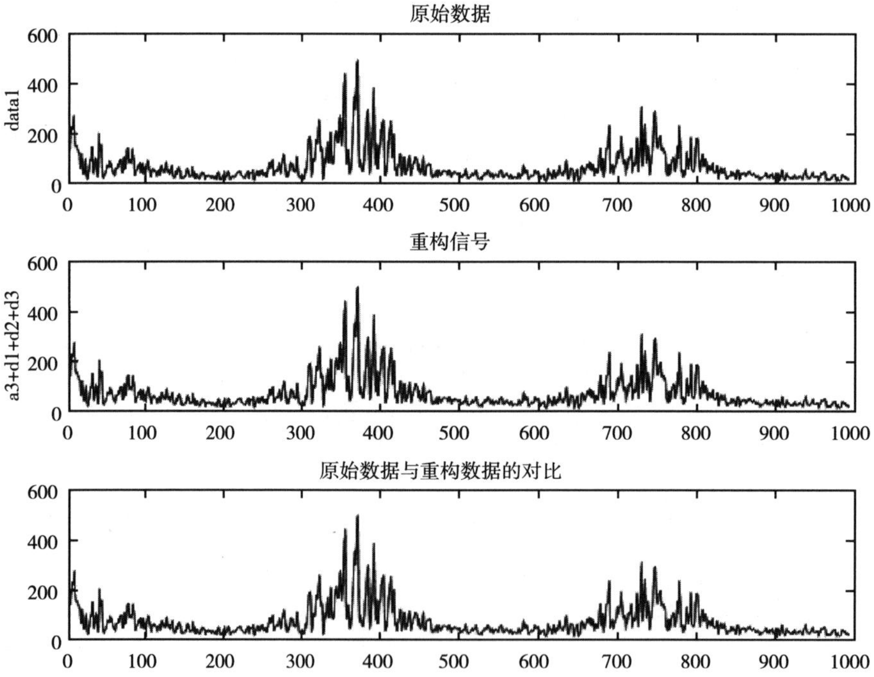

图 13–4　PM2.5 原始信号与小波分解重构信号对比

案例13-2：上证指数的小波分解

以上证指数开盘价为例：

```
%MATLAB代码
% 1. 读入数据
clc
clear;
close all;
load shangzheng.mat; % 提取数据
x=sh_open;
% 画出原始上证指数的每日开盘数
figure;
plot(x,'LineWidth',2);
title('上证指数','FontSize',12);
xlabel('交易日天数','FontSize',12);
ylabel('指数','FontSize',12);
% 2. 小波分解
[c,l]=wavedec(x,3,'db4'); %使用db4小波对数据进行三尺度分解
% 3. 绘制分解结果
figure(1)
subplot(2,1,1);plot(x);title('原始信号');ylabel('x');
subplot(2,1,2);plot(c);
title('原始信号的分解结构:第三层的低频系数和第三、二、一层的高频系数')
ca1=appcoef(c,l,'db4',1);
%从前面的小波3尺度的分解结构[c,l]中提取尺度1的低频系数
ca2=appcoef(c,l,'db4',2);
ca3=appcoef(c,l,'db4',3);
figure(2)
subplot(4,1,1);plot(x);title('原始信号');ylabel('x');
subplot(4,1,2);plot(ca1);title('第1层低频信号');ylabel('ca1');
subplot(4,1,3);plot(ca2);title('第2层低频信号');ylabel('ca2');
subplot(4,1,4);plot(ca3);title('第3层低频信号');ylabel('ca3');
a3=wrcoef('a',c,l,'db4',3); %基于[C,L],用wrcoef函数重构第3层低频信号
a2=wrcoef('a',c,l,'db4',2); %基于[C,L],用wrcoef函数重构第2层低频信号
a1=wrcoef('a',c,l,'db4',1); %基于[C,L],用wrcoef函数重构第1层低频信号
d1=wrcoef('d',c,l,'db4',1); %基于[C,L],用wrcoef函数重构第1层高频信号
d2=wrcoef('d',c,l,'db4',2); %基于[C,L],用wrcoef函数重构第2层高频信号
d3=wrcoef('d',c,l,'db4',3); %基于[C,L],用wrcoef函数重构第3层高频信号
figure(3);
subplot(5,1,1);plot(x);title('原始信号');ylabel('x');
subplot(5,1,2);plot(d1);title('第1层高频信号');ylabel('d1');
subplot(5,1,3);plot(d2);title('第2层高频信号');ylabel('d2');
subplot(5,1,4);plot(d3);title('第3层高频信号');ylabel('d3');
subplot(5,1,5);plot(a3);title('第3层低频信号');ylabel('a1');
figure(4);
subplot(3,1,1);plot(x);title('原始数据');ylabel('x');
subplot(3,1,2);plot(a3+d1+d2+d3);title('重构信号');ylabel('a3+d1+d2+d3');
subplot(3,1,3);plot(x);
hold on
subplot(3,1,3);plot(a3+d1+d2+d3,'--');title('原始数据与重构数据的对比')
```

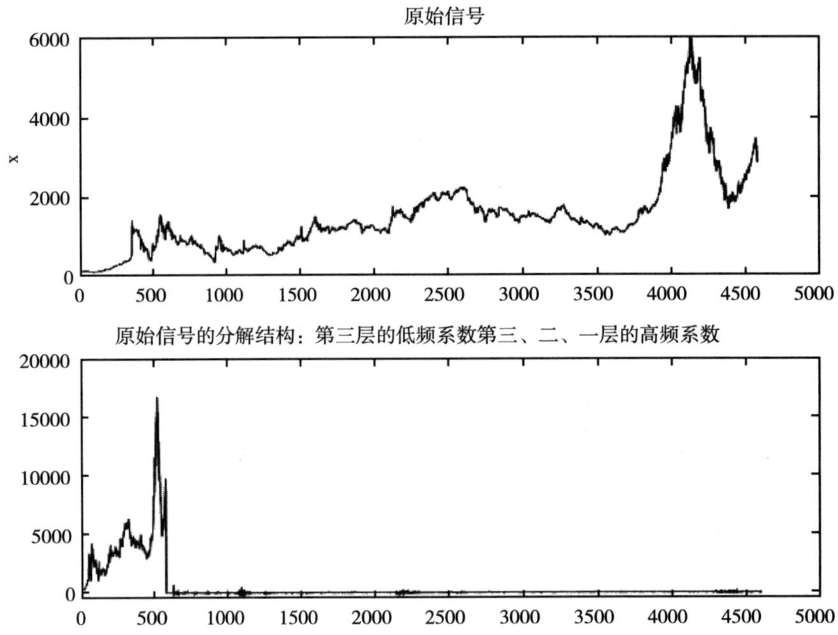

图 13-5　上证指数原始信号及原始信号分解结构

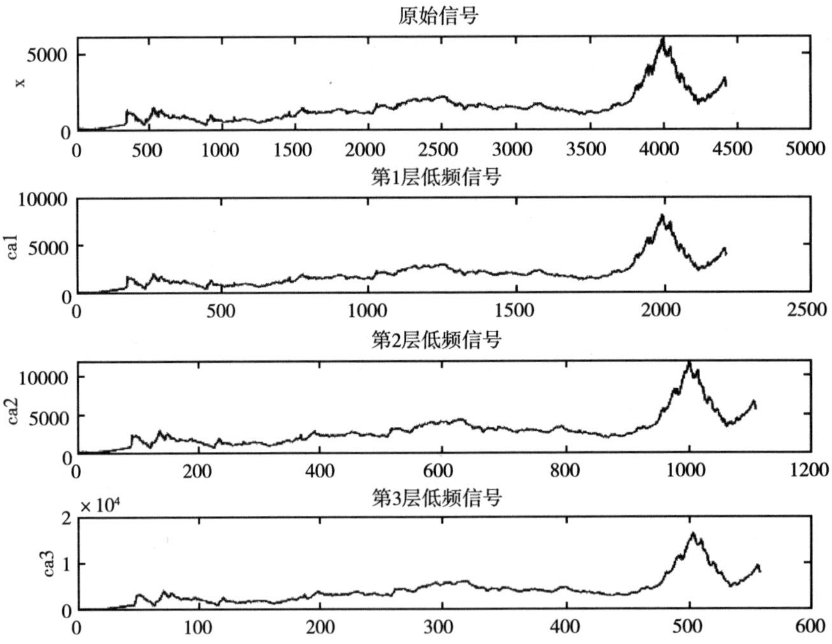

图 13-6　上证指数原始信号及各层低频信号

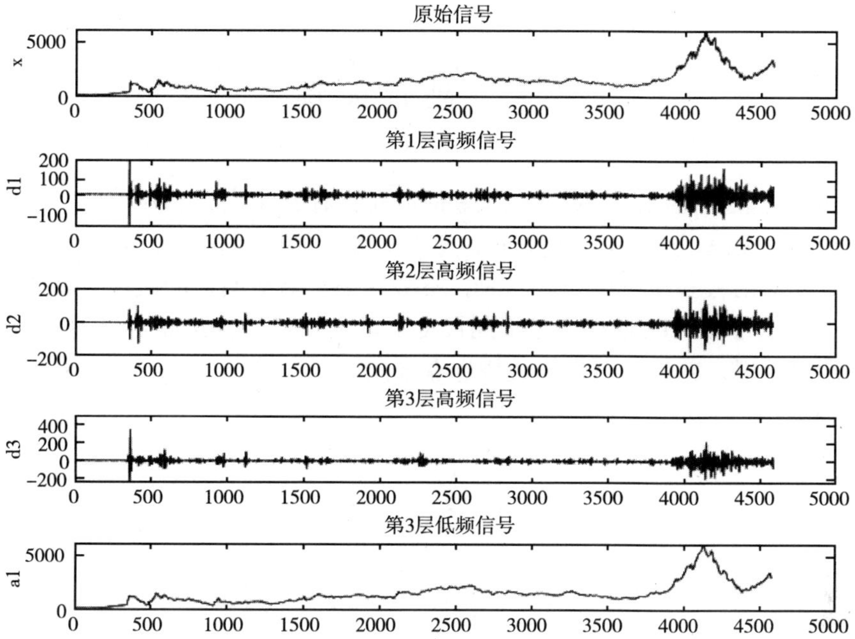

图 13–7　上证指数原始信号及三层小波分解结果

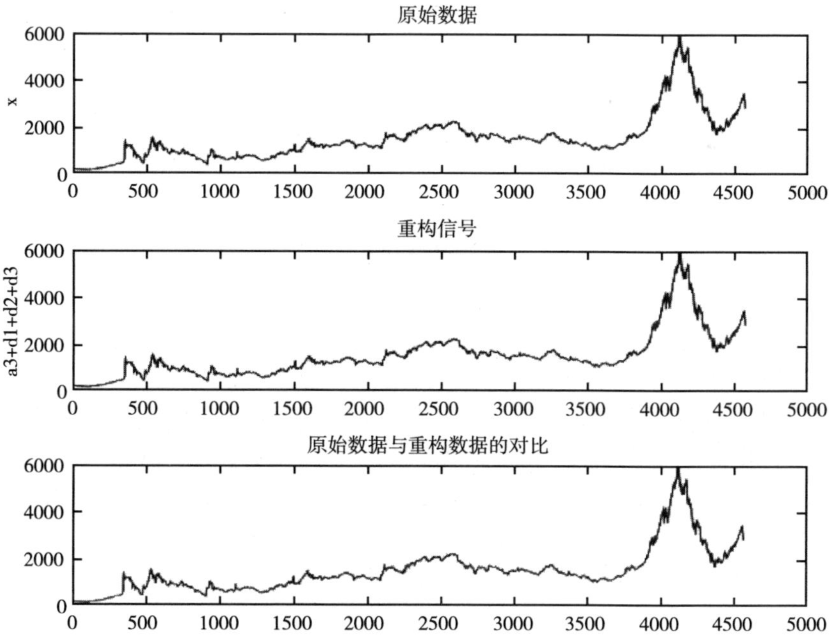

图 13–8　上证指数原始信号与小波分解重构信号对比

13.4 延伸阅读

小波变换的优点是可以同时观察频率和时间轴，在频率高时有较好的时间分辨率，在频率低时有较好的频率分辨率。有快速小波变换可以加速运算[2]。可以分离出信号的精细或粗糙成分。对信号去噪或压缩信号时，不会对信号造成明显的破坏。适用于分析突变信号，以及奇异信号。可以分析信号不同尺度下的大小样貌。但是小波变换的运算量大，比较难做到即时处理，并且在对母小波挑选有限制。

参考文献

[1] Haar A. Zur Theorie der Orthogonalen Functionsys-teme [J]. Mathematische Annalen, 1910, 69 (3): 331-371.

[2] Mallat S G. A theory for multiresolution signal decomposition: the wavelet representation. IEEE Transactions on Pattern Analysis & Machine Intelligence, 1989, 11 (4).

[3] Selesnick I W, Baraniuk R G, Kingsbury N C. The dual-tree complex wavelet transform [J]. IEEE Signal Processing Magazine, 2005, 22 (6): 123-151.

[4] Walczak B, Massart D L. Noise Suppression and Signal Compression Using the Wavelet Packet Transform. Chemometrics and Intelligent Laboratory Systems, 1997, 36 (2): 81-94.

练习题

1. 什么是小波分解？

2. 简述小波分解的主要分类。

3. 请使用小波分解对数据集中的数据进行分解。（https：//raw.githubusercontent.com/jbrownlee/Datasets/master/monthly-sunspots.csv）

第14章　小波包分解

14.1　理论基础

由于在小波分解的过程中只对低频信号再分解，对高频信号不再实施分解，所以小波变换能够很好地表征一大类以低频信息为主要成分的信号。但有时我们不仅仅需要信号的低频内容，高频部分的分析也是我们所需要的。例如在感应机的故障检测中（Ye等，2003）。针对这一问题，Walczak等（Walczak和Massart，1997）于1997年提出了WPD（Wavelet Packet Decomposition）分解方法，对离散小波变换DWT（Discrete Wavelet Transform）进行了改进。该方法就是在DWT的基础上，对高频和低频信号分别进行分解，利用多次迭代的小波变换来分析信号，从而得到信号更细致的分析。

14.2　WPD分解步骤

14.2.1　算法流程图

（1）低通滤波矩阵G：当确定基小波后，由小波滤波系数可以定义滤波矩阵，G为定义的低通滤波矩阵，即低通滤波器。

（2）高通滤波矩阵H：H为定义的高通滤波矩阵，即高通滤波器。

（3）近似系数a：a^0表示原始信号；a^1为信号通过低通滤波器所得到的近似系数，表示信号的低频部分；aa^2表示经过第一层小波分解的低频信号再次经过低通滤波器后得到的第二层的近似系数。

（4）细节系数d：d^1为信号通过高通滤波器所得到的细节系数，表示信号的高频部分；da^2表示经过第一层小波分解的高频信号再次经过低通滤波器后得到的第二层的近似系数；dd^2表示经过第一层小波分解的高频信号再次经过高通滤波器后得到的第二层的细节系数。

上述流程其实是“树算法”或“金字塔算法”在小波包分解中的应用，一个三层的小波包分析树具体如图14–3所示。

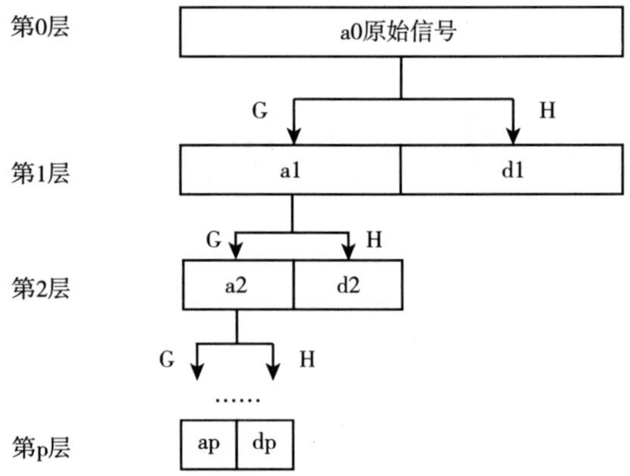

图14–1 小波分解流程

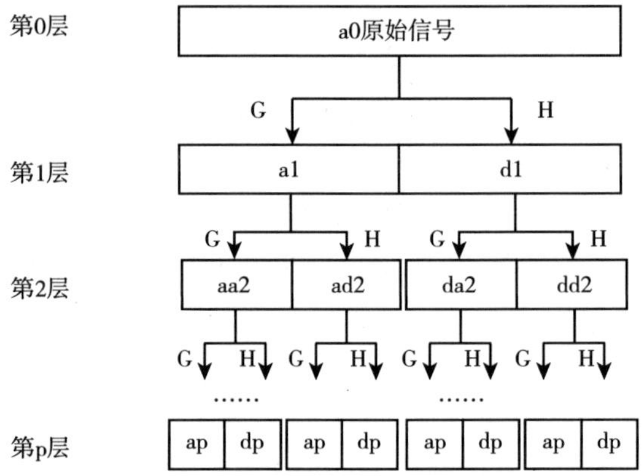

图14–2 小波包分解流程

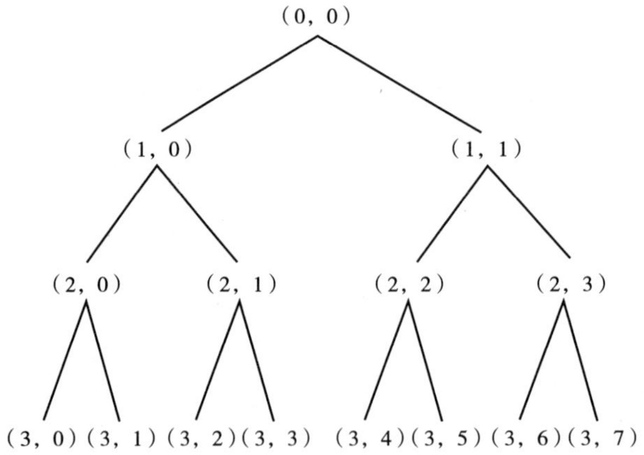

图14–3 小波包树

图14–3中各节点即表示由小波包分解所得到的小波系数，如节点（2，0）、（2，1）分别对应小波系数aa^2、ad^2。

14.2.2　分解步骤

假设由我们事先确定的一组小波基函数所得到的小波滤波系数为c_0，c_1，c_2，c_3，由此构造的高低通滤波矩阵为H和G，则H和G为：

$$G=\begin{bmatrix} c_0 & c_1 & c_2 & c_3 & 0 & 0 & 0 & 0 \\ 0 & 0 & c_0 & c_1 & c_2 & c_3 & 0 & 0 \\ 0 & 0 & 0 & 0 & c_0 & c_1 & c_2 & c_3 \\ c_2 & c_3 & 0 & 0 & 0 & 0 & c_0 & c_1 \end{bmatrix} \tag{14–1}$$

$$H=\begin{bmatrix} c_3 & -c_2 & c_1 & -c_0 & 0 & 0 & 0 & 0 \\ 0 & 0 & c_3 & -c_2 & c_1 & -c_0 & 0 & 0 \\ 0 & 0 & 0 & 0 & c_3 & -c_2 & c_1 & -c_0 \\ c_1 & -c_0 & 0 & 0 & 0 & 0 & c_3 & -c_2 \end{bmatrix} \tag{14–2}$$

式（14–1）两种滤波器使用同一组小波滤波系数，但符号交替、顺序相反。由高低通滤波矩阵对原始信号进行分解，具体如图14–4所示。

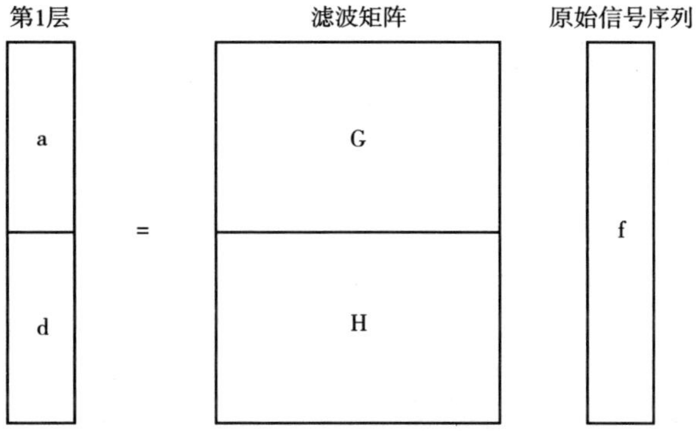

图14–4　原始信号分解

分解步骤用公式表示为：

$$\alpha = W^T f \tag{14–3}$$

其中，α表示小波系数，$W^T(N\times N)$是包含了基向量的正交矩阵，f是长度为N的序列。

14.2.3　最优基的选择

小波分解中一个关键就是选择合适的基函数，选择基函数的方法有很多，这里介绍

Donoho（Donoho et al.，1993）提出的一种方法——运用信息熵作为阈值，将得到的系数最小的基为最优基。这里的熵我们称为通用熵：

$$th = \sqrt{(2\log_2 S)} \quad (14\text{-}4)$$

其中，S在离散小波变换中为：

$$S = N \quad (14\text{-}5)$$

在小波包变换中为：

$$S = N * \log_2 N\ \alpha_j^{hard} \quad (14\text{-}6)$$

对于系数的判断有硬阈值和软阈值两种方式，其中硬、软阈值判断方式分别为：

$$\alpha_j^{hard} = \begin{cases} 0 & if|\alpha_j| < th \\ \alpha_j & if|\alpha_j| \geqslant th \end{cases} \quad (14\text{-}7)$$

$$\alpha_j^{soft} = \begin{cases} 0 & if|\alpha_j| < th \\ sign(\alpha_j)(|\alpha_j| - th) & if|\alpha_j| \geqslant th \end{cases} \quad (14\text{-}8)$$

代价函数为保留的系数数目。分别对不同的基函数计算其代价函数，选择对应特定信号序列的最优基。

14.3 案例应用

案例14–1：PM2.5的WPD分解

以武汉市PM2.5数据为例，使用三层树结构进行小波包分解。原始序列的频谱图如图14–5所示。

```
% Matlab代码
clear all;
x_input=csvread('pm25.csv'); %输入数据

figure(1);
%plot(x_input);title('输入信号时域图像'); %可以查看输入信号的时域图像
x=x_input;      %  查看频谱范围
fs=1024;
N=length(x); %采样点个数
signalFFT=abs(fft(x,N));%真实的幅值
Y=2*signalFFT/N;
f=(0:N/2)*(fs/N);
figure(2);
plot(f,Y(1:N/2+1));
ylim([0,10]);
ylabel('amp'); xlabel('frequency');title('输入信号的频谱');grid on
```

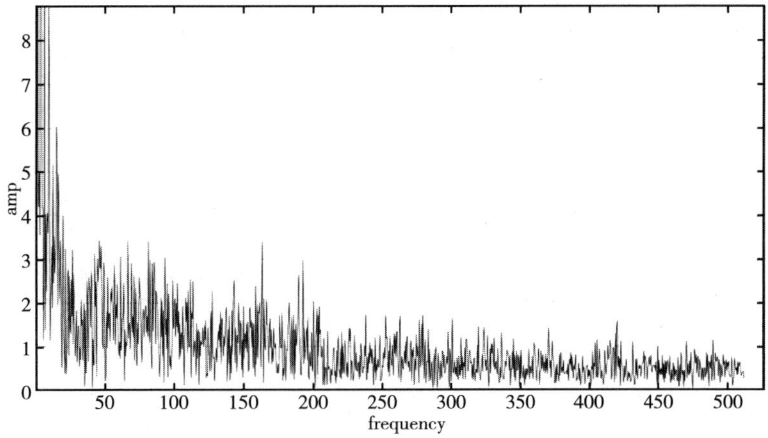

图 14–5　PM2.5序列的频域图像

通过小波包分解后，可以得到PM2.5序列在不同频域上的频谱图，代码如下，分解结果如图14–6所示。

```
% Matlab代码
wpt=wpdec(x_input,3,'dmey');

%% 实现对节点顺序按照频率递增进行重排序
% nodes=get(wpt,'tn'); %小波包分解系数
% N_cfs=length(nodes); %小波包系数个数
nodes=[7;8;9;10;11;12;13;14];
ord=wpfrqord(nodes); %小波包系数重排，ord是重排后小波包系数索引构成的矩阵，如3层分解的[1;2;4;3;7;8;6;5]
nodes_ord=nodes(ord); %重排后的小波系数

%% 实现对节点小波节点进行重构
for i=1:8
rex3(:,i)=wprcoef(wpt,nodes_ord(i));
end

%% 绘制第3层各个节点分别重构后信号的频谱
figure;
for i=0:7
subplot(2,4,i+1);
x_sign= rex3(:,i+1);
N=length(x_sign); %采样点个数
signalFFT=abs(fft(x_sign,N));%真实的幅值
Y=2*signalFFT/N;
f=(0:N/2)*(fs/N);
plot(f,Y(1:N/2+1));
ylabel('amp'); xlabel('frequency');grid on
axis([0 500 0 10]); title(['小波包第3层',num2str(i),'节点信号频谱']);
end

%% wavelet packet coefficients. 求取小波包分解的各个频段的小波包系数
cfs3_0=wpcoef(wpt,nodes_ord(1)); %对重排序后第3层0节点的小波包系数0-64Hz
cfs3_1=wpcoef(wpt,nodes_ord(2)); %对重排序后第3层0节点的小波包系数64-128Hz
cfs3_2=wpcoef(wpt,nodes_ord(3)); %对重排序后第3层0节点的小波包系数128-192Hz
cfs3_3=wpcoef(wpt,nodes_ord(4)); %对重排序后第3层0节点的小波包系数192-256Hz
cfs3_4=wpcoef(wpt,nodes_ord(5)); %对重排序后第3层0节点的小波包系数256-320Hz
cfs3_5=wpcoef(wpt,nodes_ord(6)); %对重排序后第3层0节点的小波包系数320-384Hz
cfs3_6=wpcoef(wpt,nodes_ord(7)); %对重排序后第3层0节点的小波包系数384-448Hz
cfs3_7=wpcoef(wpt,nodes_ord(8)); %对重排序后第3层0节点的小波包系数448-512Hz
```

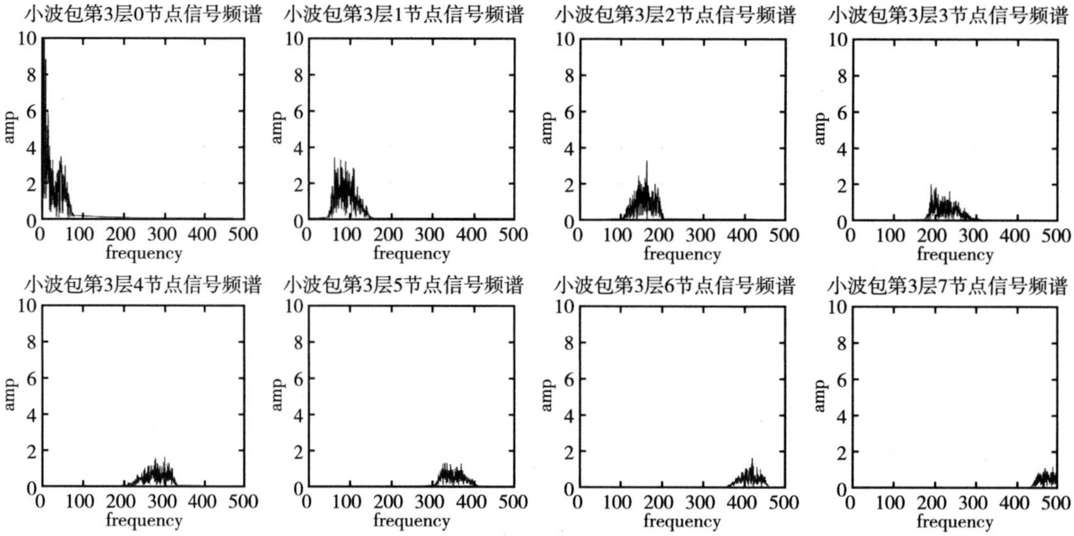

图 14-6　PM2.5 序列在不同频域上的频谱图

绘制出小波包系数与原始信号的时频图，代码如下，结果见图 14-7。

```
% Matlab代码
figure(5);
subplot(9,1,1);
plot(x_input);
title('原始信号');
subplot(9,1,2);
plot(cfs3_0);
title(['层数',num2str(3) '节点 0的小波0-64Hz','系数'])
subplot(9,1,3);
plot(cfs3_1);
title(['层数',num2str(3) '节点 1的小波64-128Hz','系数'])
subplot(9,1,4);
plot(cfs3_2);
title(['层数',num2str(3) '节点 2的小波128-192Hz','系数'])
subplot(9,1,5);
plot(cfs3_3);
title(['层数',num2str(3) '节点 3的小波192-256Hz','系数'])
subplot(9,1,6);
plot(cfs3_4);
title(['层数',num2str(3) '节点 4的小波256-320Hz','系数'])
subplot(9,1,7);
plot(cfs3_5);
title(['层数',num2str(3) '节点 5的小波320-384Hz','系数'])
subplot(9,1,8);
plot(cfs3_6);
title(['层数',num2str(3) '节点 6的小波384-448Hz','系数'])
subplot(9,1,9);
plot(cfs3_7);
title(['层数',num2str(3) '节点 7的小波448-512Hz','系数'])
```

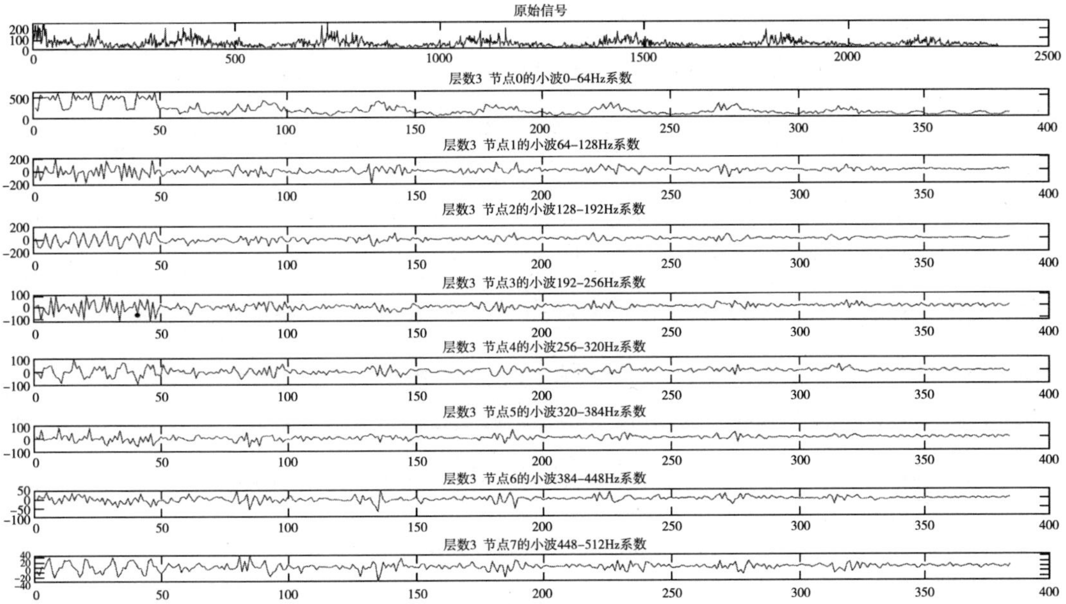

图 14-7　小波包系数与原始信号的时频图

从小波包系数的时频图中我们并不能直接获取有效信息，因此我们进行信号重构，将分解得到的小波包系数重构为信号，并绘制时频图代码如下，结果见图 14-8。

```
% Matlab代码
%% 绘制重构后时域各个特征频段的图形
figure(6);
subplot(9,1,1);
plot(x_input);
title('原始信号');
subplot(9,1,2);
plot(rex3(:,1));
title('重构后0-64Hz频段信号');
subplot(9,1,3);
plot(rex3(:,2));
title('重构后64-128Hz频段信号')
subplot(9,1,4);
plot(rex3(:,3));
title('重构后128-192Hz频段信号');
subplot(9,1,5);
plot(rex3(:,4));
title('重构后192-256Hz频段信号');
subplot(9,1,6);
plot(rex3(:,5));
title('重构后256-320H频段信号');
subplot(9,1,7);
plot(rex3(:,6));
title('重构后320-384Hz频段信号');
subplot(9,1,8);
plot(rex3(:,7));
title('重构后384-448频段信号');
subplot(9,1,9);
plot(rex3(:,8));
title('重构后448-512Hz频段信号');
```

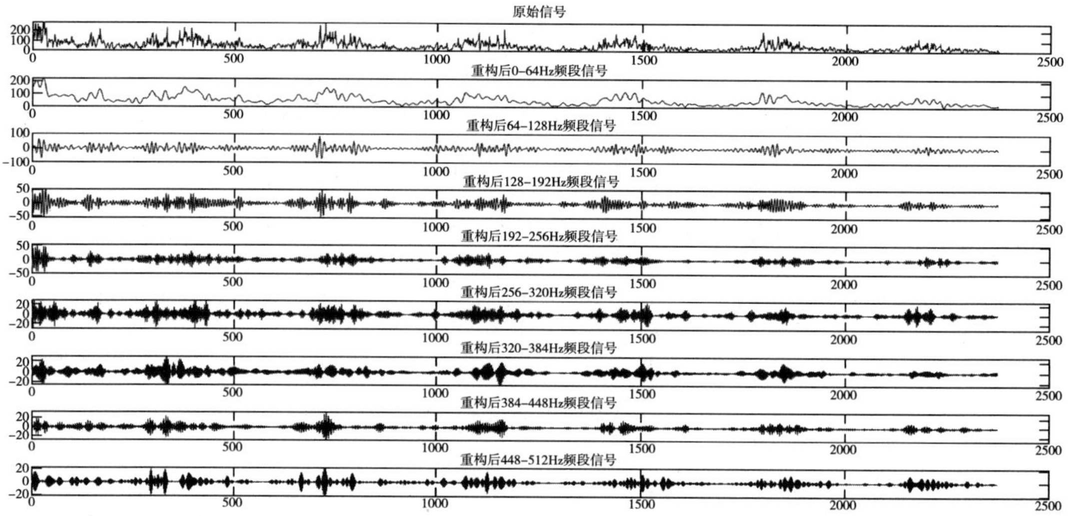

图 14-8　PM2.5 序列重构

我们通过小波包分解得到了PM2.5序列各频率的时频图，进而可以进行能量特征提取进行故障检测。我们将重构后的信号与原始信号进行比较代码如下，结果见图14-9。发现分解重构过程中信息几乎没有损失，说明分解效果较理想。

```
%% 重构信号与原始信号比较
rex=rex3(:,1)+rex3(:,2)+rex3(:,3);
figure(7);
subplot(3,1,1);
plot(x_input);
title('原始信号');
subplot(3,1,2)
plot(rex);
title('重构后的信号');
subplot(3,1,3);
plot(rex);
hold on
plot(x_input);
title('重构信号与原信号比较');
```

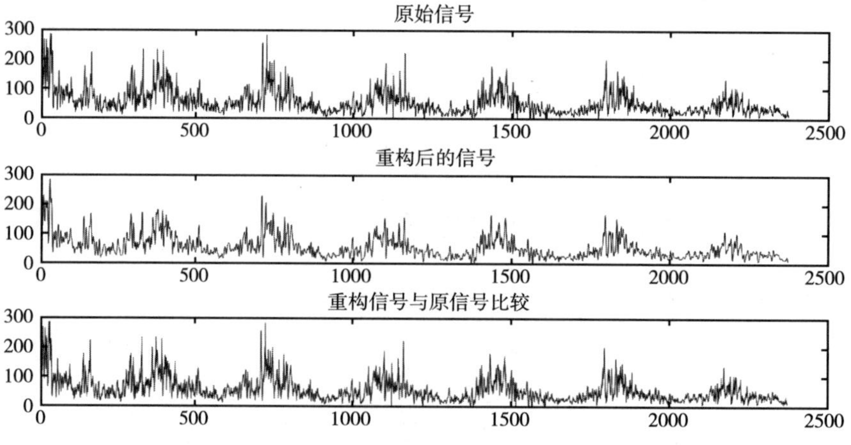

图 14-9　PM2.5 原始序列与重构序列对比

案例 14-2：上证指数的 WPD 分解

以上证指数的开盘价为例：

```
% Matlab 代码
load shangzheng.mat;
x_input=sh_open; %输入数据
figure(1);
plot(x_input);title('输入信号时域图像'); %绘制输入信号时域图像

x=x_input;      % 查看频谱范围
fs=1024;
N=length(x); %采样点个数
signalFFT=abs(fft(x,N));%真实的幅值
Y=2*signalFFT/N;
f=(0:N/2)*(fs/N);
figure(2);
plot(f,Y(1:N/2+1));
ylim([0,300]);
ylabel('amp'); xlabel('frequency');title('输入信号的频谱');grid on

wpt=wpdec(x_input,3,'dmey');     %进行4层小波包分解
plot(wpt);                  %绘制小波包树

%% 实现对节点顺序按照频率递增进行重排序
% nodes=get(wpt,'tn'); %小波包分解系数
% N_cfs=length(nodes); %小波包系数个数
nodes=[7;8;9;10;11;12;13;14];
ord=wpfrqord(nodes); %小波包系数重排，ord是重排后小波包系数索引构成的矩阵   如3层分解的[1;2;4;3;7;8;6;5]
nodes_ord=nodes(ord); %重排后的小波系数

%% 实现对节点小波节点进行重构
for i=1:8
rex3(:,i)=wprcoef(wpt,nodes_ord(i));
end

%% 绘制第3层各个节点分别重构后信号的频谱
figure;
for i=0:7
subplot(2,4,i+1);
x_sign= rex3(:,i+1);
N=length(x_sign); %采样点个数
signalFFT=abs(fft(x_sign,N));%真实的幅值
Y=2*signalFFT/N;
f=(0:N/2)*(fs/N);
plot(f,Y(1:N/2+1));
ylabel('amp'); xlabel('frequency');grid on
axis([0 500 0 300]); title(['小波包第3层',num2str(i),'节点信号频谱']);
end

%% wavelet packet coefficients. 求取小波包分解的各个频段的小波包系数
cfs3_0=wpcoef(wpt,nodes_ord(1)); %对重排序后第3层0节点的小波包系数0-64Hz
cfs3_1=wpcoef(wpt,nodes_ord(2)); %对重排序后第3层0节点的小波包系数64-128Hz
cfs3_2=wpcoef(wpt,nodes_ord(3)); %对重排序后第3层0节点的小波包系数128-192Hz
cfs3_3=wpcoef(wpt,nodes_ord(4)); %对重排序后第3层0节点的小波包系数192-256Hz
cfs3_4=wpcoef(wpt,nodes_ord(5)); %对重排序后第3层0节点的小波包系数256-320Hz
cfs3_5=wpcoef(wpt,nodes_ord(6)); %对重排序后第3层0节点的小波包系数320-384Hz
cfs3_6=wpcoef(wpt,nodes_ord(7)); %对重排序后第3层0节点的小波包系数384-448Hz
cfs3_7=wpcoef(wpt,nodes_ord(8)); %对重排序后第3层0节点的小波包系数448-512Hz

%% 绘制重构前各个特征频段小波包系数的图形
figure(5);
subplot(9,1,1);
plot(x_input);
title('原始信号');
subplot(9,1,2);
plot(cfs3_0);
title(['层数',num2str(3) ' 节点 0的小波 0-64Hz',' 系数'])
subplot(9,1,3);
plot(cfs3_1);
```

```
title(['层数',num2str(3) ' 节点 1的小波64-128Hz',' 系数'])
subplot(9,1,4);
plot(cfs3_2);
title(['层数',num2str(3) ' 节点 2的小波128-192Hz',' 系数'])
subplot(9,1,5);
plot(cfs3_3);
title(['层数',num2str(3) ' 节点 3的小波192-256Hz',' 系数'])
subplot(9,1,6);
plot(cfs3_4);
title(['层数',num2str(3) ' 节点 4的小波256-320Hz',' 系数'])
subplot(9,1,7);
plot(cfs3_5);
title(['层数',num2str(3) ' 节点 5的小波320-384Hz',' 系数'])
subplot(9,1,8);
plot(cfs3_6);
title(['层数',num2str(3) ' 节点 6的小波384-448Hz',' 系数'])
subplot(9,1,9);
plot(cfs3_7);
title(['层数',num2str(3) ' 节点 7的小波448-512Hz',' 系数'])
%% 绘制重构后时域各个特征频段的图形
figure(6);
subplot(9,1,1);
plot(x_input);
title('原始信号');
subplot(9,1,2);
plot(rex3(:,1));
title('重构后0-64Hz频段信号');
subplot(9,1,3);
plot(rex3(:,2));
title('重构后64-128Hz频段信号')
subplot(9,1,4);
plot(rex3(:,3));
title('重构后128-192Hz频段信号');
subplot(9,1,5);
plot(rex3(:,4));
title('重构后192-256Hz频段信号');
subplot(9,1,6);
plot(rex3(:,5));
title('重构后256-320H频段信号');
subplot(9,1,7);
plot(rex3(:,6));
title('重构后320-384Hz频段信号');
subplot(9,1,8);
plot(rex3(:,7));
title('重构后384-448频段信号');
subplot(9,1,9);
plot(rex3(:,8));
title('重构后448-512Hz频段信号');

%% 重构信号与原始信号比较
rex=rex3(:,1)+rex3(:,2)+rex3(:,3);
figure(7);
subplot(3,1,1);
plot(x_input,'red');
title('原始信号');
subplot(3,1,2)
plot(rex);
title('重构后的信号');
subplot(3,1,3);
plot(rex,"LineWidth",1.2);
hold on
plot(x_input,'red',"LineWidth",0.4);
title('重构信号与原信号比较');
```

图14-10至图14-14为上证指数序列进行小波包分解的结果，可以看到，小波包分解可以提取出序列在不同频域上的信息，重构序列与原始序列非常接近。

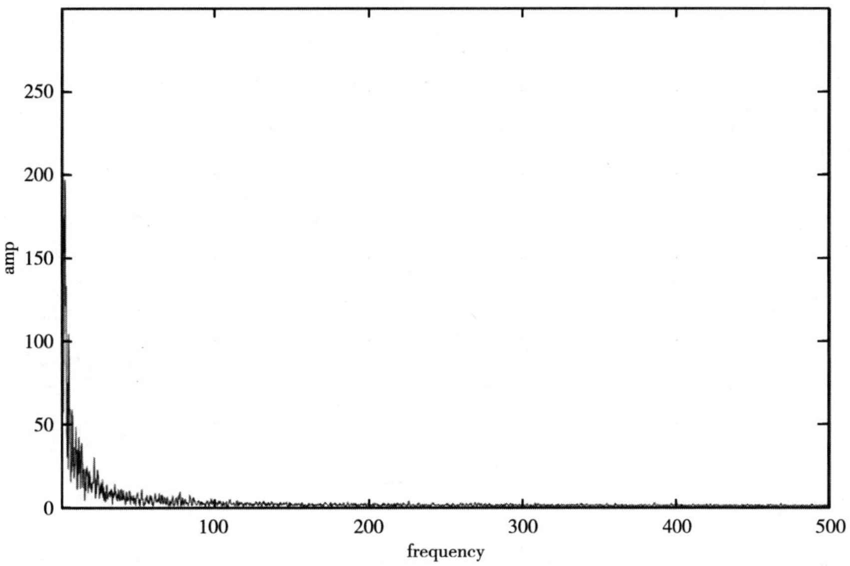

图 14–10　上证指数序列的频域图像

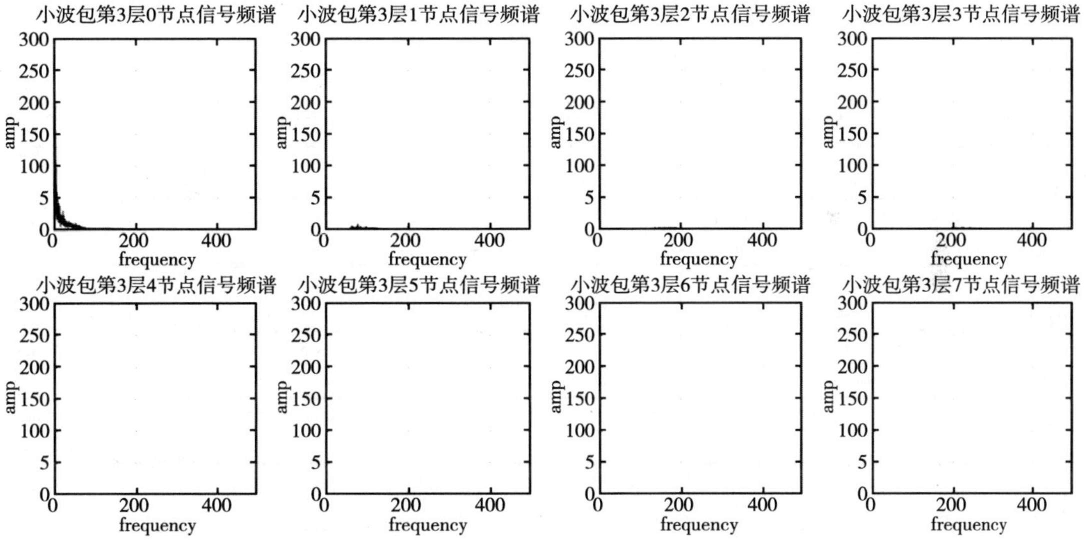

图 14–11　上证指数序列在不同频域上的频谱图

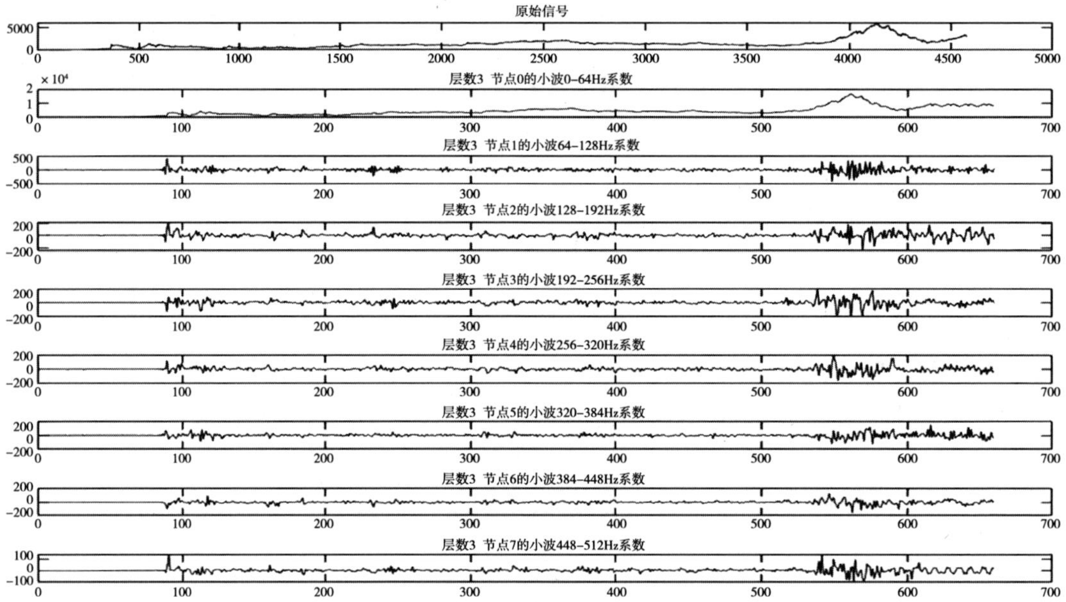

图 14-12 小波包系数与原始信号的时频图

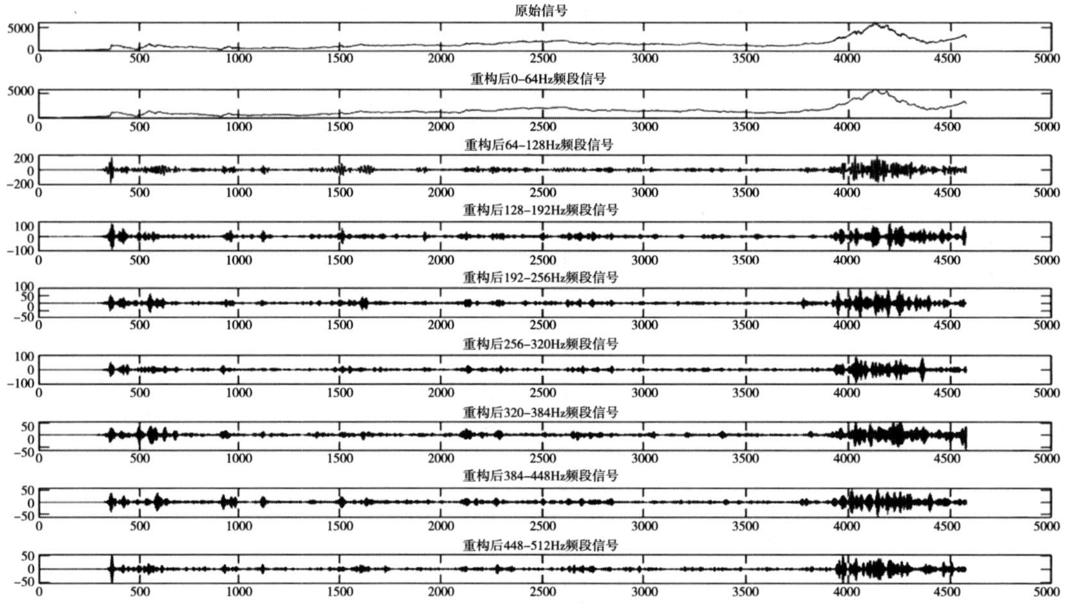

图 14-13 上证指数序列重构

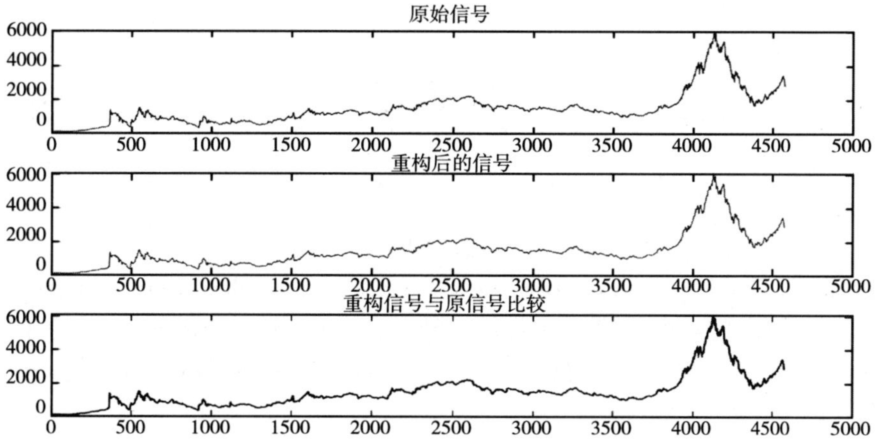

图 14–14　上证指数原始序列与重构序列对比

14.4 延伸阅读

小波包分解是使用分析树来表示小波包，利用多次迭代的小波变换来分析信号。相比小波分析，利用小波包分析可以对信号分析更加精细，小波包分析可以将时频平面划分得更为细致，对信号的高频部分的分辨率要好于小波分析，并且可以根据信号的特征，自适应地选择最佳小波基函数，以便更好地对信号进行分析。

参考文献

[1] Meyer Y, Roques S. Progress in Wavelet Analysis and Applications: Proceedings of the International Conference" Wavelets and Applications," Toulouse, France-June 1992[M]. Atlantica Séguier Frontières, 1993.

[2] Walczak B, Massart D L. Noise Suppression and Signal Compression Using the Wavelet Packet Transform [J]. Chemometrics and Intelligent Laboratory Systems, 1997, 36 (2): 81–94.

[3] Ye Z , Wu B , Sadeghian A . Current signature analysis of induction motor mechanical faults by wavelet packet decomposition [C] // IEEE Applied Power Electronics Conference & Exposition. IEEE Xplore, 2003.

练习题

1. 什么是小波包分解?

2. 简述小波包变化与傅里叶变换的区别，阐述各自优缺点。

3. 给定数据集（https：//raw.githubusercontent.com/jbrownlee/Datasets/master/daily-min-temperatures.csv），该数据集描述了澳大利亚墨尔本市10年（1981—1990年）的最低日温度。单位为摄氏度，有3650个观测值，数据来源被认为是澳大利亚气象局。使用该数据进行小波包分解。

第15章 奇异谱分析

15.1 理论基础

奇异谱分析（Singular Spectrum Analysis，SSA）方法最早由Colebrook（1978）首先在海洋学研究中提出并使用，是一种处理非线性时间序列数据的方法，根据所观测到的时间序列构造出轨迹矩阵，并对轨迹矩阵进行分解、重构等操作，从而提取出时间序列中的不同成分序列，如长期趋势信号、周期信号、噪声信号等，从而对时间序列的结构进行分析，从而对时间序列进行分析或去噪，并用于其他一些任务。

15.2 奇异谱分析原理

15.2.1 算法流程图

奇异谱分析的基本思想是，将所观测到的一维时间序列数据转化为轨迹矩阵$X=[X_1,\cdots,X_K]=(x_{ij})_{i,j=1}^{L,K}$，并进行奇异值分解（SVD），从而得到其$L$个特征值$\lambda_1\geqslant\lambda_2\geqslant\cdots\geqslant\lambda_L\geqslant 0$及其相应的特征向量将每一个特征值所代表的信号进行分析组合，重构出新的时间序列。奇异谱分析过程可分成轨迹矩阵的构造、SVD分解、分组、重构四个步骤，如：

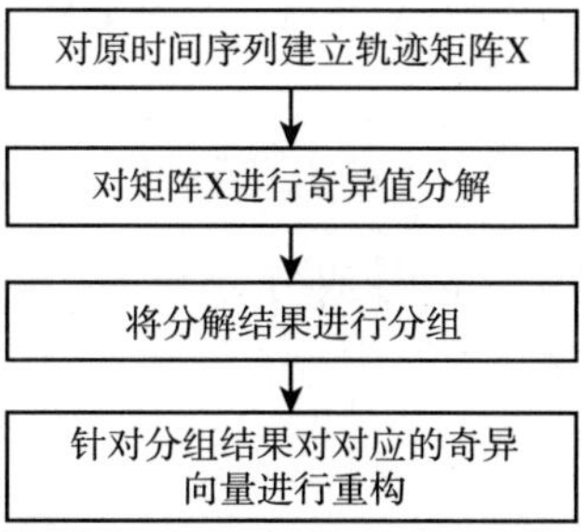

图15-1 奇异谱分析流程

15.2.2 分解步骤

第一步：构造轨迹矩阵

SSA的分析对象是有限长一维时间序列，T为序列长度，$K=T-L+1$。选择适当的窗口长度$L(2\leqslant L\leqslant T)$将原始时间序列进行滞后排列得到轨迹矩阵（Robert等，1992）：

$$X=(x_{ij})_{i,j=1}^{L,K}=\begin{pmatrix} x_1 & x_2 & x_3 & \cdots & x_K \\ x_2 & x_3 & x_4 & \cdots & x_{K+1} \\ \vdots & \vdots & \vdots & \cdots & \vdots \\ x_L & x_{L+1} & x_{L+2} & \cdots & x_T \end{pmatrix} \tag{15-1}$$

当L越大时，统计误差就不再受到自协方差函数的影响，因此为避免这种情况，需要对L的值进行控制。因此，通常情况下$L<\dfrac{T}{3}$。

第二步：SVD分解

对轨迹矩阵X进行奇异值分解，即将X分解为以下形式：

$$X=U\lambda V^T \tag{15-2}$$

其中，U称为左矩阵；λ为对角矩阵，对角线元素即为奇异值；V称为右矩阵。

首先，计算轨迹矩阵的协方差矩阵：

$$S=XX^T \tag{15-3}$$

对S进行特征值分解得到特征值$\lambda_1\geqslant\lambda_2\geqslant\cdots\geqslant\lambda_L\geqslant0$和对应的正交特征向量$U_1,\cdots,U_L$。此时，经验正交函数矩阵$U=[U_1,U_2,\cdots,U_L]$，$\sqrt{\lambda_1}>\sqrt{\lambda_2}>\cdots>\sqrt{\lambda_L}\geqslant0$为原序列的奇异谱，且有：

$$X=\sum_{i=1}^{L}\sqrt{\lambda_i}\,U_i V_i^T, V_i=\frac{X^t U_i}{\sqrt{\lambda_i}}, i=1,2,\cdots,L \tag{15-4}$$

其中，U、V均为单位正交阵，满足$UU^T=I$，$VV^T=I$。$X_i=\sqrt{\lambda_i}\,U_iV_i^T$为第$i$个迟滞序列，$V_i$为其主成分，$(\sqrt{\lambda_i},U_i,V_i)$是轨迹矩阵$X$的第$i$个三重特征向量。

第三步：分组

分组操作就是将X_i分为c个不相交的组，并对每组内的矩阵求和以代表不同的趋势成分，令$I_i=\{i_1,i_2,\cdots,i_p\}$，则有：

$$\begin{cases} X_i=X_{I_1}+X_{I_2}+\cdots+X_{I_c} \\ X_{Ii}=X_{i_1}+X_{i_2}+\cdots+X_{i_p} \end{cases} \tag{15-5}$$

其中，$X_{Ii}=\sum_{i\in I}\sqrt{\lambda_i}\,U_iV_i^T=(\sum_{i\in I}U_iV_i^T)X$，分组$X_{Ii}$的贡献率可表示为$\dfrac{\sum_{i\in I}\lambda_i}{\sum\lambda}$。分组的目的就是将目标信号成分和其他信号成分分开，在信号处理领域，通常认为前面k个较大的奇异值反应信号的主要能量。

第四步：重构

首先计算序列X_i在U_m上的投影：

$$a_i^m = X_i U_m = \sum_{j=1}^{L} x_{i+j} U_{m,j}, 0 \leqslant i \leqslant N-L \tag{15-6}$$

X_i表示轨迹矩阵X的第i列，a_i^m为X_i所反映的时间演变型在原序列为$x_{i+1}, x_{i+2}, \cdots, x_{i+L}$时段的权重，称为时间主成分（TPC）。

接下来就可以通过时间经验正交函数和时间主成分来进行重建，具体重构过程如下：

$$x_i^k = \begin{cases} \dfrac{1}{i}\sum_{j=1}^{i} a_{i-j}^k U_{k,j}, & 1 \leqslant i \leqslant L-1 \\ \dfrac{1}{L}\sum_{j=1}^{L} a_{i-j}^k U_{k,j}, & L \leqslant i \leqslant N-L+1 \\ \dfrac{1}{N-i+1}\sum_{j=i-N+L}^{L} a_{i-j}^k U_{k,j}, & N-L+2 \leqslant i \leqslant N \end{cases} \tag{15-7}$$

这样，所有重构序列的和应当等于原序列，即：

$$x_i = \sum_{k=1}^{L} x_i^k, i = 1, 2, \cdots, N \tag{15-8}$$

通常情况下我们使用SSA只是为了提取原序列的主要成分，以去噪为例，我们只需要根据奇异值的大小选择前k($k \leqslant L$)个贡献大的成分重构原序列即可。

15.3 案例应用

案例15–1：PM2.5的SSA分解

以武汉市PM2.5浓度为例：

```
#python代码
import numpy as np
import matplotlib.pyplot as plt
path = "./pm25.txt"  # 数据集路径
series = np.loadtxt(path)
series = series - np.mean(series)  # 中心化
# 嵌入
windowLen = 10  # 嵌入窗口长度
seriesLen = len(series)  # 序列长度
K = seriesLen - windowLen + 1
X = np.zeros((windowLen, K))
for i in range(K):
    X[:, i] = series[i:i + windowLen]
#vd分解, U和sigma已经按升序排序
U, sigma, VT = np.linalg.svd(X, full_matrices=False)
for i in range(VT.shape[0]):
    VT[i, :] *= sigma[i]
A = VT
# 重组
rec = np.zeros((windowLen, seriesLen))
for i in range(windowLen):
    for j in range(windowLen-1):
```

```
            for m in range(j+1):
                rec[i, j] += A[i, j-m] * U[m, i]
            rec[i, j] /= (j+1)
        for j in range(windowLen-1, seriesLen - windowLen + 1):
            for m in range(windowLen):
                rec[i, j] += A[i, j-m] * U[m, i]
            rec[i, j] /= windowLen
        for j in range(seriesLen - windowLen + 1, seriesLen):
            for m in range(j-seriesLen+windowLen, windowLen):
                rec[i, j] += A[i, j - m] * U[m, i]
            rec[i, j] /= (seriesLen - j)
# 绘制分解序列
plt.figure(figsize=(15,10))
for i in range(10):
    ax = plt.subplot(10,1,i+1)
    ax.plot(rec[i, :])
# 重构序列与原序列对比
a=0
for i in range(6):
    a +=rec[i, :] # 将重构序列加总
plt.figure(figsize=(18,6))
plt.plot(series,color='red',label='original series')
plt.plot(a,color='blue',ls=':',label='reconstruction series')
plt.legend()
plt.show()
```

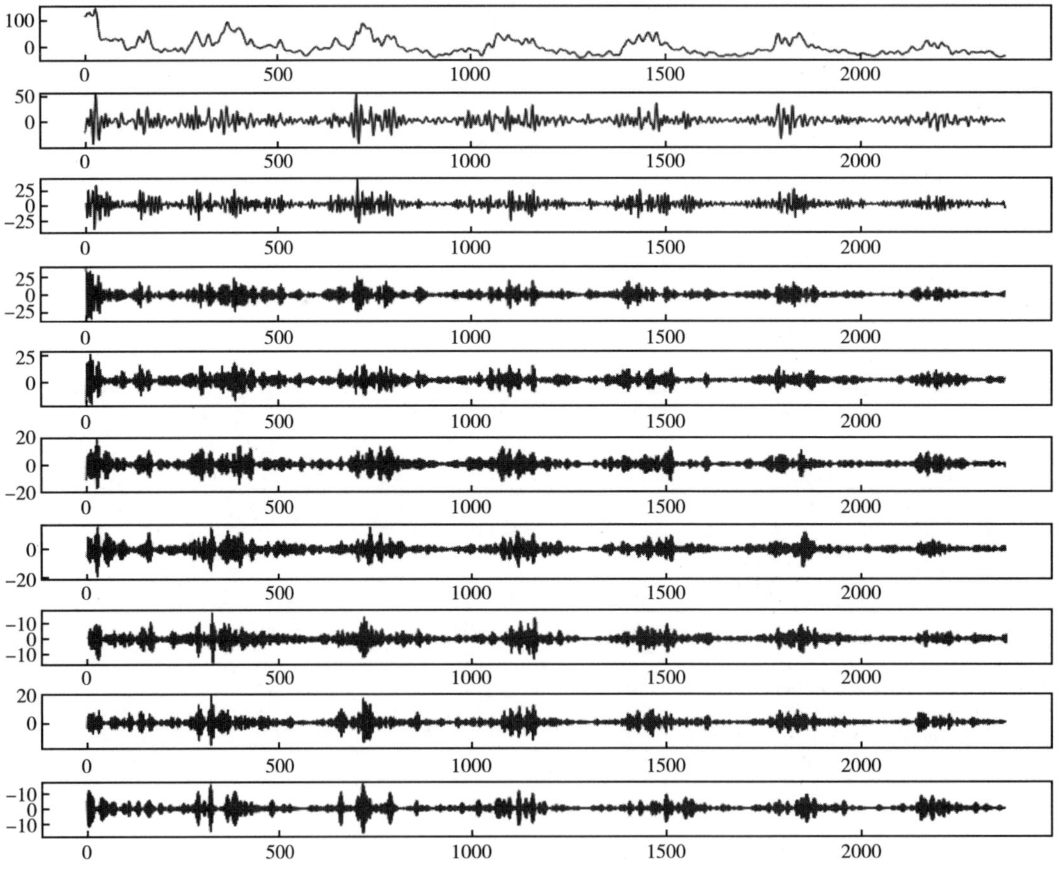

图15-2　PM2.5的SSA分解结果

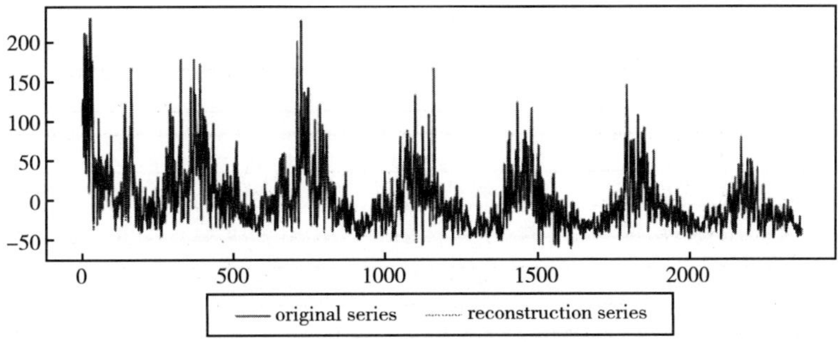

图 15-3　PM2.5 的 SSA 分解加总和误差序列

案例 15-2：上证指数的 EMD 分解

以上证指数开盘价为例：

```
#Python 代码
import numpy as np
import matplotlib.pyplot as plt
path = "./shangzheng.txt" # 数据集路径
series = np.loadtxt(path)
series = series - np.mean(series)  # 中心化
#嵌入
windowLen = 10  # 嵌入窗口长度
seriesLen = len(series)  # 序列长度
K = seriesLen - windowLen + 1
X = np.zeros((windowLen, K))
for i in range(K):
    X[:, i] = series[i:i + windowLen]
#vd 分解，U 和 sigma 已经按升序排序
U, sigma, VT = np.linalg.svd(X, full_matrices=False)
for i in range(VT.shape[0]):
    VT[i, :] *= sigma[i]
A = VT
#重组
rec = np.zeros((windowLen, seriesLen))
for i in range(windowLen):
    for j in range(windowLen-1):
        for m in range(j+1):
            rec[i, j] += A[i, j-m] * U[m, i]
        rec[i, j] /= (j+1)
    for j in range(windowLen-1, seriesLen - windowLen + 1):
        for m in range(windowLen):
            rec[i, j] += A[i, j-m] * U[m, i]
        rec[i, j] /= windowLen
    for j in range(seriesLen - windowLen + 1, seriesLen):
        for m in range(j-seriesLen+windowLen, windowLen):
            rec[i, j] += A[i, j - m] * U[m, i]
        rec[i, j] /= (seriesLen - j)
# 绘制分解序列
plt.figure(figsize=(15,10))
for i in range(10):
    ax = plt.subplot(10,1,i+1)
ax.plot(rec[i, :])
# 重构序列与原序列对比
a=0
for i in range(6):
    a +=rec[i, :] # 将重构序列加总
plt.figure(figsize=(18,6))
plt.plot(series,color='red',label='original series')
plt.plot(a,color='blue',ls=':',label='reconstruction series')
plt.legend()
plt.show()
```

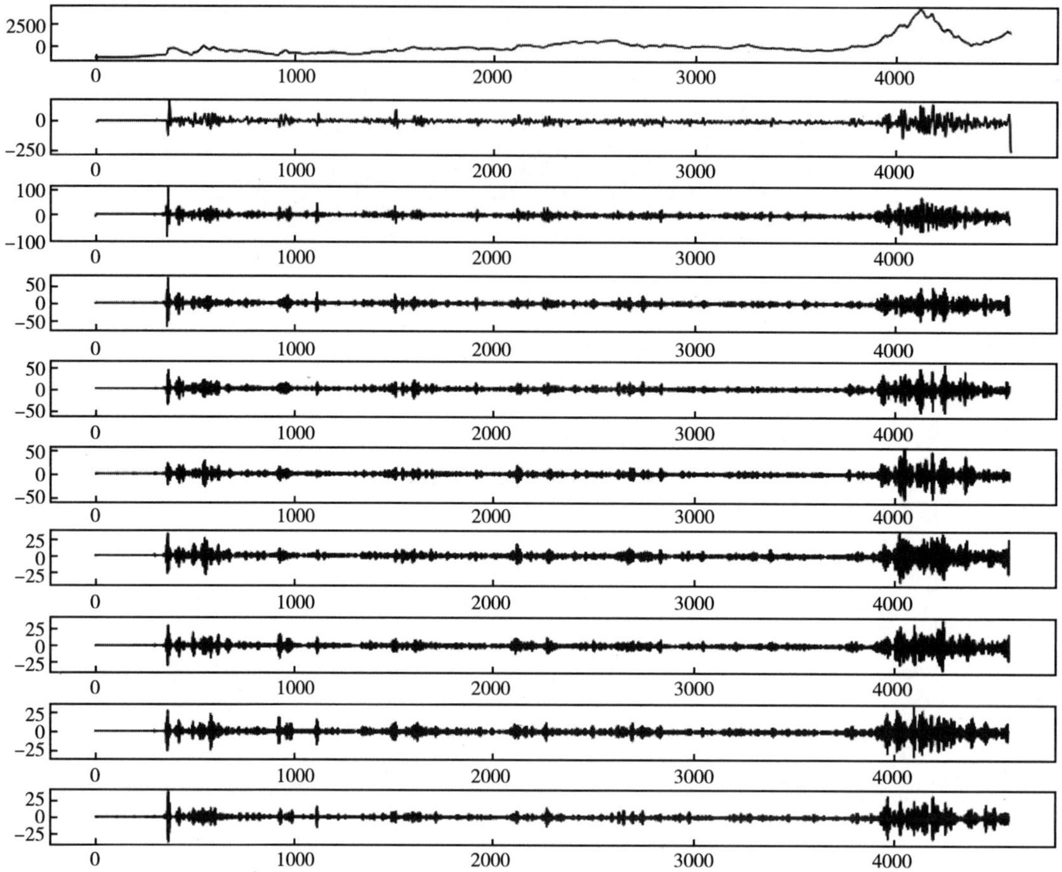

图 15-4　上证指数的SSA分解结果

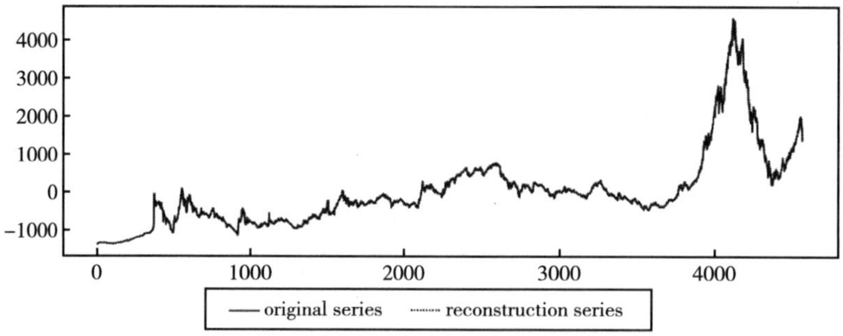

图 15-5　上证指数的SSA分解加总和误差序列

15.4 延伸阅读

奇异谱分解（SSA）具有将信号分解成变化趋势，振幅和噪声的功能，因此在高光谱图像领域，SSA最初被应用于光谱特征提取和信号去噪。传统的SSA只能处理一维数据，因此只能提取光谱特征，对于有丰富空间信息的高光谱图像，显然无法充分利用这些信息，其实验效果提升并不明显。Jaime等人在一维SSA的基础上进行扩展，提出在高光谱图像空间维上应用的二维 SSA算法，与算法过程类似：先将二维信号分解，然后将其趋势和震荡部分作为主要的信号特征，并去除噪声（Li等，2010）。

除此为在对角平均重构序列的过程中。由于是逐个进行SSA变化，比如一维SSA是对每一个分解信号做SSA，二维SSA是对波段逐层做SSA特征提取，因此其计算量十分庞大。Jaime等人在上述工作的基础上，又分别针对一维SSA和二维SSA分别提出了快速算法F-SSA（Zabalza等，2014）和F-2D-SSAR（Zabalza等，2018）以简化算法。

参考文献

[1] Colebrook J M. Continuous plankton records-zooplankton and environment, northeast Atlantic and North-Sea, 1948-1975 [J]. Oceanologica acta, 1978, 1 (1): 9-23.

[2] Li J, Bioucas-Dias J M, Plaza A. Semisupervised hyperspectral image segmentation using multinomial logistic regression with active learning [J]. IEEE Transactions on Geoscience and Remote Sensing, 2010, 48 (11): 4085-4098.

[3] Robert V, Pascal Y, Michael G. Singular-spectrum analysis: A toolkit for short, noisy chaotic signals [J]. Physica D: Nonlinear Phenomena, 1992, 58 (1-4): 95-126.

[4] Zabalza J, Qing C, Yuen P, et al. Fast implementation of two-dimensional singular spectrum analysis for effective data classification in hyperspectral imaging [J]. Journal of the Franklin Institute, 2018, 355 (4): 1733-1751.

[5] Zabalza J, Ren J, Wang Z, et al. Fast implementation of singular spectrum analysis for effective feature extraction in hyperspectral imaging [J]. IEEE Journal of Selected Topics in Applied Earth Observations and Remote Sensing, 2014, 8 (6): 2845-2853.

练习题

1.奇异谱分解原理及步骤是什么？

2.简述奇异谱分析最优基的选择方法。

3.给定数据集（https://raw.githubusercontent.com/jbrownlee/Datasets/master/monthly-sunspots.csv），该数据集描述了230多年（1749—1983年）观测到的太阳黑子数量的月度计数。单位是计数，有2820个观测值。使用该数据进行奇异谱分解。

第16章 变分模态分解

16.1 理论基础

16.1.1 产生背景

黄谔等人提出的经验模态分解（EMD）是一种检测并将信号分解为主要“模态”的算法方法。该算法递归地检测信号中的局部最小值和最大值，通过这些极值的插值估计上下包络，将包络的平均值移为“低通”中心线，从而将高频振荡隔离为信号的“模态”，并继续在剩余的“低通中心线”上递归。在某些情况下，这种筛选算法确实将信号分解为主模态，然而由此产生的分解高度依赖于极值点的寻找方法、将极值点插入包络中以及所施加的停止准则。数学理论的缺乏和上述自由度的降低降低了算法的鲁棒性，都为理论发展和改进分解留下了空间。

VMD是Dragomiretskiy和Zosso在2014年提出的一种有效的信号分解方法（Dragomiretskiy和Zosso，2014），可以将实值信号分解为离散的一组带限模式，每个模态都限制在一个在线估计的中心频率ω_k。

16.1.2 与EMD的区别

完全非递归，并发提取模态；并且有很好的数学理论基础；同时因为模态有带宽的限制，同时也在一定程度上避免混叠；又利用镜像延拓缓解了端点效应。

16.1.3 基本知识准备

16.1.3.1 带宽

把一个信号所包含谐波的最高频率与最低频率之差，即该信号所拥有的频率范围，定义为该信号的带宽。

16.1.3.2　中心频率

中心频率通常定义为带通滤波器（或带阻滤波器）的两个3dB点之间的中点，一般用两个3dB点的算术平均来表示。

16.1.3.3　变分问题

变分问题（variational problem）是有关求泛函的极大值和极小值的问题。

16.1.3.4　解析信号

在现实生活中，我们的信号的频谱都是共轭对称的（双边谱），可参考傅里叶变换的公式，频率有正有负，但是，在我们的研究中，负的频率是没有任何物理意义的，所以，我们需要将实信号解析成复信号（单边谱），以便于继续深入研究信号。解析信号的实部和虚部是由希尔伯特变换相关联的实值函数。

解析信号表达式为：

$$f_A(t) = f(t) + j\mathcal{H}f(t) = A(t)e^{j\phi(t)} \tag{16-1}$$

16.1.3.5　混频（频谱搬移）

混合信号自动为“单音”（仅由单一频率组成）。用傅里叶的术语来说，这就是下面的变换对：

$$f_A(t)e^{-j\omega_0 t} \overset{\mathcal{F}}{\Leftrightarrow} \hat{f}_A(\omega) * \delta(\omega + \omega_0) = \hat{f}_A(\omega + \omega_0) \tag{16-2}$$

其中，δ 是狄拉克分布，*表示卷积。因此，将解析信号与纯指数相乘会导致简单的频移。

16.2　VMD 算法分解步骤

16.2.1　分解步骤

在约束条件为所有模态之和等于原始信号f下，寻求k个本征模态函数$\mu_k(t)$，使得各模态的估计宽带之和最小。具体构建步骤如下：

（1）通过Hilbert变换，得到每个$\mu_k(t)$的解析信号：

$$[\delta(t) + j/\pi t] * \mu_k(t) \tag{16-3}$$

（2）通过指数修正，将每个$\mu k(t)$调整至相应的基频带：

$$[(\delta(t) + j/\pi t * \mu_k(t)]e^{-jw_k t}] \tag{16-4}$$

通过解析信号的高斯平滑度，即信号梯度的平方范数，估计出每个$u_k(t)$的宽度，构建约束变分问题：

$$\min_{\{\mu_k(t)\},\{w_k\}} \{\sum_k ||\partial_t[(\delta(t) + j/\pi t * \mu_k(t)]e^{-jw_k t}||_2^2\} \tag{16-5}$$

$$\text{s.t} \sum_k \mu_k(t) = f \tag{16-6}$$

其中，μ_1，…，μ_k表示VMD分解得到的k个模态函数，ω_1，…，ω_k表示各模态分量的频率中心。

16.2.2 变分问题的求解

（1）同时引入二次惩罚因子 α 和拉格朗日算子$\lambda(t)$，将约束变分问题转换为非约束变分问题，增广的拉格朗日表达式如下：（惩罚因子约束噪声）

$$L(\{\mu_k(t)\},\{w_k t\},\lambda)=\alpha[\sum_k(\delta(t)+j/\pi t*\mu_k(t)]e^{-jw_k t}||_2^2]+||f(t)$$
$$-\sum_k\mu_k(t)||_2^2+\langle\lambda(t),f(t)-\sum_k\mu_k(t)\rangle \quad (16\text{–}7)$$

（2）采用交替乘子方向法解决上述变分问题，通过动态地交替更新μ_k^{n+1}，ω_k^{n+1}及λ_k^{n+1}，即更新每个模态分量的中心频率和带宽。

16.2.3 VMD算法伪代码

算法 1: ADMM optimization concept for VMD

Initialize $\{u_k^1\},\{\omega_k^1\},\lambda^1,n\leftarrow 0$

Repeat

n ← n+1

for k=1 : *K* **do**

Update μ_k:

$\mu_k^{n+1}\leftarrow arg_{\mu_k} min\mathcal{L}(\{\mu_{i<k}^{n+1}\},\{\mu_{i\geqslant k}^{n+1}\},\{\omega_i^n\},\lambda^n)$

End for

for k=1 : *K* **do**

Update ω_k:

$\omega_k^{n+1}\leftarrow arg_{\omega_k} min\mathcal{L}(\{\mu_i^{n+1}\},\{\omega_{i<k}^{n+1}\},\{\omega_{i\geqslant k}^n\},\lambda^n)$

End for

Dual ascent:

$\lambda^{n+1}\leftarrow\lambda^n+\tau(f-\sum_k\mu_k^{n+1})$

Until convergence: $\sum_k\|\mu_k^{n+1}-\mu_k^n\|_2^2/\|\mu_k^n\|_2^2<\epsilon$

算法 2: Complete optimization of VMD

Initialize $\{\hat{\mu}_k^1\},\{\omega_k^1\},\hat{\lambda}^1,n\leftarrow 0$

Repeat

$n \leftarrow n+1$

for k=1 : K **do**

Update $\hat{\mu}_k$ for all $\omega>0$:

$$\hat{\mu}_k^{n+1}(\omega) \leftarrow \frac{\hat{f}(\omega)-\sum_{i<k}\hat{\mu}_i^{n+1}(\omega)-\sum_{i>k}\hat{\mu}_i^{n}(\omega)+\frac{\lambda^n(\omega)}{2}}{1+2\alpha(\omega-\omega_k^n)^2}$$

Update ω_k:

$$\omega_k^{n+1} \leftarrow \frac{\int_0^{\infty}\omega\,|\hat{\mu}_k^{n+1}(\omega)|^2 dw}{|\hat{\mu}_k^{n+1}(\omega)|^2 dw}$$

End for

Dual ascent for all $\omega \geqslant 0$:

$$\hat{\lambda}^{n+1}(\omega) \leftarrow \hat{\lambda}^{n}(\omega) + \tau(\hat{f}(\omega) - \sum_k \hat{\mu}_k^{n+1}(\omega))$$

Until convergence: $\sum_k \|\hat{\mu}_k^{n+1}-\hat{\mu}_k^{n}\|_2^2/\|\hat{\mu}_k^{n}\|_2^2 < \epsilon$

具体步骤：

（1）初始化$\{\mu_k^1\}$，$\{\omega_k^1\}$，λ^1和n=0

（2）执行循环，n=n+1

（3）按照VMD算法公式更新μ^k，ω^k

（4）根据梯度上升算法更新λ

（5）直到满足一定条件（精度），停止迭代，否则转到步骤2

16.2.4　K的取值及镜像延拓

（1）K的取值。

VMD分解的效果主要受模态数的选取值的影响，当模态的选取值较小时，会产生分解不完全的问题；而当模态的选取值较大时，相邻模态分量的中心频率则会相距较近，导致模态混叠。

（2）选取方式：

基本方式：观察中心频率的接近程度

VMD算法需预先给定模态分量个数K，K值对分解结果至关重要，本书采用观察中心频率的方法选定K值（汤霞等，2021）。在不同K值条件下，对CCFI时间序列进行VMD分解，得出各模态分量中心频率分布见表16–1。

由表16–1知，从K=7开始出现中心频率相近的模态，出现过分解，故模态数K选为6。其他相关参数设定为：惩罚因子 α =2000，时间步长T=0，判别精度e=10–6，各模态分量由上而下分别记为μ_1，μ_2，μ_3，μ_4，μ_5，μ_6，按照频率从低到高、振幅从大到小排列。

表16–1　观察法选取K值

模态数	中心频率 /Hz							
K=2	1.28×10^{-5}	0.0338						
K=3	1.08×10^{-5}	0.0149	0.3038					
K=4	8.79×10^{-6}	0.0102	0.0849	0.3627				
K=5	8.33×10^{-6}	0.0094	0.0361	0.2976	0.3984			
K=6	8.25×10^{-6}	0.0092	0.0325	0.2210	0.3080	0.4005		
K=7	8.09×10^{-6}	0.0089	0.0308	0.2189	0.3049	0.3886	0.4658	
K=8	8.29×10^{-6}	0.0091	0.0261	0.0558	0.2246	0.3072	0.3921	0.4672

（3）群体智能优化算法（鲸鱼、粒子群、蛙跳算法。等等）。

在VMD分解的源代码中，为了改善分解过程中的端点效应，采用了镜像延拓的方式，具体方法将原始信号分成等长的两段，在左端点处做左半段的镜像，在右端点处做右半段的镜像，将镜像处理后的信号做VMD分解，最后移除镜像的部分，即为原信号的VMD分解后的模态分量，具体细节见如下代码：

```
%   Matlab代码
# 镜像延拓
    T = save_T
    f_mirror = []
    temp = signal[0:T//2]
    f_mirror.extend(temp[::-1]) #temp[::-1] 倒序排列
    f_mirror.extend(signal)
    temp = signal[T//2:T]
    f_mirror.extend(temp[::-1])
# 移除镜像的部分
    u = u[:,T//4:3*T//4]
```

16.3　案例应用

案例16–1：PM2.5的VMD分解

以武汉市PM2.5浓度为例。PM2.5的VMD分解中K值的选取：根据表16–2，当K=6时，出现中心频率相近的情况，出现过分解，因此选取K=5。

表16–2　PM2.5的VMD分解中K值的选取

模态数	中心频率							
K=2	0.0003	0.0757						
K=3	0.0003	0.0751	0.2463					
K=4	0.0003	0.0668	0.1507	0.2513				

续表

模态数	中心频率							
K=5	0.0003	0.0663	0.1507	0.2508	0.4063			
K=6	0.0003	0.0469	0.0884	0.1548	0.2516	0.4063		
K=7	0.0003	0.0469	0.0881	0.1543	0.2438	0.3000	0.4074	
K=8	0.0003	0.0460	0.0854	0.1413	0.1844	0.2500	0.3000	0.4076

PM2.5 的 VMD 分解的 Matlab 代码如下：

```
% Matlab代码
clear all;
close all;
clc;
%导入数据
f = csvread('pm25.csv');
%采样
T = length(f);
fs = 1/T;
t = (1:T)/T;
freqs = 2*pi*(t-0.5-1/T)/(fs);
%设置VMD参数
alpha = 4000;  % 带宽限制 经验取值为 抽样点长度 1.5-2.0 倍
tau = 0;  % 噪声容限，一般取0
K = 5;  % 模态数量
DC = 0;  % DC 合成信号若无常量，取值为 0;若含常量，则其取值为 1
init = 1;  % 初始化值，当初始化为 1 时，均匀分布产生的随机数
tol = 1e-7; % 控制误差大小常量，决定精度与迭代次数
%VMD分解
[u, u_hat, omega] = VMD(f, alpha, tau, K, DC, init, tol);

%绘图
subplot(size(u,1)+1,2,1);
plot(t,f,'k');grid on;
title('VMD分解');
subplot(size(u,1)+1,2,2);
plot(freqs,abs(fft(f)),'k');grid on;
title('对应频谱');
for i = 2:size(u,1)+1
    subplot(size(u,1)+1,2,i*2-1);
    plot(t,u(i-1,:),'k');grid on;
subplot(size(u,1)+1,2,i*2);
    plot(freqs,abs(fft(u(i-1,:))),'k');grid on;
end
```

PM2.5 的 VMD 分解的 Python 代码如下：

```
#Python代码
#导入需要的库
import matplotlib.pyplot as plt
import numpy as np
from vmdpy import VMD
import pandas as pd
from scipy.fftpack import fft
#导入PM2.5的数据
filename= 'pm25.csv'
f = pd.read_csv(filename,usecols=[3])
T = len(f)
fs = 1/T
t = np.arange(1,T+1)/T
#带宽限制 经验取值为 抽样点长度 1.5-2.0倍
```

```
alpha = 4000
#噪声容限,一般取0
tau = 0
#模态数量
K = 5
#DC 合成信号若无常量,取值为 0;若含常量,则其取值为 1
DC = 0
#初始化 ω 值,当初始化为 1 时,均匀分布产生的随机数
init = 1
#控制误差大小常量,决定精度与迭代次数
tol = 1e-7
#利用 VMD 函数进行分解
u, u_hat, omega = VMD(f.values, alpha, tau, K, DC, init, tol)
#得到中心频率的数值
print(omega[-1])
#绘制分模态图
plt.figure()
plt.figure(figsize=(10,1))
plt.plot(t,f.values)
plt.ylabel('origin')
plt.figure(figsize=(20,20))
for i in range(K):
        plt.subplot(K,1,i+1)
        plt.plot(t,u[i,:], linewidth=0.2, c='r')
        plt.ylabel('IMF{}'.format(i+1))
plt.show()
plt.figure(figsize=(20,20))

# 频谱图的绘制
for i in range(K):
    plt.subplot(K,1,i+1)
    plt.plot(abs(fft(u[i,:])))#傅里叶变换转到频谱
    plt.ylabel('IMF{}'.format(i+1))

#重构图的绘制
plt.figure(figsize=(5,1))
plt.subplot(2,1,1)
plt.plot(t,f.values,'b',linestyle='--',marker='o',label=u'PM2.5 原图')
plt.plot(t,u[0]+u[1]+u[2]+u[3]+u[4]+u[5],'r',linestyle='-.',marker='*',label=u'PM2.5 重构图')
plt.legend()
plt.subplot(2,1,2)
plt.plot(t,f.values,'b',linestyle='--',marker='o',label=u'PM2.5 原图')
plt.plot(t,u[0]+u[1]+u[2]+u[3]+u[4],'r',linestyle='-.',marker='*',label=u' 去除最后一个高频模态的 PM2.5 重构图')
plt.legend()
plt.show()
```

PM2.5 的 VMD 分解结果如图 16-1 至图 16-2 所示。

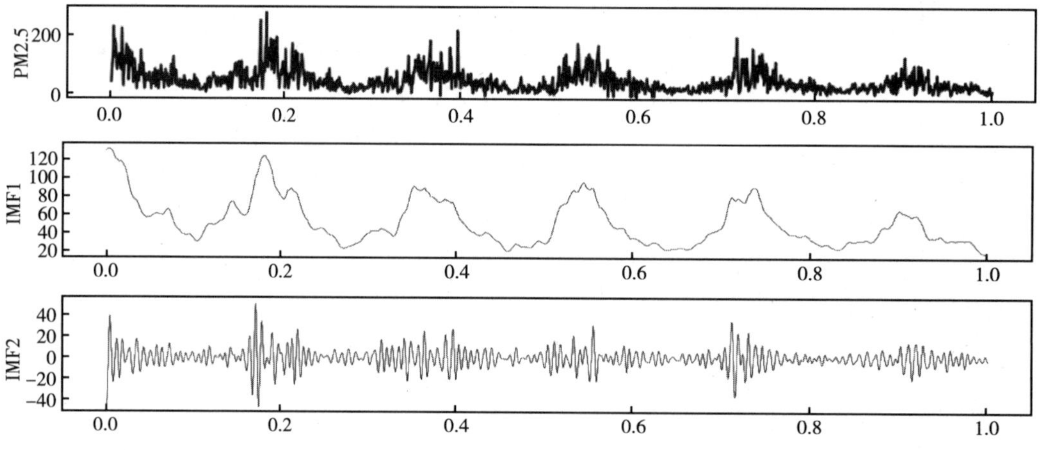

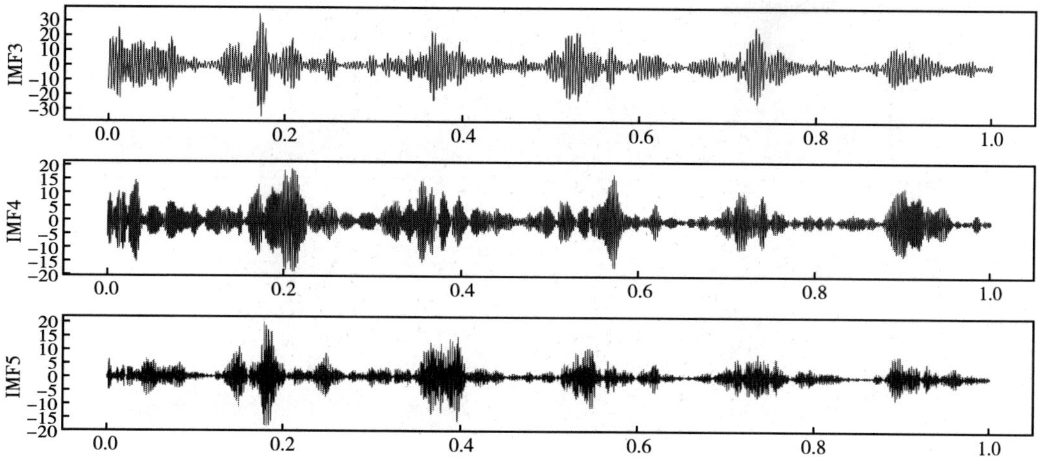

图 16–1　PM2.5 VMD 分解

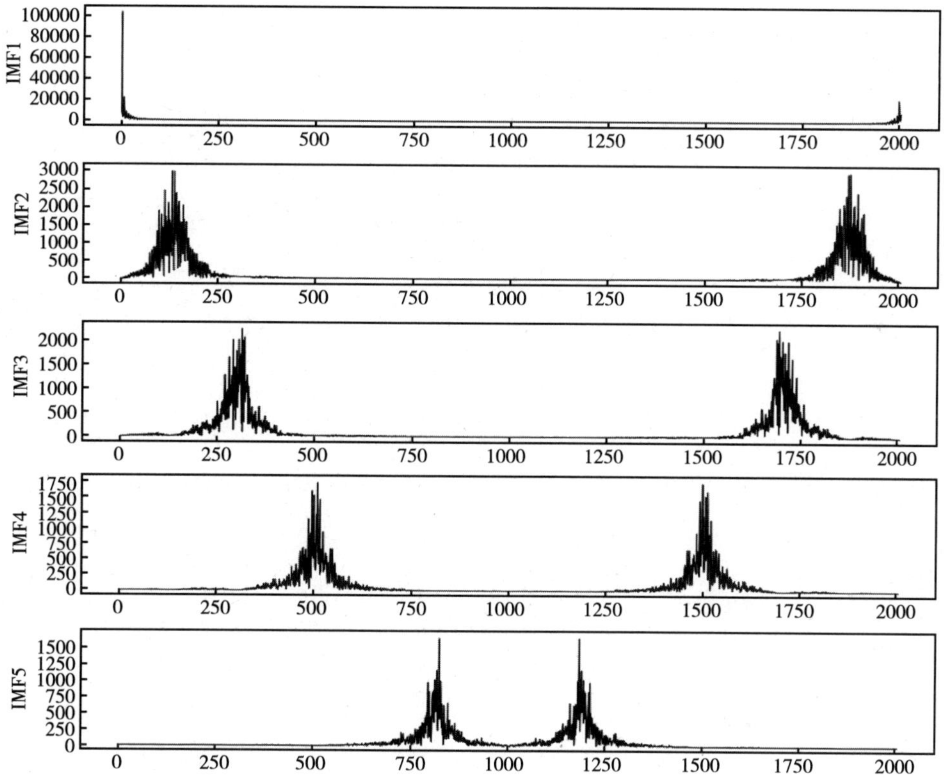

图 16–2　PM2.5 VMD 分解模态分量频谱

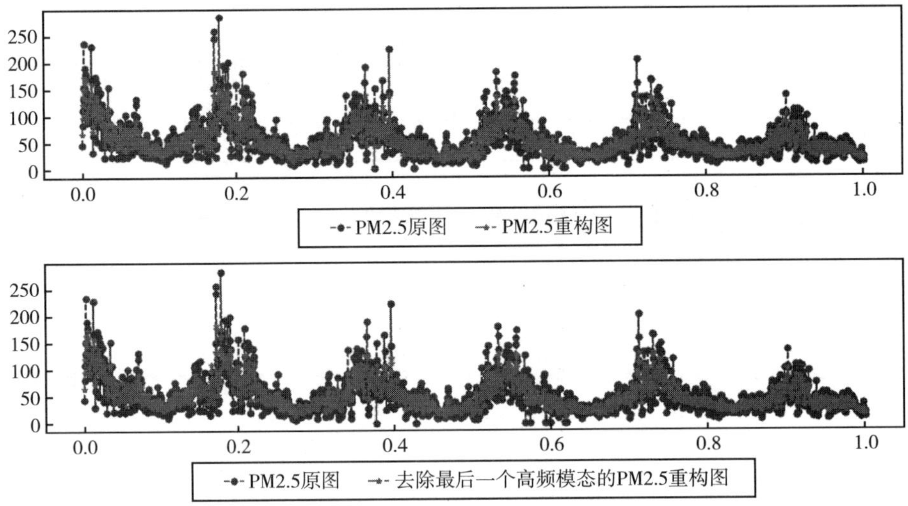

图16-3　PM2.5 的VMD重构

案例16-2：上证指数的VMD分解

以上证指数开盘价为例：

上证指数VMD分解的Matlab代码如下：

```
% Matlab代码
clear all;
clc;
%导入数据
load shangzheng.mat;
f = sh_open;

%采样
T = length(f) ;
fs = 1/T;
t = (1:T)/T;
freqs = 2*pi*(t-0.5-1/T)/(fs);
%设置VMD参数
alpha = 4000;  % 带宽限制 经验取值为 抽样点长度 1.5-2.0 倍
tau = 0;  % 噪声容限，一般取0
K = 6;  % 模态数量
DC = 0; % DC 合成信号若无常量，取值为 0；若含常量，则其取值为 1
init = 1; % 初始化 ω 值，当初始化为 1 时，均匀分布产生的随机数
tol = 1e-7; %控制误差大小常量，决定精度与迭代次数
%VMD分解
[u, u_hat, omega] = VMD(f, alpha, tau, K, DC, init, tol);

%绘图
subplot(size(u,1)+1,2,1);
plot(t,f,'k');grid on;
title('VMD 分解 ');
subplot(size(u,1)+1,2,2);
plot(freqs,abs(fft(f)),'k');grid on;
title(' 对应频谱 ');
for i = 2:size(u,1)+1
   subplot(size(u,1)+1,2,i*2-1);
   plot(t,u(i-1,:),'k');grid on;
subplot(size(u,1)+1,2,i*2);
   plot(freqs,abs(fft(u(i-1,:))),'k');grid on;
end
```

（1）上证指数的VMD分解中K值的选取

根据表16-3，当K=7时，出现中心频率相近的情况，出现过分解，因此，选取K=6。

表 16-3　　上证指数的 VMD 分解中 K 值的选取

模态数	中心频率					
K=2	1.099e-04	2.602e-01				
K=3	3.324e-05	1.834e-03	2.605e-01			
K=4	3.208e-05	1.791e-03	2.603e-01	3.758e-01		
K=5	3.195e-05	1.787e-03	1.687e-01	2.608e-01	3.759e-01	
K=6	3.189e-05	1.784e-03	1.683e-01	2.588e-01	3.026e-01	3.765e-01	
K=7	2.691e-05	1.572e-03	1.337e-02	2.157e-01	2.621e-01	3.312e-01	4.408e-01

上证指数VMD分解的Python代码如下：

```
# Python代码
import matplotlib.pyplot as plt
import numpy as np
from vmdpy import VMD
import pandas as pd
from scipy.fftpack import fft

filename= 'shangzheng.csv'
f = pd.read_csv(filename,usecols=[1])
T = len(f)
fs = 1/T
t = np.arange(1,T+1)/T

alpha = 7500    # moderate bandwidth constraint
tau = 0.        # noise-tolerance (no strict fidelity enforcement)
K = 6   # 3 modes
DC = 0          # no DC part imposed
init = 1        # initialize omegas uniformly
tol = 1e-7

u, u_hat, omega = VMD(f.values, alpha, tau, K, DC, init, tol)
print(omega[-1])
plt.figure()
plt.figure(figsize=(10,1))
plt.plot(t,f.values)
plt.ylabel('origin')
plt.figure(figsize=(20,20))
for i in range(K):
    plt.subplot(K,1,i+1)
    plt.plot(t,u[i,:], linewidth=0.2, c='r')
    plt.ylabel('IMF{}'.format(i+1))
plt.show()
plt.figure(figsize=(20,20))
for i in range(K):
   plt.subplot(K,1,i+1)
   plt.plot(abs(fft(u[i,:])))#傅里叶变换转到频谱
   plt.ylabel('IMF{}'.format(i+1))

plt.figure(figsize=(5,1))
plt.subplot(2,1,1)
plt.plot(t,f.values,'b',linestyle='--',marker='o',label=u' 上证指数原图 ')
plt.plot(t,u[0]+u[1]+u[2]+u[3]+u[4]+u[5],'r',linestyle='-.',marker='*',label=u' 上证指数重构图 ')
plt.legend()
plt.subplot(2,1,2)
plt.plot(t,f.values,'b',linestyle='--',marker='o',label=u' 上证指数原图 ')
plt.plot(t,u[0]+u[1]+u[2]+u[3]+u[4],'r',linestyle='-.',marker='*',label=u' 去除最后一个高频模态的上证指数重构图 ')
plt.legend()
plt.show()
```

（2）上证指数的VMD分解结果

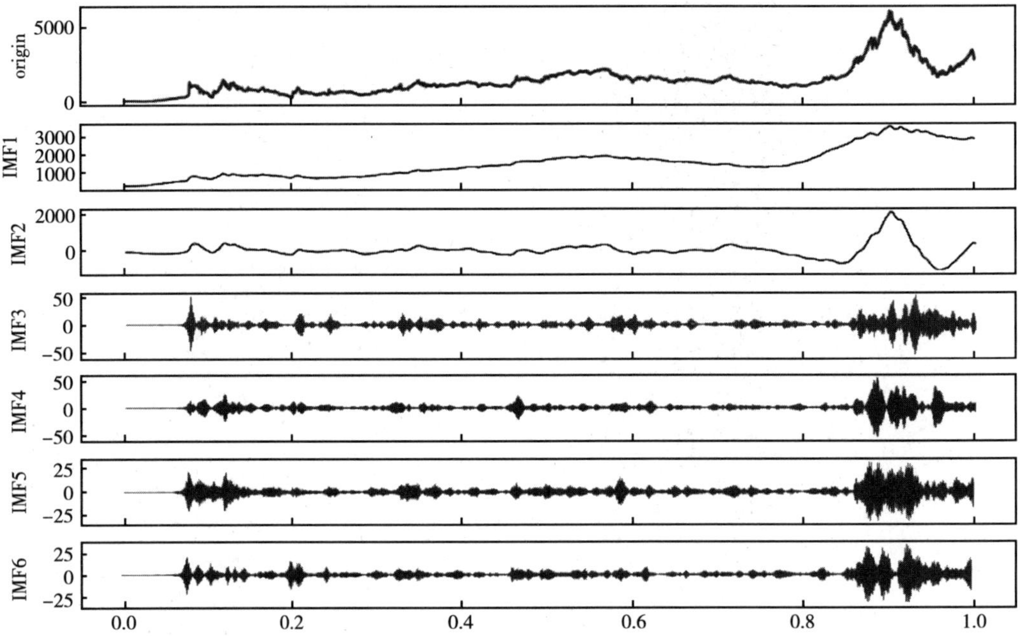

图16-4　上证指数VMD分解

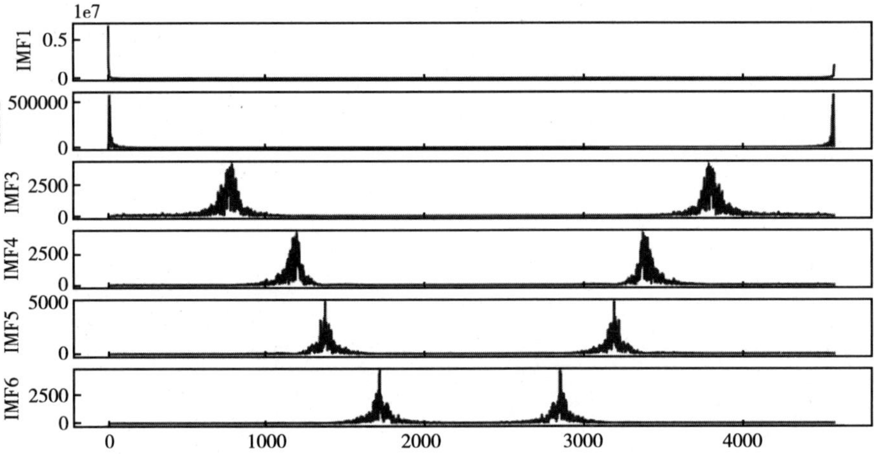

图16-5　上证指数VMD分解模态分量频谱

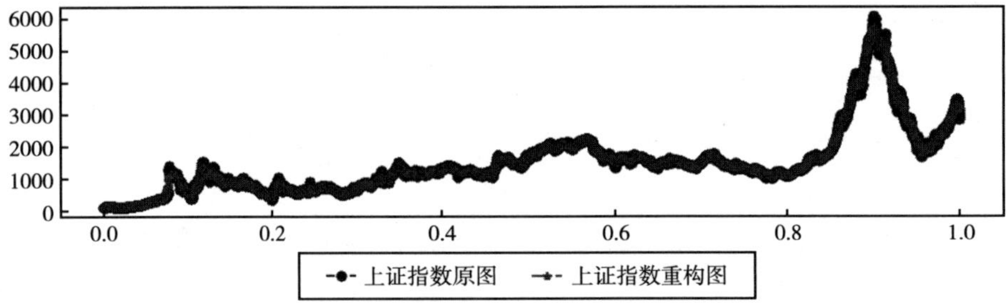

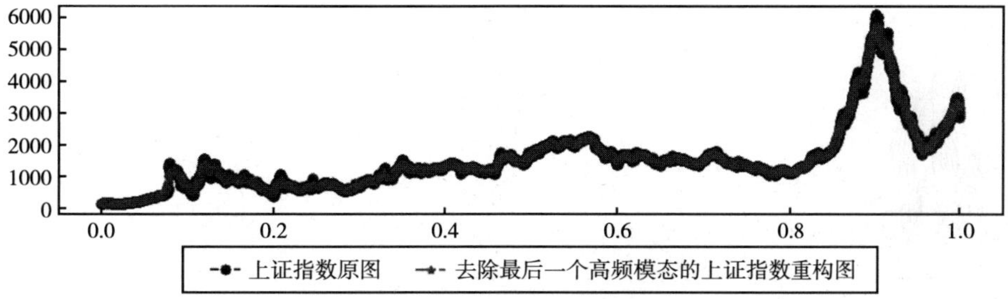

图 16-6　上证指数 VMD 重构

16.4 延伸阅读

VMD 的优点：

（1）有坚实的理论基础；（利用数学中泛函分析变分理论）

（2）对噪声具有较强的鲁棒性（robust）；鲁棒性：健壮、强壮 注：噪声的大小对 VMD 算法影响较小

（3）能够有效避免模态混叠现象；（不是说没有，需要控制带宽）

（4）在一定程度上避免端点效应。（镜像延拓）

VMD 的缺点：

（1）需要预先定义模态数 K；

（2）最大的局限性是端点效应和突发的信号；

（3）长期模态的频谱会随时间的增加而急剧变化，并且会在全局范围内重叠。注：如果信号很长（数据量大），带宽可能会重叠；

解决方式：分段。

参考文献

［1］ Dragomiretskiy K，Zosso D. Variational Mode Decomposition. IEEE Transactions on Signal Processing，2014，62（3）：531–544.

［2］ 汤霞，匡海波，郭媛媛，刁姝杰，张鹏飞.基于VMD的中国出口集装箱运价指数分析与组合预测［J］.系统工程理论与实践，2021，41（1）：176–187.

练习题

1.什么是变分模态分解？分解步骤是什么？

2.简述VMD分解与EMD分解的区别。

3.VMD分解步骤中中心频率K值如何选取？

4.给定数据集（https：//raw.githubusercontent.com/jbrownlee/Datasets/master/daily-total-female-births.csv），该数据集描述了1959年加利福尼亚州每天的女性出生人数。单位是计数，有365个观测值。使用该数据进行VMD分解，并于EMD等分解方法进行比较。

第 17 章　固有时间尺度分解

17.1　理论基础

在常用的信号分解方法中，傅里叶变换（FT）通过正弦波的叠加拟合原始信号，然后把时域上的信号分析转换为频域上的信号分析，丢失了时间节点信息，这对于非平稳信号的分析十分不利，如无法确定突变、漂移等现象发生的时间节点；短时傅里叶变换（STFT）通过加窗，将信号划分为多个等长的小区间，在每个小区间内信号近似平稳，在每个小区间上作傅里叶变换，从而定位到每个时间节点上的频率信息。其中，窗宽的选择很重要：采用窄窗则时间分辨率高，频率分辨率低，适合高频信号；采用宽窗则频率分辨率高，时间分辨率低，适合低频信号。但短时傅里叶变换的窗宽固定，难以满足既有高频成分又有低频成分的信号分析的要求；小波分解（WT）通过小波基函数的缩放拟合原始信号的不同频率，通过小波基函数的位移拟合原始信号的不同时间节点，因此时间窗和频率窗都可变，最终将原始信号分解为多个低频成分和高频成分之和，且低频成分具有较好的频率分辨率，高频成分具有较好的时间分辨率。但是时间窗和频率窗不是自适应地确定，而是由小波基函数确定，因此会导致时间节点和频率定位不准的问题；经验模态分解（EMD）将信号分解成一系列的本征模态函数与残差分量，但EMD存在以下缺点：首先，在求原始信号极值的上下包络线时采用三次样条插值法，导致端点效应；其次，EMD的基线信号仅通过求原始信号的极值点的均值包络线得到，没有充分利用原始信号的信息；此外，EMD为了求得固有旋转分量，进行了IMF的筛选，不仅运算量大，还对IMF的振幅进行了平滑，多次筛选IMF会导致信号失真。

针对这些问题，Frei和Osorio于2007年提出固有时间尺度分解（ITD）算法（Frei和Osorio，2007），它将原始信号分解为一系列的固有旋转分量和一个趋势分量，适合分析具有时变特性的非平稳信号。此外，针对传统希尔伯特变换求瞬时频率、瞬时相位、瞬时振幅的方法造成的端点效应、非递归、偶然性问题（Huang等，2009），固有时间尺度分解（ITD）还重新定义了瞬时频率、瞬时幅值、瞬时相位的计算公式，利用固有旋转分量的瞬时频率、瞬时幅值、瞬时相位信息以及单波分析可以获得附加特征和形态学信息。

17.2 ITD分解步骤

17.2.1 算法流程图

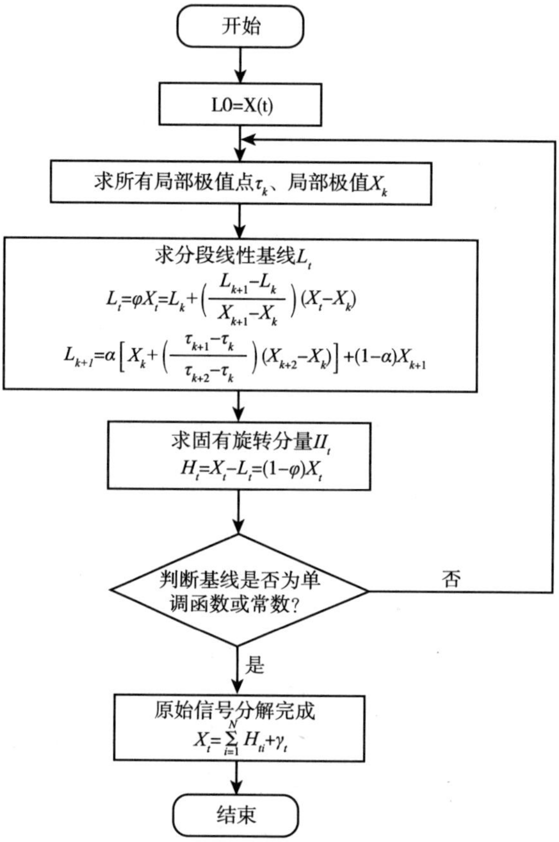

图17-1　ITD算法流程

17.2.2 分解步骤

（1）求原始信号X_t的所有局部极值点$\tau_k(k=1,2,\cdots)$，和所有局部极值X_k，显然$X_k=X(\tau_k)$。

（2）求在连续极值点区间$(\tau_k,\tau_{k+1}]$上的分段线性基线L_t，公式如下：

$$L_t=\varphi X_t=L_k+\left(\frac{L_{k+1}-L_k}{X_{k+1}-X_k}\right)(X_t-X_k),t\in(\tau_k,\tau_{k+1}] \tag{17-1}$$

其中，φ 为基线提取因子，

$$L_{k+1}=\alpha\left[X_k+\left(\frac{\tau_{k+1}-\tau_k}{\tau_{k+2}-\tau_k}\right)(X_{k+2}-X_k)\right]+(1-\alpha)X_{k+1},\alpha\in(0,1) \tag{17-2}$$

（3）用原始信号减去基线L_t得到第一个固有旋转分量H_t，固有旋转分量满足其所有极大值严格为正、所有极小值严格为负的条件，公式如下：

$$H_t=X_t-L_t=(1-\varphi)X_t,t\in(\tau_k,\tau_{k+1}] \tag{17-3}$$

（4）判断基线L_t是否为单调函数或常数，如果不是，则以该基线为基础，重复上述过程，直至L_t为单调函数或常数。最终将信号分解为一系列固有旋转分量和一个单调趋势分量，公式如下：

$$X_t=\sum_{i=1}^{N}H_{ti}+r_t \tag{17-4}$$

17.3　案例应用

案例 17–1：ITD 算法数值模拟

```
% MATLAB 代码
% 1.生成调幅调频信号
clc
clear
t=0:1/1000:1;
x1=(1+0.7*cos(2*pi*5*t)).*cos(2*pi*100*t+2.5*sin(2*pi*7*t)); % 调幅
x2=0.6*sin(2*pi*30*t); % 调频
x=x1+x2;
% 2.ITD 分解
[H,L]=Itd(x,5);
n=size(H,1);
% 3.绘制分解结果
figure(1);
subplot(n+2,1,1);
plot(t,x);ylim([-2,2]);ylabel(['X(t)']);title(['ITD 数值模拟结果 ']);
for i=1:n
    subplot(n+2,1,i+1);
    plot(t,H(i,:));
    ylabel(['PR',int2str(i)]);
end
subplot(n+2,1,n+2);
plot(t,L);
ylabel(['r']);
```

得到的分解结果具体如图 17–2 所示。

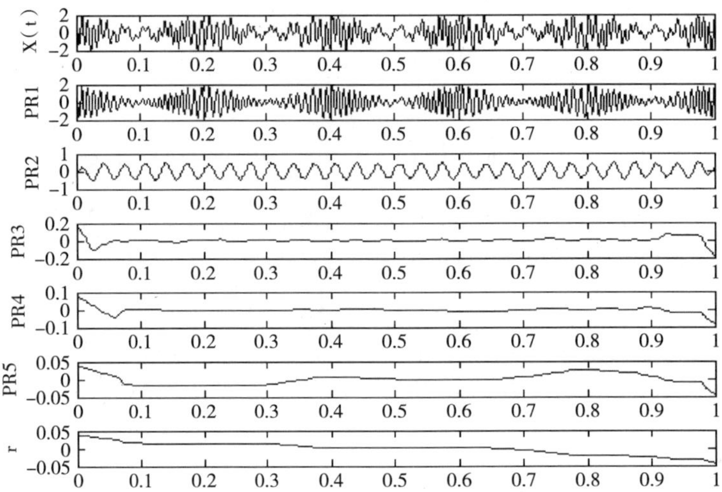

图 17-2　数值模拟的ITD分解结果

从图17-2中可以看出，原始信号经过ITD分解得到了5个固有旋转分量，它们的频率从高到低，前两个固有旋转分量的能量较大，其余固有旋转分量的能量较小。将前两个固有旋转分量与原始信号成分做对比，代码如下，得到的结果如图17-3和图17-4所示。

```
%   MATLAB代码
% 验证ITD分解效果
figure(2);
plot(t,x1,'r:.');xlim([0,1000]);ylim([-2,2]);
hold on
plot(t,H(1,:),'b-');xlim([0,1]);ylim([-2,2]);
legend('x1','PR1');
figure(3);
plot(t,x2,'r:.');xlim([0,1000]);ylim([-1,1]);
hold on
plot(t,H(2,:),'b-');xlim([0,1]);ylim([-1,1]);
legend('x2','PR2');
```

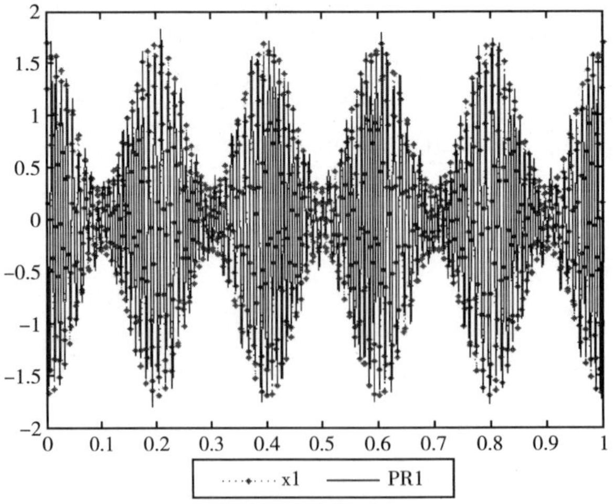

图 17-3　第一个固有旋转分量与原始信号成分的对比

从图 17–3 中可以看出，第一个固有旋转分量与原始信号中的调幅分量x_1几乎重合。

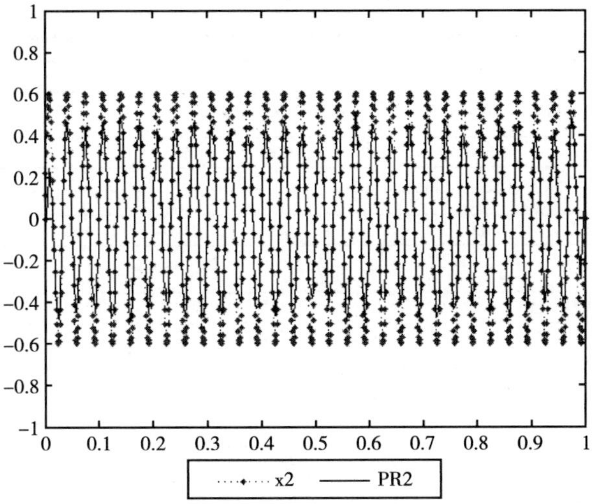

图 17–4　第二个固有旋转分量与原始信号成分的对比

从图 17–4 中可以看出，第二个固有旋转分量与原始信号中的调频分量x_2很接近。由此证明，ITD 分解得到的固有旋转分量具有一定的物理意义，能很好地反映原始信号的特征。

案例 17–2：PM2.5 的 ITD 分解

以武汉市 PM2.5 浓度为例：

```
%   MATLAB代码
% 1. 导入数据
data_all = xlsread('pm25.xlsx');
pm25 = data_all(:,4);
t = 1:1:length(pm25);
% 2. 进行ITD分解
fprintf('************ RUN ITD ***********\n')
tic;
[H,L]=Itd(pm25);
toc;
n=size(H,1);
% 3. 绘制分解结果
figure(1);
subplot(n+2,1,1);
plot(t,pm25);xlim([0,2000]);
ylabel(['X(t)']);
title(['PM2.5的ITD分解结果']);
for i=1:n
    subplot(n+2,1,i+1);
    plot(t,H(i,:));
    xlim([0,2000]);
    ylabel(['PR',int2str(i)]);
end
subplot(n+2,1,n+2);
plot(t,L);
xlim([0,2000]);
ylabel(['r']);
```

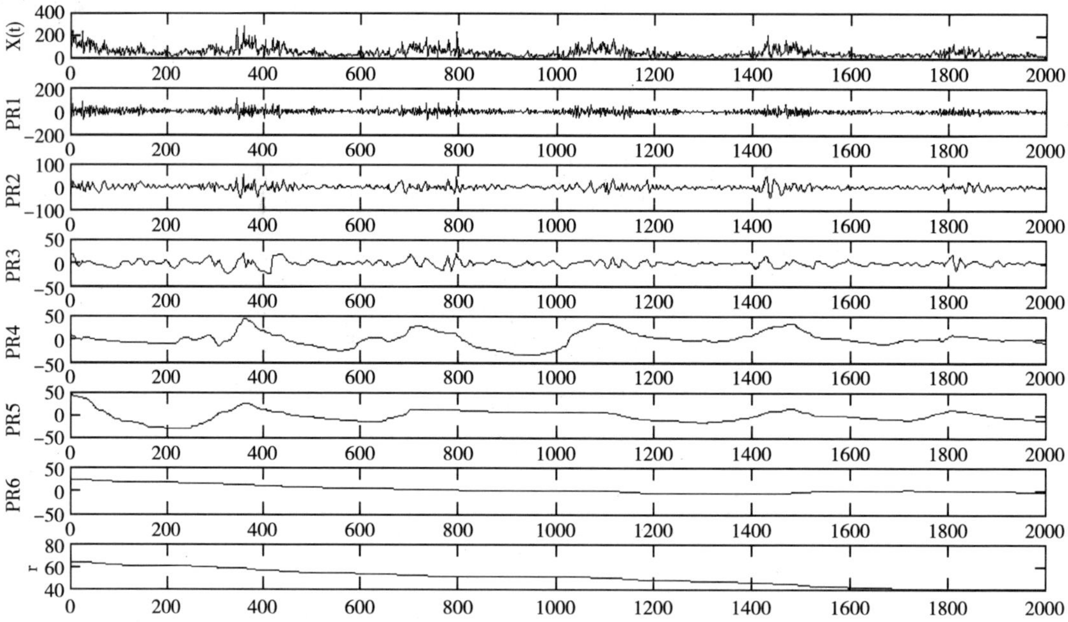

图 17-5　PM2.5浓度的ITD分解结果

从图17-5中可以看出，ITD分解得到的前3个固有旋转分量（PR）的极值点位置与原始信号极值点位置非常接近，说明ITD分解方法的时频定位精度较高。

对ITD的分解结果做信号重构，代码如下，结果如图17-6所示。

```
% 4.信号重构
rec_all=sum(H,1)+L;
rec_f3=sum(H(3,:),1);
rec_l3=sum(H(4:6,:),1)+L;
figure(2);
plot(t,pm25,'r:.');xlim([0,2000]);
hold on
plot(t,rec_all,'b-');xlim([0,2000]);
hold on
plot(t,rec_f3,'g--');xlim([0,2000]);
hold on
plot(t,rec_l3,'k:');xlim([0,2000]);
legend('原始信号','所有分量重构','前三个H','后三个H和趋势项');
```

从图17-6中可以看出，所有分量的重构结果与原始信号非常接近，并且前三个固有旋转分量对应原始信号中的高频成分，后三个固有旋转分量对应原始信号中的低频成分。

将ITD分解结果与EMD、WT分解结果进行对比，EMD、WT分解代码详见前面章节，结果如下：

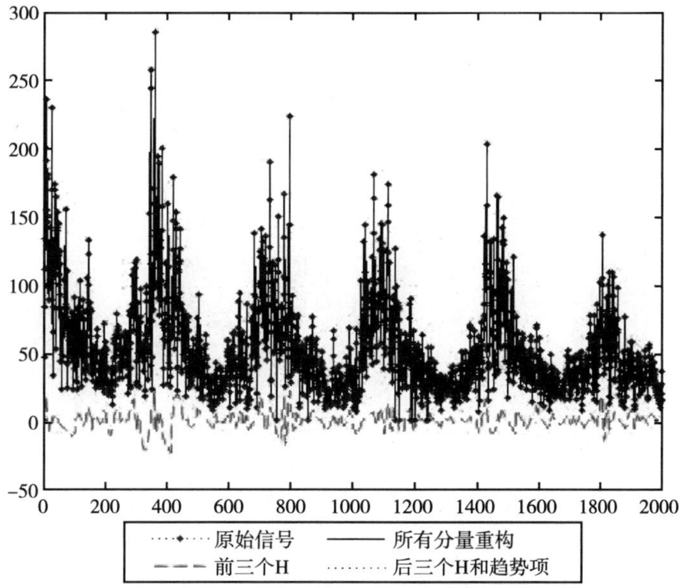

图 17–6　ITD 分解方法的信号重构结果

```
************ RUN ITD ***********
时间已过 0.005534 秒。
************ RUN EMD ***********
时间已过 0.049770 秒。
************ RUN WT ***********
时间已过 0.001691 秒。
```

从运行时间来看，ITD 分解所用时间远小于 EMD 分解。

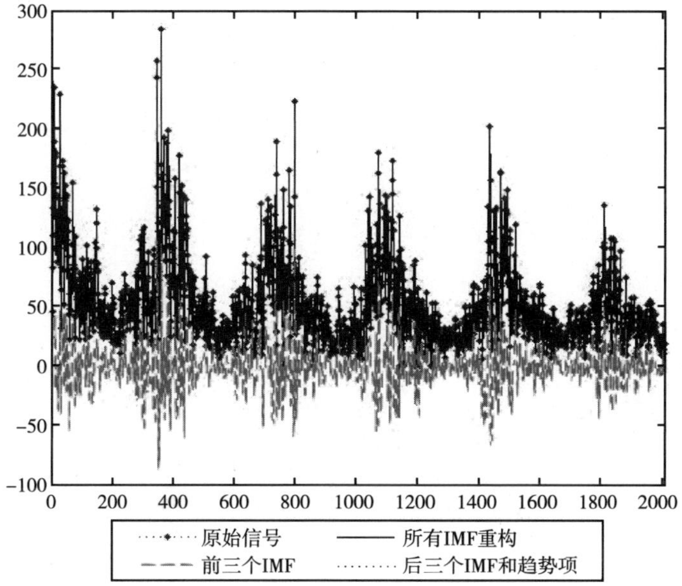

图 17–7　PM2.5 浓度的 EMD 分解重构结果

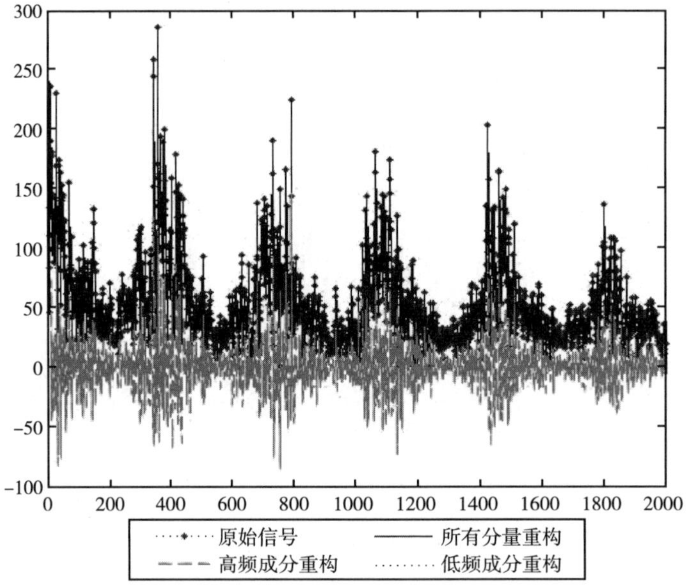

图17-8　PM2.5浓度的小波分解重构结果

从图17-7和17-8中可以看出，ITD的时频定位精度比EMD、WT高。

案例17-3：上证指数的ITD分解

以上证指数开盘价为例：

```
% MATLAB代码
% 1.导入数据
load shangzheng.mat;
x=sh_open;
t = 1:1:length(x);
% 2.进行ITD分解
fprintf('************ RUN ITD ***********\n')
tic;
[H,L]=Itd(x);
toc;
n=size(H,1);
% 3.绘制分解结果
figure(1);
subplot(n+2,1,1);
plot(t,x);xlim([0,length(x)]);
ylabel(['X(t)']);
title([' 上证指数的ITD分解结果 ']);
for i=1:n
    subplot(n+2,1,i+1);
    plot(t,H(i,:));
    xlim([0,length(x)]);
    ylabel(['PR',int2str(i)]);
end
subplot(n+2,1,n+2);
plot(t,L);
xlim([0,length(x)]);
ylabel(['r']);
```

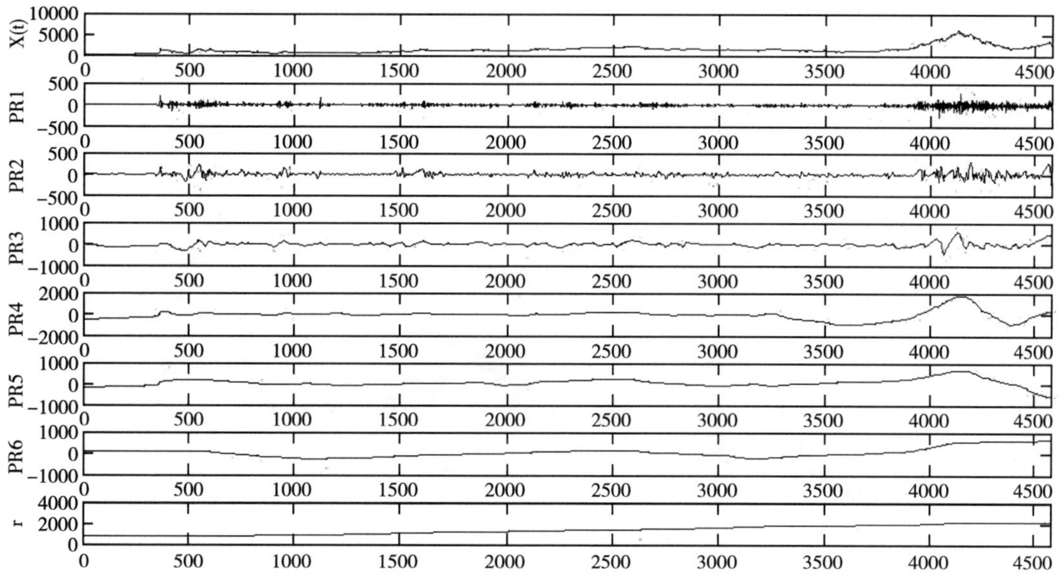

图 17–9 上证指数的 ITD 分解结果

从图 17–9 中可以看出，ITD 分解得到的前 3 个固有旋转分量（PR）的极值点位置与原始信号极值点位置非常接近，说明 ITD 分解方法的时频定位精度较高，可以提取到原始信号的细微特征（桂云川等，2017）。

对 ITD 的分解结果做信号重构，代码如下，结果如图 17–10 所示。

```
% 4. 信号重构
rec_all=sum(H,1)+L;
rec_f3=sum(H(3,:),1);
rec_d=sum(H(4:6,:),1)+L;
figure(2);
plot(t,x,'r:.');xlim([0,length(x)]);
hold on
plot(t,rec_all,'b-');xlim([0,length(x)]);
hold on
plot(t,rec_f3,'g--');xlim([0,length(x)]);
hold on
plot(t,rec_d,'k:');xlim([0,length(x)]);
legend(' 原始信号 ',' 所有分量重构 ',' 前三个 H',' 后三个 H 和趋势项 ');
```

从图 17–10 中可以看出，所有分量的重构结果与原始信号非常接近，并且前三个固有旋转分量对应原始信号中的高频成分，前三个固有旋转分量对应原始信号中的低频成分。

将 ITD 分解结果与 EMD、WT 分解结果进行对比，EMD、WT 分解代码详见前面章节，结果如图 17–11 和图 17–12 所示。

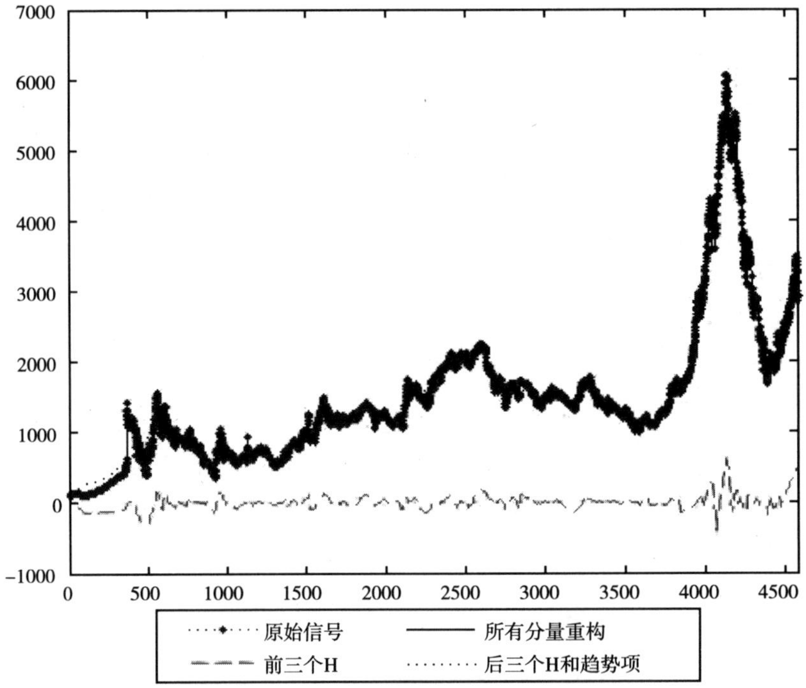

图 17−10　上证指数的 ITD 分解重构结果

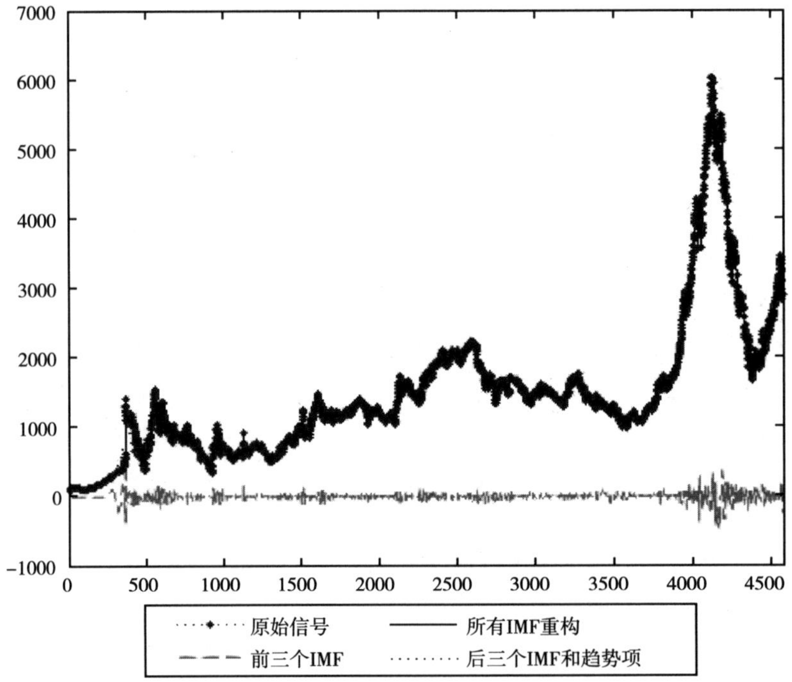

图 17−11　上证指数的 EMD 分解重构结果

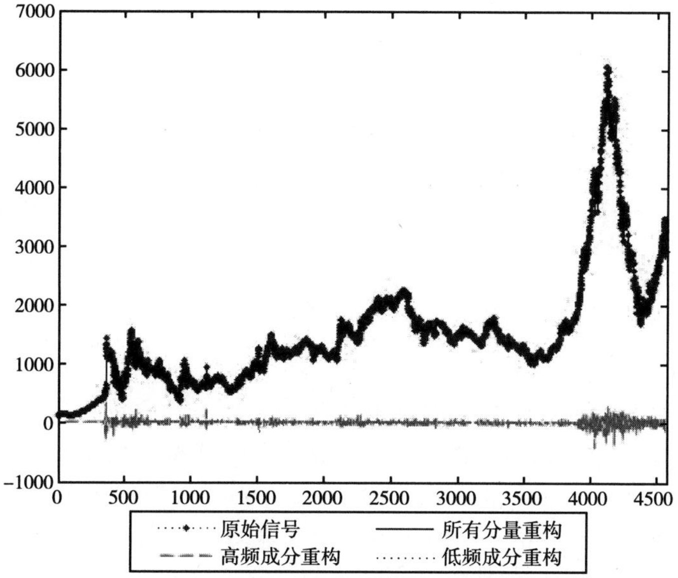

图 17–12　上证指数的小波分解重构结果

从图 17–11 和图 17–12 中可以看出，ITD 的时频定位精度比 EMD、WT 高。

17.4　延伸阅读

相比傅里叶变换（FT），固有时间尺度分解（ITD）保留了时间信息；相比短时傅里叶变换（STFT）、小波分解（WT），固有时间尺度分解（ITD）不预先设置基函数，而是采用原始信号的线性变换构造基线，不仅能使得原有信号的固有信息向下传递到基线和固有旋转分量中，还提高了时频定位精度，可以提取信号的细微特征；相比经验模态分解（EMD），固有时间尺度分解（ITD）重新定义了基线信号，不仅提高了时频定位精度以便提取信号的细微特征，还省去了筛选和三次样条插值过程，提高了运算效率。

但 ITD 的不足之处在于用线性变换构造基线，会导致固有旋转分量出现毛刺、信号失真。针对这一问题，可以考虑采用 IITD 方法，结合镜像端点延拓和三次样条拟合对 ITD 进行改进（陈剑等，2021）。

参考文献

[1] Frei M G，Osorio I. Intrinsic time–scale decomposition：time – frequency – energy analysis and real–time filtering of non–stationary signals [J]. Proceedings of Royal Society A，2007（463）：321–342.

[2] Huang N E，Wu Z，Long S R，et al. on instantaneous frequency [J]. Advances in Adaptive Data

Analysis, 2009, 1（02）: 177–229.
［3］ 陈剑，蔡坤奇，陶善勇，杨斌，刘圆圆，刘幸福，黄凯旋.基于IITD模糊熵与随机森林的滚动轴承故障诊断方法［J］.计量学报, 2021，42（06）: 774–779.
［4］ 桂云川，杨俊安，吕季杰.基于固有时间尺度分解模型的通信辐射源特征提取算法［J］.计算机应用研究，2017，34（04）: 1172–1175.

练习题

1.什么是固有时间尺度分解？原理及步骤是什么？

2.相比于EMD分解和小波包分解，ITD分解的优势有哪些？

3.给定数据集（https：//raw.githubusercontent.com/jbrownlee/Datasets/master/monthly-sunspots.csv），该数据集描述了230多年（1749—1983年）观测到的太阳黑子数量的月度计数。单位是计数，有2820个观测值。使用该数据进行ITD分解。

第18章　局部均值分解

18.1 理论基础

18.1.1　调频调幅信号概念

在介绍LMD之前，有必要对调制信号的概念进行说明，因为LMD的目的是将原始信号分解为调频信号及其幅值。

（1）调频信号（见图18–1）：调幅信号的频率不变，只有幅值会随时间发生变化。

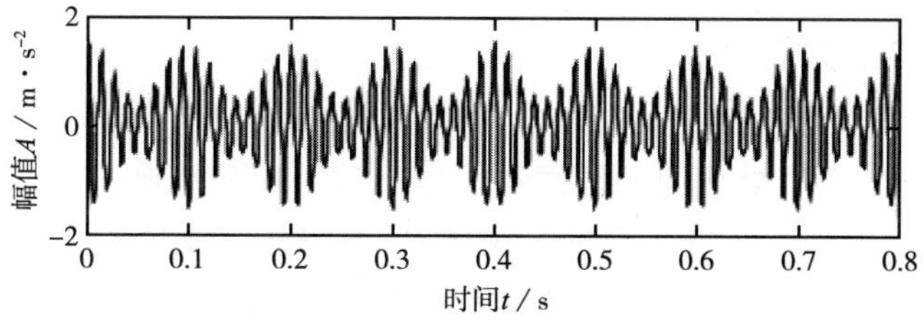

图18–1　调频信号

（2）调幅信号（见图18–2）：调幅信号的幅值不变，只有频率会随时间发生变化。

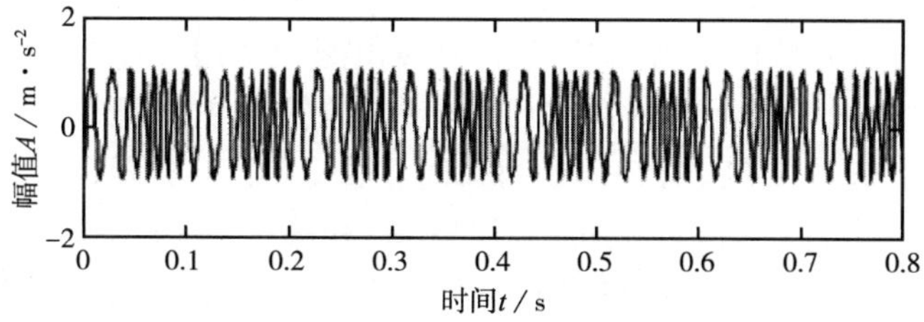

图18–2　调幅信号

（3）调幅调频信号（见图18–3）：调幅调频信号的幅值和频率都会随时间发生变化。

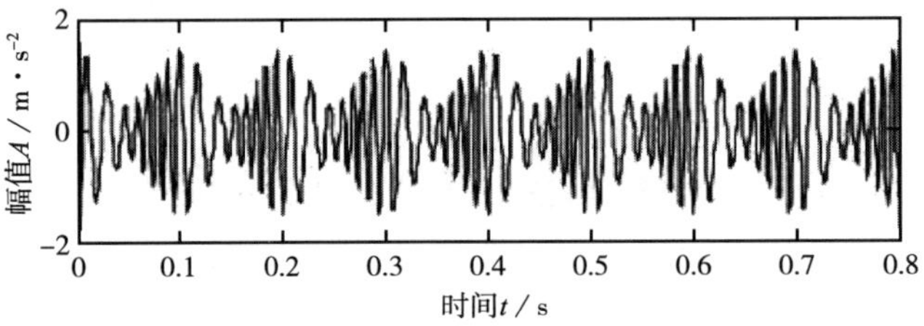

图18–3　调幅—调频信号

在许多学科领域中都存在着调幅—调频信号，而能够反映这些学科某些重要性质的特征量，往往就包含在这类信号的幅值或频率调制信息之中。在LMD方法中定义了乘积函数分量，它表示为一个包络信号$a(t)$和一个纯调频信号（幅值恒等于1的调频信号）$s(t)$的乘积：

$$PF(t)=a(t)s(t) \tag{18-1}$$

可以看出，PF分量的表达式与调幅—调频信号的表达式是一致的，因此，PF分量具有幅值调制和频率调制特征，是一个单分量的调幅调频信号，也就是说PF分量可以是某些重要特征量的载体，且这些特征量能够很容易地从中提取出来；而PF分量又是一个单分量信号，只代表一种基本波动形式，由构成该PF分量的纯调频信号求出的瞬时频率是具有物理意义的。

18.1.2　LMD概念介绍

针对如生物信号这样的复杂的调幅调频信号，若采用傅里叶分解，其傅里叶频谱十分复杂，而小波变换又不是一种自适应的分解方法。EMD分解是一种高效的自适应分解方法，但在理论上还存在一些问题，如EMD方法中的过包络、欠包络、模态混淆、端点效应、IMF判据和没有快速算法等问题，还有在利用Hilbert变换形成解析信号后计算瞬时频率时会产生无法解释的负频率。

而近年来，Jonathan在2005年提出一种新的自适应时频分析方法——局部均值分解（LMD），并将这种方法应用于脑电图的信号处理，获得较好的效果。LMD分解依据信号自身特点将复杂的多分量信号分解成若干个乘积函数（PF）和一个残余分量之和，而每一个乘积函数都是一个包络函数和一个纯调频函数的乘积，且每个PF的瞬时频率具有实际物理意义，包络信号就是该PF分量的瞬时幅值，而PF分量的瞬时频率可由纯调频信号直接求出，进一步将所有PF分量的瞬时频率和瞬时幅值组合，便能够清晰准确反映出信号能量在空间各尺度上分布规律的时频分布，有利于更加细致地对信号特征进行分析。LMD在整个分解过程中，需要不断地将原始信号中的高频成分提取出来并逐步剔除，与经验模态分解方法相比，在端点效应、滑动平均步长的选择问题、纯调频信号的判断依据、模态混叠和算法计算效率方面有所改善，本节旨在介绍LMD的基本原理和实现流程。

由LMD方法得到的每一个PF分量实际上是一个单分量的调幅调频信号，幅值调制信息和频率调制信息分别包含在包络信号和纯调频信号之中，能够很方便地实现解调，由此可以看出 LMD 方法是非常适合于处理非平稳和非线性信号的，特别是多分量的调幅调频信号。

18.1.3　滑动平均法

EMD：三次样条函数拟合局部极大与极小值形成的上下包络线，然后对上下包络线求平均得到平均包络函数。

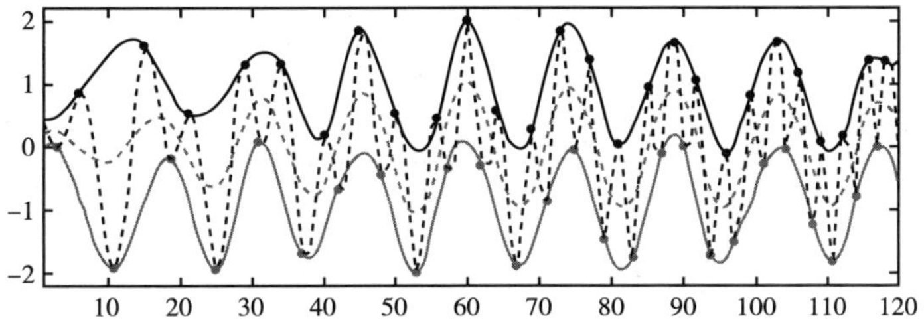

图 18–4　样条插值平均结果

由于EMD分解方法采用三次样条插值有时会出现过包络、欠包络问题，三次样条线的极值点不是信号的极值点，这会导致虚假变量的产生。

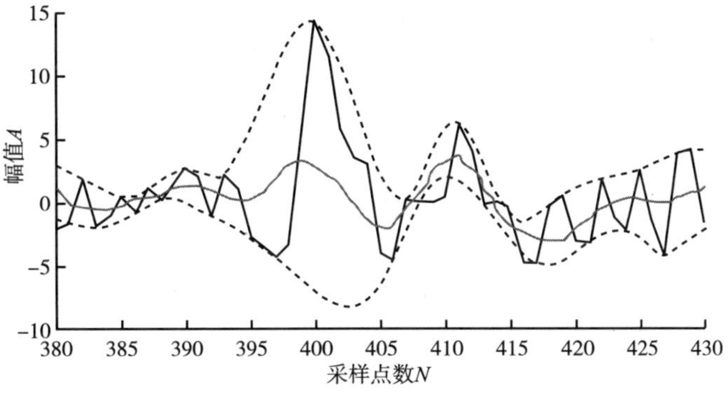

图 18–5　样条插值平均结果异常

LMD：不断平滑相邻局部极值点的平均值，采用平滑的方式形成局部均值函数和包络估计函数，这样可以避免EMD方法中采用三次样条插值形成上、下包络线时产生的过包络、欠包络问题。

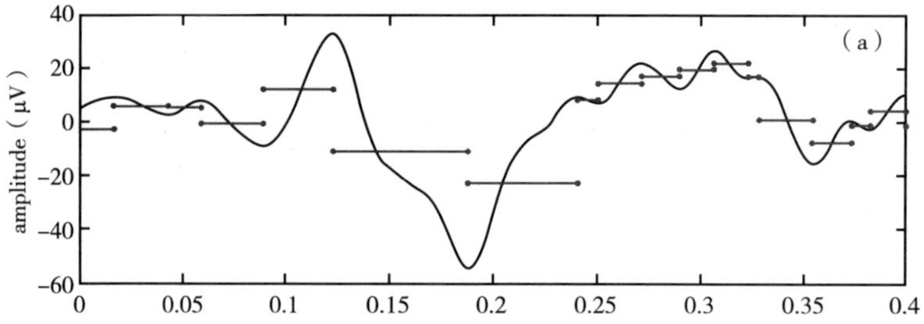

图 18-6　滑动平均求局部均值 a

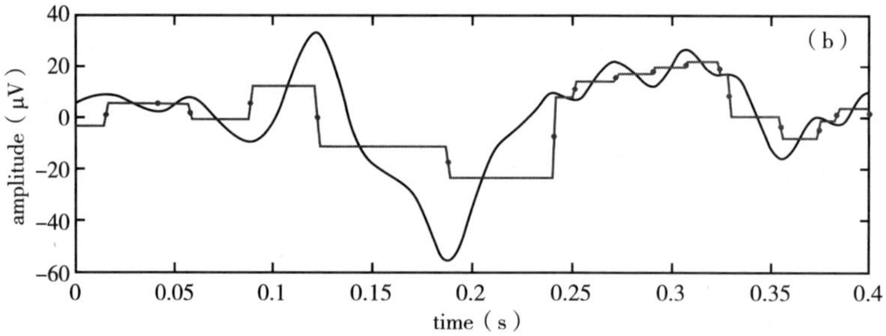

图 18-7　滑动平均求局部均值 b

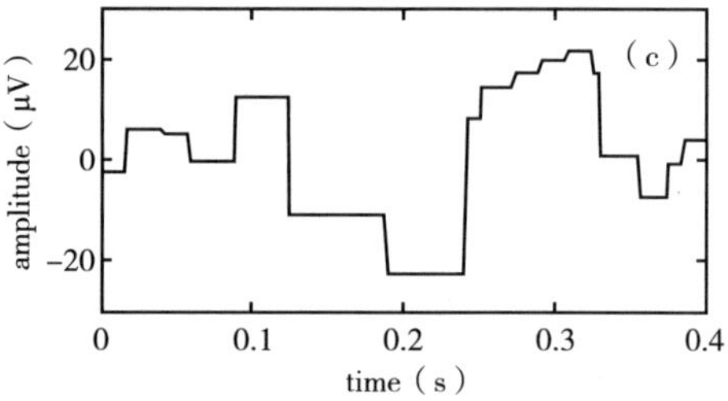

图 18-8　滑动平均求局部均值 c

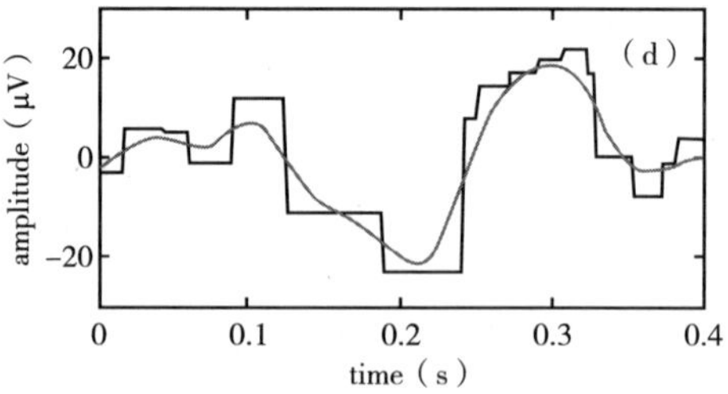

图 18-9　滑动平均求局部均值 d

图 18-10 为两种方法的对比，其中，红色为通过三次样条插值得到的均值线，而蓝色为滑动平均法得到的局部均值函数。

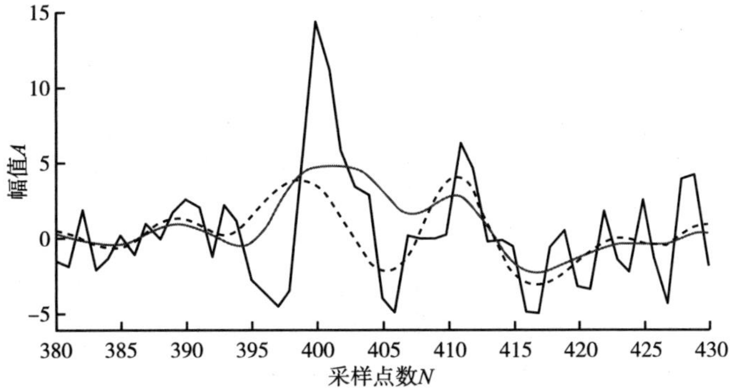

图 18–10　结果对比

18.1.4　滑动平均步长的影响

LMD 方法中一个重要的步骤，就是采用滑动平均法去平滑由极值点构成的局部均值线段和局部幅值线段，从而获得连续、光滑的局部均值函数和包络估计函数。

（1）局部均值线段。

计算信号的每个半波振荡的最大值和最小值点的平均值，由连续极值点 n_i 和 n_{i+1} 计算出的第 i 个均值点 m_i 为：

$$m_i = \frac{n_i + n_{i+1}}{2} \tag{18-2}$$

这些局部平均值可以绘制成连续极值之间延伸的直线，即局部均值线段。

（2）局部幅值线段。

同理每个半波振荡的局部幅值线段可定义为：

$$a_i = \frac{|n_i - n_{i+1}|}{2} \tag{18-3}$$

具体对于局部均值线段 m_i 和局部幅值线段 a_i，采用滑动平均法平滑一次后的结果为：

$$\begin{aligned} m(t) &= \frac{1}{s}\sum_{i=t-s}^{t-1} m_i, t = s+1, s+2, \cdots, n \\ a(t) &= \frac{1}{s}\sum_{i=t-s}^{t-1} a_i, t = s+1, s+2, \cdots, n \end{aligned} \tag{18-4}$$

其中，s 为滑动平均步长，为了保证不出现数据移位的现象，s 一般取奇数，若平滑一次后，仍有相邻数据点的值相等，则继续平滑，直至任意相邻数据点的值不相等为止，即可得到连续、光滑的局部均值函数和包络估计函数。然而，在平滑的过程中，选择不同的滑动平均步长，所得到的局部均值函数和包络估计函数的形状是会改变的，从而会对最后形成的包络信号和纯调频信号产生影响；另外，不同的滑动平均步长还会影响到平滑的次数，这直接关系到了 LMD 算法的计算效率。

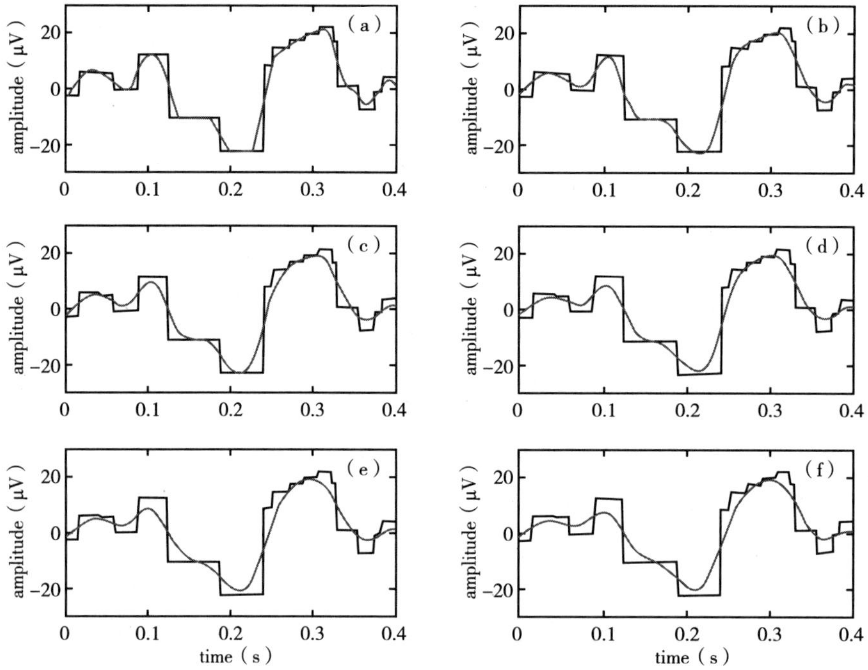

图 18–11　滑动平均步长的影响变化

进一步确定滑动平均的步长s，以对$m(t)$和$a(t)$进行平滑，由于各局部极值点的相对位置表征了原信号的局部特征，因此，可以根据各局部极值点间的距离来确定滑动平均的步长，原文以相邻极值点间最大距离d的三分之一作为滑动平均的步长s，即$s=d/3$。

18.1.5　模态分量迭代过程不同

EMD：不断用原始信号减去平均包络函数（即去掉低频成分），然后判断剩余信号是否满足模态的两个条件的方式得到模态分量的。

LMD：不断用原始信号减去局部均值函数并除以包络估计函数（即对其进行解调），并重复直到包络估计函数近似等于1时，得到纯调频信号，在获得纯调频信号后再进行包络信号与纯调频信号相乘得到PF分量。

18.2　LMD分解方法原理

18.2.1　分解步骤

Step 1　设原始信号$x(t)$，找出每一个局部极值点n_i，计算n_i和n_{i+1}局部均值点：

$$m_i = \frac{n_i + n_{i+1}}{2} \tag{18-5}$$

将所有局部均值点 m_i 在对应极值点时刻 t_{n_i} 和 $t_{n_{i+1}}$ 之间进行直线延伸，采用移动平均法对延伸直线进行平滑处理，得到局部均值函数 $m_{11}(t)$。

Step 2　计算 n_i 和 n_{i+1} 局部幅值点：

$$a_i = \frac{|n_i - n_{i+1}|}{2} \tag{18-6}$$

将所有局部幅值点 a_i 在对应极值点时刻 t_{n_i} 和 $t_{n_{i+1}}$ 之间进行直线延伸，采用移动平均法对延伸直线进行平滑处理，得到包络估计函数 $a_{11}(t)$。

Step 3　从原始信号 $x(t)$ 减去 $m_{11}(t)$：

$$h_{11}(t) = x(t) - m_{11}(t) \tag{18-7}$$

Step 4　然后将 $h_{11}(t)$ 除以 $a_{11}(t)$ 进行振幅解调：

$$s_{11}(t) = \frac{h_{11}(t)}{a_{11}(t)} \tag{18-8}$$

Step 5　依据 $s_{11}(t)$ 计算其包络估计函数 $a_{12}(t)$，判断 $s_{11}(t)$ 是否为纯调频信号，若 $a_{12}(t) \neq 1$，则 $s_{11}(t)$ 不是纯频信号，将其作为原始信号 $x(t)$ 重复上述步骤Step1–Step 4，如下式所示，直至 $s_{1n}(t)$ 为一个纯调频信号，即 $s_{1n}(t)$ 的包络估计函数 $a_{1(n+1)}(t)=1$。

$$\begin{cases} h_{11}(t) = x(t) - m_{11}(t), \\ h_{12}(t) = s_{11}(t) - m_{12}(t), \\ \cdots \\ h_{1n}(t) = s_{1(n-1)}(t) - m_{1n}(t), \end{cases} \tag{18-9}$$

式中，

$$\begin{cases} s_{11}(t) = h_{11}(t)/a_{11}(t), \\ s_{12}(t) = h_{12}(t)/a_{12}(t), \\ \cdots \\ s_{1n}(t) = h_{1n}(t)/a_{1n}(t), \end{cases} \tag{18-10}$$

为减少迭代次数，设置变量 δ，当 $1-\delta \leqslant a_{1n}(t) \leqslant 1+\delta$ 时，迭代终止，δ 一般在0.001到0.0001之间。

Step 6　此时，将整个迭代过程中产生的所有局部包络函数相乘，得到包络信号 $a_1(t)$：

$$a_1(t) = a_{11}(t)a_{12}(t)\cdots a_{1n}(t) = \prod_{q=1}^{n} a_{1q}(t) \tag{18-11}$$

Step 7　原始信号 $x(t)$ 的第一个PF分量即为包络信号 $a_1(t)$ 和纯调频信号 $s_{1n}(t)$ 的乘积：

$$PF_1(t) = a_1(t) \cdot s_{1n}(t) \tag{18-12}$$

第一个PF分量包含了给定信号中最高的频率部分，$PF_1(t)$ 是一个单分量的调频调幅信号，其瞬时幅值就是包络信号 $a_1(t)$，其瞬时频率 $\omega_1(t)$ 可由纯调频信号 $s_{1n}(t)$ 求出，计算公式为：

$$\omega_1(t)=\frac{\mathrm{d}\ \arccos(s_{1n}(t))}{\mathrm{d}t} \tag{18-13}$$

Step 8　从原始信号$x(t)$中将$PF_1(t)$分量分离出来，并且得到的新信号$u_1(t)$作为一个新的原始信号，重复步骤Step 1–Step 7进行k次循环，直至$u_k(t)$为一个单调函数为止。

$$\begin{cases} u_1(t)=x(t)-PF_1(t), \\ u_2(t)=u_1(t)-PF_2(t), \\ \quad\cdots \\ u_k(t)=u_{k-1}(t)-PF_k(t), \end{cases} \tag{18-14}$$

经过多次循环迭代的分解之后，原始信号最终被分解成k个PF分量和一个余量$u_k(t)$之和，即：

$$x(t)=\sum_{p=1}^{k}PF_p(t)+u_k(t) \tag{18-15}$$

18.2.2　LMD分解流程图

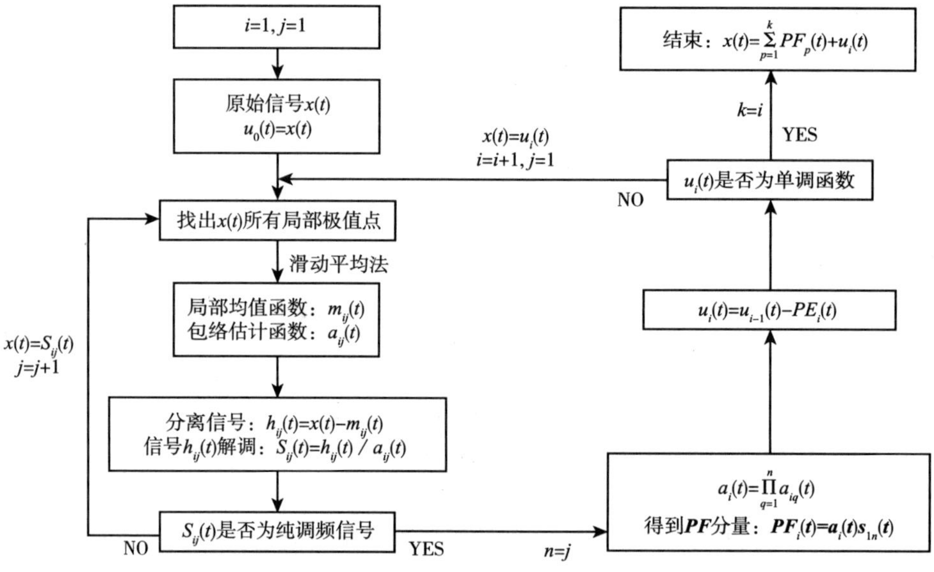

图18-12　LMD流程

18.3　案例应用

案例18-1：PM2.5的LMD分解

以武汉市PM2.5浓度为例：

```
#python代码
import pandas as pd
import numpy as np
from PyLMD import LMD
from PyEMD import EMD
import matplotlib.pyplot as plt
import matplotlib as mpl
from sklearn.cluster import KMeans
from time import *
plt.rcParams['axes.facecolor'] = 'snow'  # 图片背景
plt.rcParams['font.sans-serif'] = ['SimHei']  # 用来正常显示中文标签
plt.rcParams['axes.unicode_minus'] = False  # 用来正常显示负号
mpl.style.use(['ggplot'])  # style
font1 = {'family': 'Arial',
         'weight': 'normal',
         'size': 18, }  # Arial是字体形式
data = pd.read_csv(r"pm25.csv")  # 导入数据
data = np.array(data["pm25"])
x = np.linspace(0, len(data) - 1, len(data))  # 生成横坐标
# LMD分解
begin_time1 = time()
lmd = LMD()
PFs, resdue = lmd.lmd(data)
end_time1 = time()
# EMD分解
begin_time2 = time()
emd = EMD()
imf = emd(data)
end_time2 = time()
# time
run_time1 = end_time1 - begin_time1
run_time2 = end_time2 - begin_time2
print("LMD:{0}, EMD:{1}".format(run_time1, run_time2))
# 原始图
plt.figure(1)  # 第一张画布
plt.plot(x, data, linewidth=0.5, color='red')  # 原始数据
plt.title("Signal Input")  # 标题
plt.xticks(fontsize=13)  # x轴刻度字体大小
plt.yticks(fontsize=13)  # y轴刻度字体大小
plt.ylabel('PM2.5', font1)  # y轴坐标名称及字体样式
plt.ylim(0, 300)  # y轴范围
plt.show()
# LMD分解图
plt.figure(2)
plt.suptitle('LMD分解 ', fontsize=16)  # 总标题
for i in range(np.shape(PFs)[0]):  # 每个子图展示一个IMF
    plt.subplot(np.shape(PFs)[0]+1, 1, i + 1)
    plt.plot(x, PFs[i, :], linewidth=0.5, color='blue')
    plt.title("PFs" + str(i + 1), fontsize=10, loc='right', y=0.1)  # 子图标题
    # plt.xticks(fontsize=5)  # x轴刻度字体大小
    plt.yticks(fontsize=10)  # y轴刻度字体大小
plt.subplot(np.shape(PFs)[0]+1, 1, 8)
plt.plot(x, resdue, linewidth=0.5, color='blue')
plt.title("resdue", fontsize=10, loc='right', y=0.1)  # 子图标题
plt.yticks(fontsize=10)  # y轴刻度字体大小
# 子图间距设定
plt.subplots_adjust(left=0.125,
                    bottom=0.1,
                    right=0.9,
                    top=0.9,
                    wspace=0.1,
                    hspace=0.5)
plt.show()
```

从图18-13可以看出PM2.5原始数据的分布，从图18-14可以看出通过LMD方法从原始数据中分解出的7个PF分量的分布。

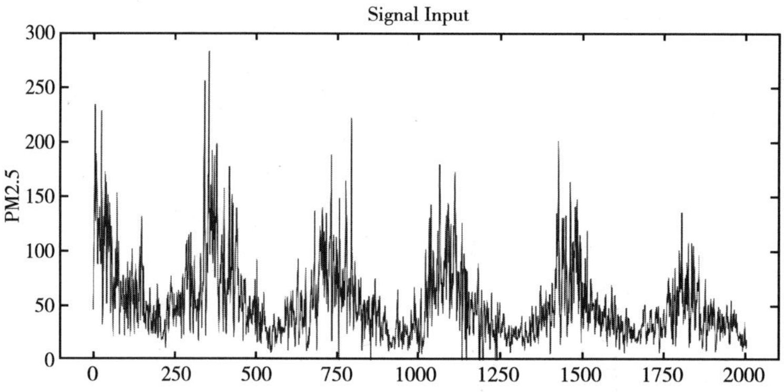

图 18-13　PM2.5 原始数据

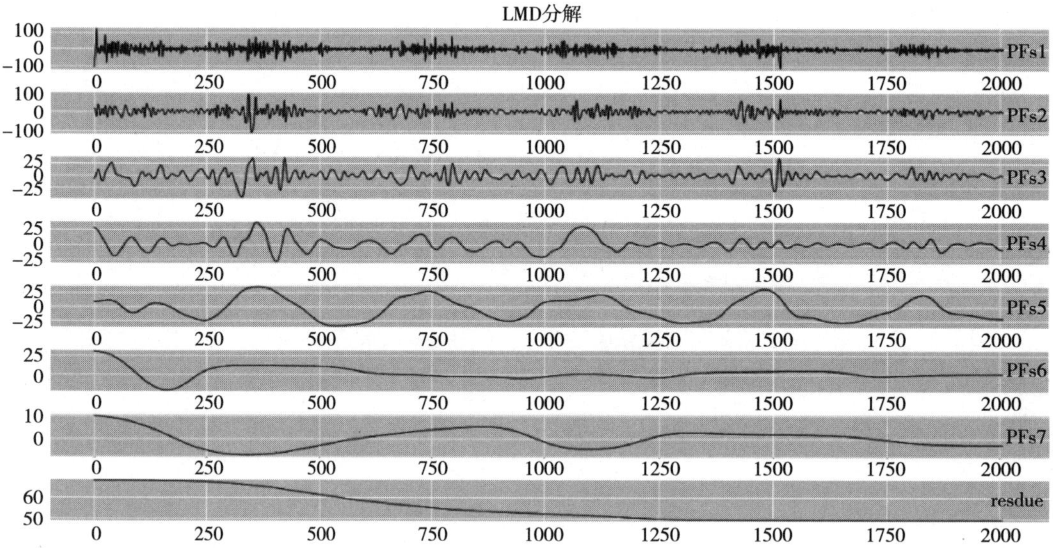

图 18-14　PM2.5 LMD 分解

```
#重构对比图
data_first = PFs[1:, :] #后6组
data_second = PFs[2:, :] #后5组
data_first = np.sum(data_first, 0) + resdue #沿 y 轴方向求和
data_second = np.sum(data_second, 0) + resdue
plt.figure(4)

plt.subplot(2, 1, 1)
plt.plot(x, data, linewidth=0.5, color='red', label='PM2.5')
plt.plot(x, data_second, linewidth=0.5, color='blue', label='后5组PF和')
plt.title("重构后PF分量之和(后5组)", fontsize=10, loc='center')
plt.xticks(fontsize=10) #x轴刻度字体大小
plt.yticks(fontsize=10) #y轴刻度字体大小
plt.legend(loc='upper right') #绘制曲线图例,信息来自类型label
plt.subplot(2, 1, 2)
plt.plot(x, data, linewidth=0.5, color='red', label='PM2.5')
plt.plot(x, data_first, linewidth=0.5, color='blue', label='后6组PF和')
plt.title("重构后PF分量之和(后6组)", fontsize=10, loc='center')
plt.xticks(fontsize=10) #x轴刻度字体大小
plt.yticks(fontsize=10) #y轴刻度字体大小
plt.legend(loc='upper right') #绘制曲线图例,信息来自类型label
plt.show()
```

图18-15展示了通过PF分量重构后得到的PM2.5数据趋势图，从图中可以看出，后5组PF分量重构后的图相比后6组PF分量重构的图更加平缓，并且两种重构方式得到的图在峰值点处都存在很大的误差，验证了LMD方法得到的分量都会保留原始数据的趋势信息。

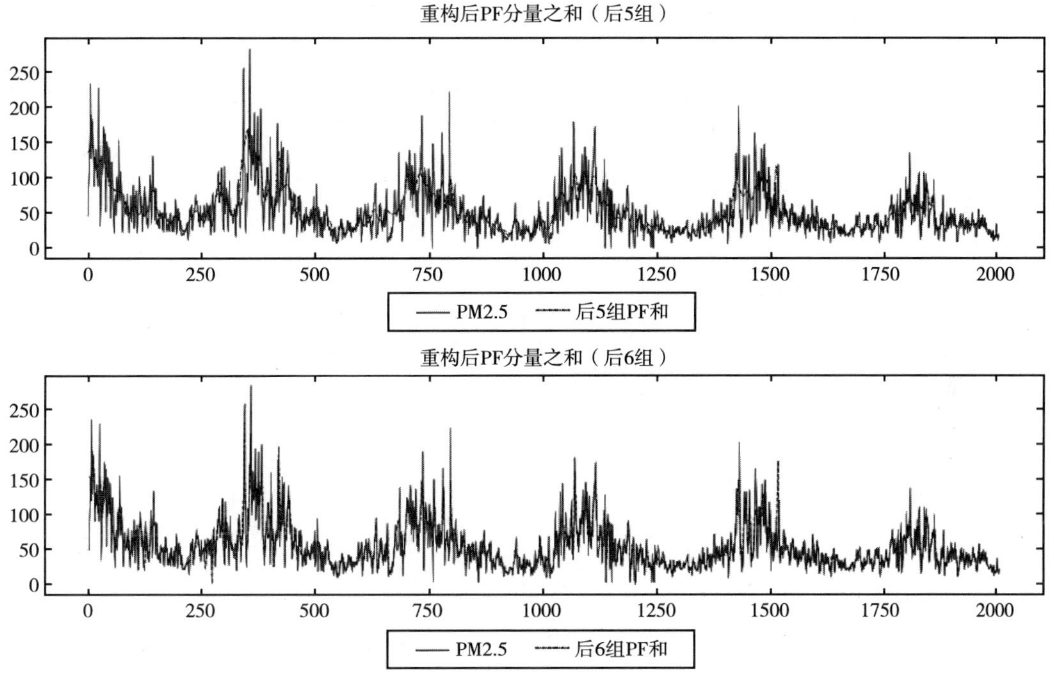

图18-15　PM2.5序列重构对比

案例18-2：上证指数的LMD分解

以上证指数收盘价为例：图18-16和图18-17分别展示了上证指数的原始数据分布图，和通过LMD方法分解所得到PF分量的趋势图，和PM2.5数据分解后得到的分量不同，针对上证指数，采用LMD分解后发现前三个PF分量在第400个数据前后存在“突刺”，从原始图中可以知道造成这个现象的原因是原始数据在该点前后发生了整体抬升，产生了很大的斜率，说明LMD方法分解的分量在突变异常数据的检验方面能起到显著的可视化效果。

图18-18展示了上证指数的重构结果，从图中可以看出，在突变点处，重构后的数据与原始数据存在较大的偏差。

```
# Python代码
import pandas as pd
import numpy as np
from PyLMD import LMD
from PyEMD import EMD
import matplotlib.pyplot as plt
import matplotlib as mpl
from time import *
```

```
plt.rcParams['axes.facecolor'] = 'snow'  # 图片背景
plt.rcParams['font.sans-serif'] = ['SimHei']  # 用来正常显示中文标签
plt.rcParams['axes.unicode_minus'] = False  # 用来正常显示负号
mpl.style.use(['ggplot'])  # style
font1 = {'family': 'Arial',
        'weight': 'normal',
        'size': 18, }  # Arial是字体形式

data = pd.read_csv(r"shangzheng.csv")  # 导入数据
data = np.array(data["open"])
x = np.linspace(0, len(data) - 1, len(data))  # 生成横坐标
# LMD分解
begin_time1 = time()
lmd = LMD()
PFs, resdue = lmd.lmd(data)
end_time1 = time()
# EMD分解
begin_time2 = time()
emd = EMD()
imf = emd(data)
end_time2 = time()
# time
run_time1 = end_time1 - begin_time1
run_time2 = end_time2 - begin_time2
print("LMD:{0}, EMD:{1}".format(run_time1, run_time2))
# 原始图
plt.figure(1)  # 第一张画布
plt.plot(x, data, linewidth=0.5, color='red')  # 原始数据
plt.title("Signal Input")  # 标题
plt.xticks(fontsize=13)  # x轴刻度字体大小
plt.yticks(fontsize=13)  # y轴刻度字体大小
plt.ylabel('PM2.5', font1)  # y轴坐标名称及字体样式
# plt.ylim(0, 300)  # y轴范围
plt.show()
# LMD分解图
plt.figure(2)
plt.suptitle('LMD分解', fontsize=16)  # 总标题
for i in range(np.shape(PFs)[0]):  # 每个子图展示一个IMF
    plt.subplot(np.shape(PFs)[0]+1, 1, i + 1)
    plt.plot(x, PFs[i, :], linewidth=0.5, color='blue')
    plt.title("PFs" + str(i + 1), fontsize=10, loc='right', y=0.1)  # 子图标题
    plt.yticks(fontsize=10)  # y轴刻度字体大小

plt.subplot(np.shape(PFs)[0]+1, 1, 8)
plt.plot(x, resdue, linewidth=0.5, color='blue')
plt.title("resdue", fontsize=10, loc='right', y=0.1)  # 子图标题
plt.yticks(fontsize=10)  # y轴刻度字体大小
# 子图间距设定
plt.subplots_adjust(left=0.125,
                    bottom=0.1,
                    right=0.9,
                    top=0.9,
                    wspace=0.1,
                    hspace=0.5)
plt.show()


##重构对比图
data_first = PFs[1:, :]  # 后6组
data_second = PFs[2:, :]  # 后5组
data_first = np.sum(data_first, 0) + resdue  # 沿 y 轴方向求和
data_second = np.sum(data_second, 0) + resdue
plt.figure(4)
# NO.1
plt.subplot(2, 1, 1)
plt.plot(x, data, linewidth=0.5, color='red', label='PM2.5')
plt.plot(x, data_second, linewidth=0.5, color='blue', label='后5组PF和', linestyle='-.')
plt.title("重构后PF分量之和(后5组)", fontsize=10, loc='center')
plt.xticks(fontsize=10)  # x轴刻度字体大小
```

```
plt.yticks(fontsize=10)  # y 轴刻度字体大小
plt.legend(loc='upper right')  # 绘制曲线图例，信息来自类型 label

plt.subplot(2, 1, 2)
plt.plot(x, data, linewidth=0.5, color='red', label='PM2.5')
plt.plot(x, data_first, linewidth=0.5, color='blue', label='后 6 组 PF 和 ', linestyle='-.')
plt.title(" 重构后 PF 分量之和 ( 后 6 组 )", fontsize=10, loc='center')
plt.xticks(fontsize=10)  # x 轴刻度字体大小
plt.yticks(fontsize=10)  # y 轴刻度字体大小
plt.legend(loc='upper right')  # 绘制曲线图例，信息来自类型 label
plt.show()
```

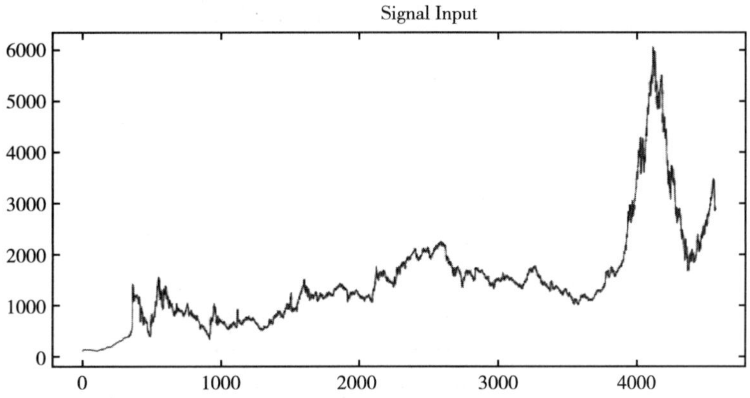

图 18-16　上证指数原始数据

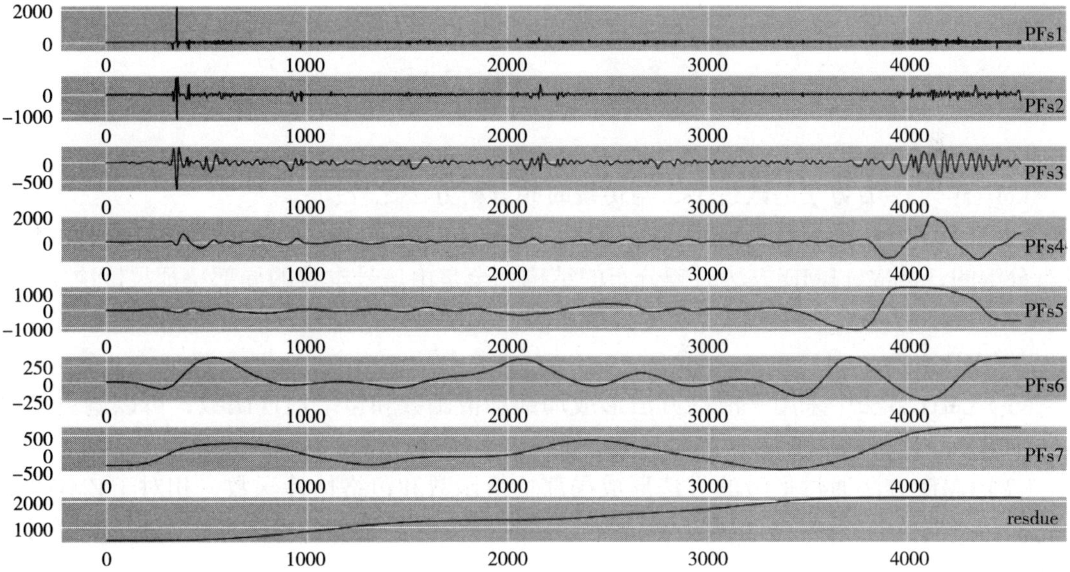

图 18-17　上证指数 LMD 分解

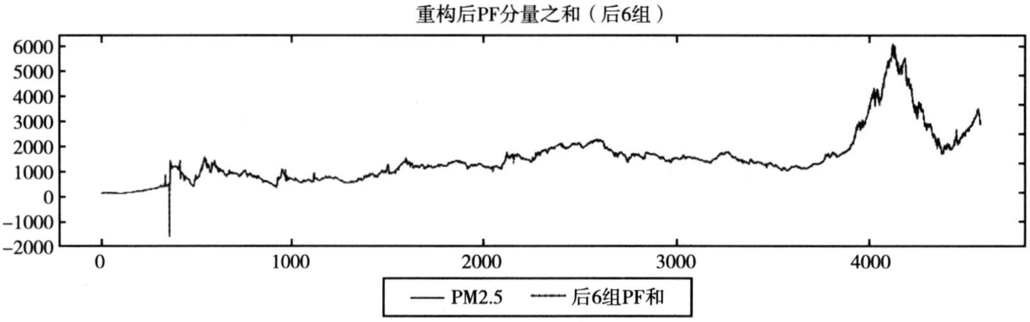

图 18-18　上证指数序列重构对比

18.4 延伸阅读

LMD作为EMD方法的改进型，与传统时频分析方法比较：

（1）LMD 方法具有自适应性，体现在：首先，LMD 方法是始终依据信号本身的信息进行分解的；其次，LMD 方法时频分布的结构完全是由信号本身的局部特征尺度决定的。

（2）LMD方法不是基于傅里叶变换的，因此对信号的平稳性没有任何限制。

与EMD比较：

（1）LMD 方法中采用平滑的方法形成局部均值函数和包络估计函数，可以避免 EMD 方法中采用三次样条插值形成上、下包络线时产生的过包络、欠包络问题；

（2）LMD 方法通过平滑的方法形成局部均值函数和包络估计函数，相对于EMD方法中三次样条插值的方法，可以使 PF 分量比 IMF 分量保留更多的原信号的频率和幅值变化特性。

LMD算法缺点：

（1）依然存在端点效应、平滑次数较多时，信号会发生提前或滞后现象、在平滑时步长不能最优确定、无快速算法等问题。

（2）LMD 方法通过平滑的方法形成局部均值函数和包络估计函数过程十分耗时。

参考文献

[1] Smith J S. The local mean decomposition and its application to EEG perception data [J]. Journal of the Royal Society Interface, 2005, 2 (5): 443-454.

[2] 张亢.局部均值分解方法及其在旋转机械故障诊断中的应用研究 [D].长沙：湖南大学出版社，2012.

练习题

1.阐述局部均值分解方法的原理及步骤。

2.简述LMD分解算法相比于传统时频分解的优缺点。

3.给定数据集（https：//raw.githubusercontent.com/jbrownlee/Datasets/master/daily-min-temperatures.csv），该数据集描述了澳大利亚墨尔本市10 年（1981—1990年）的最低日温度。单位为摄氏度，有 3650 个观测值，数据来源被认为是澳大利亚气象局。使用该数据进行局部均值分解。

第19章　二次分解

19.1 背景介绍

对于波动性较大的非平稳非线性时间序列数据，经典的统计学方法和单一的机器学习模型往往不能较为准确地预测，对原始复杂时间序列进行分解可以显著降低模型预测的难度，提升预测精度。为了避免单一的分解方法不能完全提取原始数据的信息和特征，引入二次分解过程。但彻底二次分解会带来成倍的工作量，于是可以根据样本熵等方法在控制一定工作量的基础上充分提取时间序列信息，降低模型预测的难度，提升预测方法的预测精度和稳定性。

19.2 案例应用

本案例选取了北京市2018年5月10日至2019年8月1日的小时PM2.5浓度数据，作为实证研究对象，其中，训练集为2018年5月10日至 2019年5月10日的小时PM2.5浓度数据，样本数据占比80%，将其用来训练我们提出的混合模型；2019年5月11日至2019年8月1日数据为对应的测试集，测试集数据占比20%。图19–1为原始PM2.5浓度时间序列图。

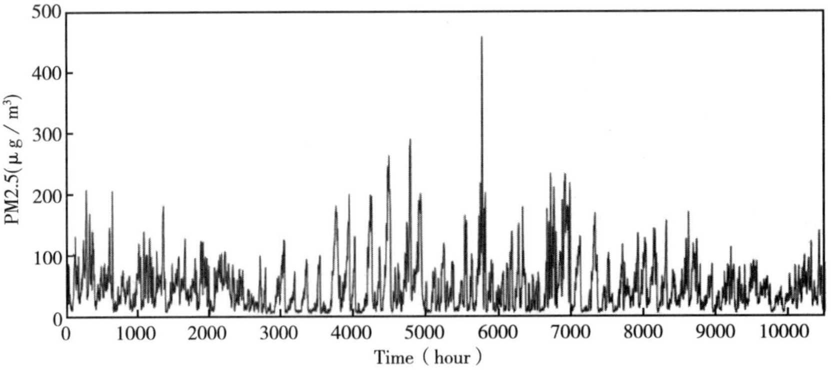

图19–1　原始PM2.5浓度时间序列

首先利用改进的自适应白噪声完全集成经验模态分解（ICEEMDAN）算法对北京市小时PM2.5浓度序列进行分解，在ICEEMADN算法中，为了保证分解后的序列具有较强的鲁棒性，所添加的自适应白噪声的标准差为0.2，本章将试验次数设置为200，允许迭代的最大次数设置为2000。利用ICEEMADN算法将原始的PM2.5浓度序列分解成了12个频率不同的本征模态函数（IMF）和一个残差项，其中子序列IMF1-IMF12的频率依次降低，第一个本征模态函数IMF1频率最高，IMF12频率最高，Res为剩余残差项。图19-2展示了PM2.5浓度序列经过一次ICEEMDAN分解之后的子序列图，ICEEMDAN分解代码如下：

```
% Matlab代码
%% 导入数据
data=xlsread("data_pm.xlsx");
data=data(:,2);
modes=iceemdan(data,0.2,200,2000); %% iceemdan函数见附录
%% 首次分解
figure();
n = size(modes,1);
subplot(n,1,1);
plot(modes(1,:));
for i = 2:n
    subplot(size(imf,1),1,i);
    plot(imf(i,:));
    set(gca,'XLim',[1 length(data)]);% 设置要显示坐标刻度的范围
    ylabel(['IMF',num2str(i)]);
    if (i == size(imf,1))
        ylabel(['res']);
        xlabel('时间');
    end
end
%% 二次分解
clc;
clear;
load('ICEEMDAN_IMF1.mat')
data=IMF1;
[c,l]=wavedec(data,kk,'db4');
d1=wrcoef('d',c,l,'db4',1); % 基于[C,L],用wrcoef函数重构第1层高频信号
d2=wrcoef('d',c,l,'db4',2); % 基于[C,L],用wrcoef函数重构第2层高频信号
d3=wrcoef('d',c,l,'db4',3); % 基于[C,L],用wrcoef函数重构第3层高频信号
d4=wrcoef('d',c,l,'db4',4);
d5=wrcoef('d',c,l,'db4',5);
d6=wrcoef('d',c,l,'db4',6);
d7=wrcoef('d',c,l,'db4',7);
a7=wrcoef('a',c,l,'db4',7);
wd_sub=[d1;d2; d3;d4;d5;d6;d7;a7];
figure(2);
for i = 2:n
    subplot(size(wd_sub,1),1,i);
    plot(wd_sub(i,:));
    set(gca,'XLim',[1 length(data)]);
    ylabel(['d',num2str(i)]);
    if (i == size(imf,1))
        ylabel(['a',num2str(i)]);
        xlabel('Time(hour)');
    end
end
```

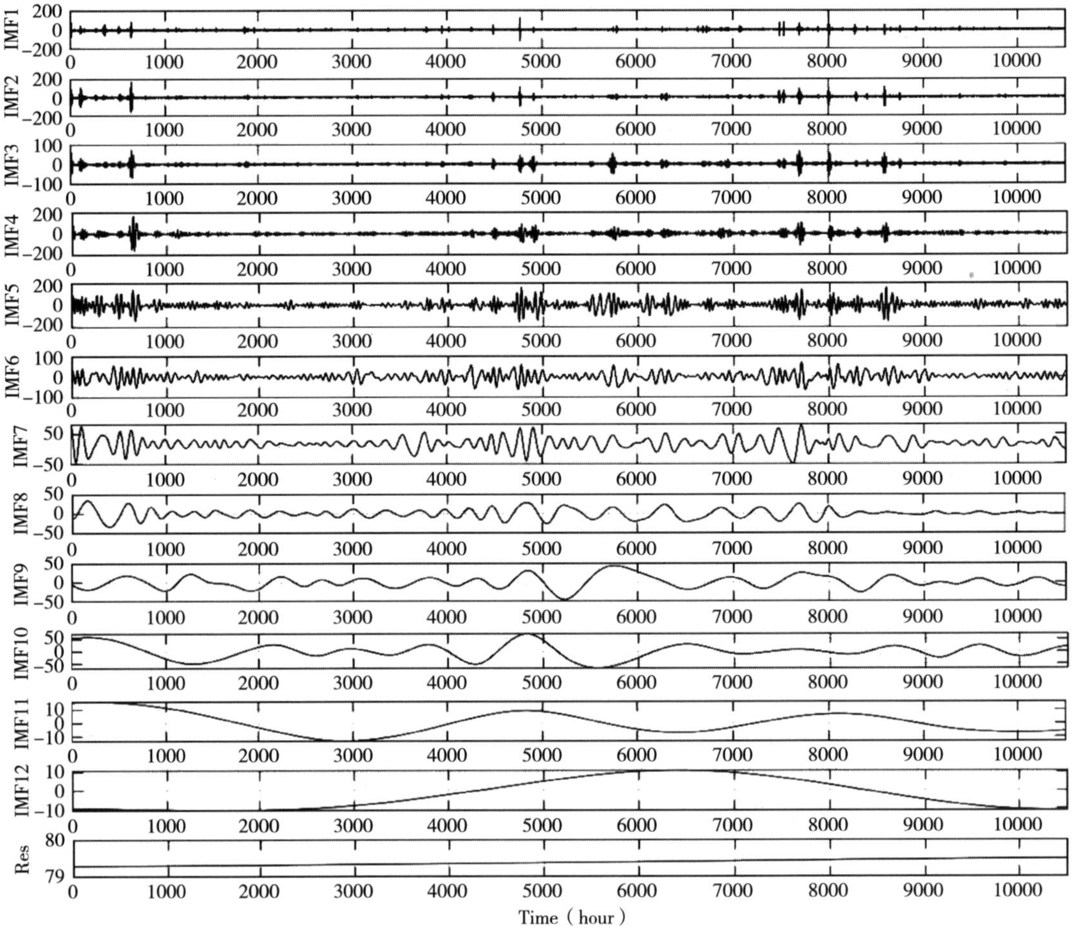

图19-2　PM2.5浓度序列ICEEMDAN分解

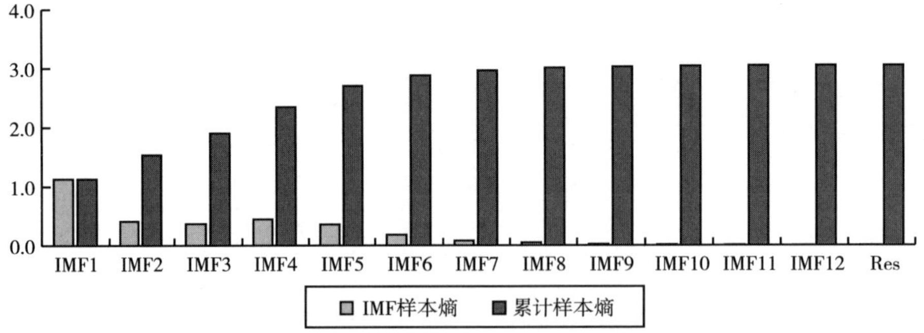

图19-3　北京市PM2.5浓度各子序列样本熵

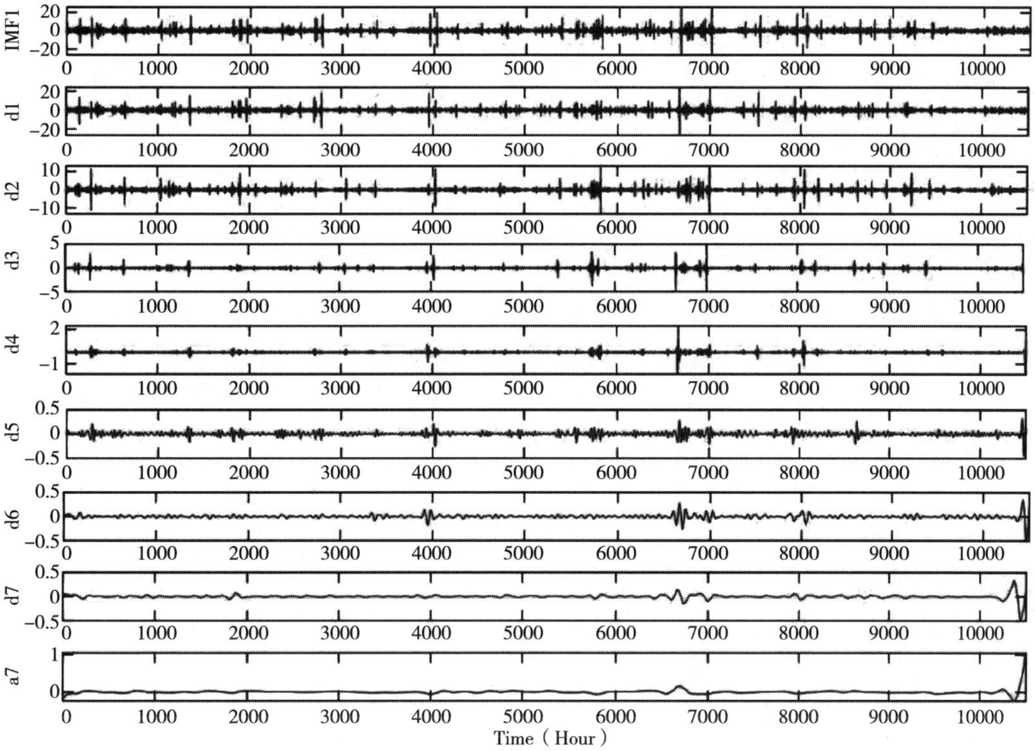

图 19-4　北京市小时 PM2.5 浓度子序列 IMF1 二次分解

为了在最大限度地提取原始序列的信息的基础上提高计算效率，避免分解不完全造成的信息提取不充分，最大程度上降低模型预测的复杂度，引入样本熵量化单一IMF的复杂度和规律性，针对复杂度高的本征模态函数，将其进行二次分解，以充分提取原始PM2.5浓度序列的信息。图19-3为ICEEMADN算法分解出各子序列的样本熵值，IMF1样本熵值最大，复杂性最高，自IMF2开始有了幅度较大的降低，表明IMF2以后的子序列规律性较强，不再含有其他的复杂特征。因此，我们选择利用小波变换（WT）将IMF1进行二次分解，以充分提取复杂性特征。将IMF1分解为7个细节序列（d1–d7）和一个近似序列（a7），其中，d1–d7表示一些其他因素的影响及影响PM2.5浓度的日常随机波动；a7表示趋势项，代表北京市小时PM2.5浓度的长期变化趋势。

```
% Matlab代码
function [modes,its]=iceemdan(x,Nstd,NR,MaxIter,SNRFlag)
x=x(:)';
desvio_x=std(x);
x=x/desvio_x;
aux=zeros(size(x));
iter=zeros(NR,round(log2(length(x))+5));
white_noise = cell(1,NR);
for i=1:NR
    white_noise{i}=randn(size(x));%creates the noise realizations
end;
modes_white_noise = cell(1,NR);
for i=1:NR
    modes_white_noise{i}=emd(white_noise{i});%calculates the modes of white gaussian noise
end;
```

```
for i=1:NR %calculates the first mode
    xi=x+Nstd*modes_white_noise{i}(1,:)/std(modes_white_noise{i}(1,:));
    [temp, ~, it]=emd(xi,'MAXMODES',1,'MAXITERATIONS',MaxIter);
    temp=temp(1,:);
    aux=aux+(xi-temp)/NR;
    iter(i,1)=it;
end;
modes= x-aux; %saves the first mode
medias = aux;
k=1;
aux=zeros(size(x));
es_imf = min(size(emd(medias(end,:),'MAXMODES',1,'MAXITERATIONS',MaxIter)));
while es_imf>1 %calculates the rest of the modes
     for i=1:NR
          tamanio=size(modes_white_noise{i});
          if tamanio(1)>=k+1
               noise=modes_white_noise{i}(k+1,:);
               if SNRFlag == 2
                    noise=noise/std(noise); %adjust the std of the noise
               end;
               noise=Nstd*noise;
               try
[temp,~,it]=emd(medias(end,:)+std(medias(end,:))*noise,'MAXMODES',1,'MAXITERATIONS',MaxIter);
                catch
                    it=0;
                    %disp('catch 1 '); disp(num2str(k))      temp=emd(medias(end,:)+std(medias(end,:))*noise,'MAXMODES',1,'M
AXITERATIONS',MaxIter);
               end;
               temp=temp(end,:);
          else
               try
[temp, ~, it]=emd(medias(end,:),'MAXMODES',1,'MAXITERATIONS',MaxIter);
                              catch
temp=emd(medias(end,:),'MAXMODES',1,'MAXITERATIONS',MaxIter);
                    it=0;
                    %disp('catch 2 sin ruido')
               end;
               temp=temp(end,:);
          end;
          aux=aux+temp/NR;
    iter(i,k+1)=it;
    end;
    modes=[modes;medias(end,:)-aux];
    medias = [medias;aux];
    aux=zeros(size(x));
    k=k+1;
    es_imf = min(size(emd(medias(end,:),'MAXMODES',1,'MAXITERATIONS',MaxIter)));
end;
modes = [modes;medias(end,:)];
modes=modes*desvio_x;
its=iter;
```

附录A：MATLAB软件使用初步

一、MATLAB软件的启动

（一）MATLAB的启动

软件安装后，在Windows窗口双击MATLAB图标（图附A-1）或在相应目录下双击MATLAB图标启动MATLAB程序，进入MATLAB主窗口，见图附A-2。

图附A-1　MATLAB图标

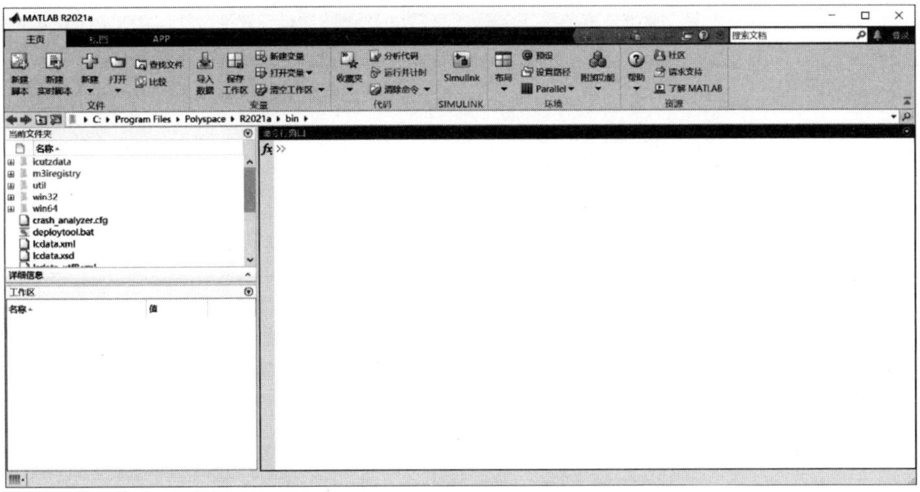

图附A-2　MATLAB主窗口

（二）主窗口简介

主窗口最上为标题栏。左边为MATLAB标题，右边为窗口操作按钮。

标题栏下方为菜单栏，包括主页、绘图、APP三项，用鼠标左键单击任意选项会出现不同的子菜单。例如：主页下包含新建脚本、新建实时脚本、新建、打开、查找文件、比较、导入数据、保存工作区等。用鼠标左键单击任意子菜单，即可实现该部分的具体功能。

菜单栏下方为当前路径（此处为C：\Program Files\Polyspace\R2021a\bin）。当前路径下方分为3个区域，其中左侧包含两大区域：当前文件夹和工作区，右侧包含一个区域：命令行窗口。

当前文件夹与上方的当前路径相对应，例如：此处显示的为文件夹bin下的所有文件。

工作区用于展示变量名称和相对应的值。

命令行窗口用于输入命令和展示结果。允许用户通过键盘输入MATLAB命令，按回车键运行命令，并输出运行结果。

二、脚本的建立和使用

（一）脚本的建立

在进行数据处理与分析之前，首先要建立脚本。

方法一：鼠标左键单击菜单区域左上角“主页”->“新建脚本”即可完成脚本的建立。

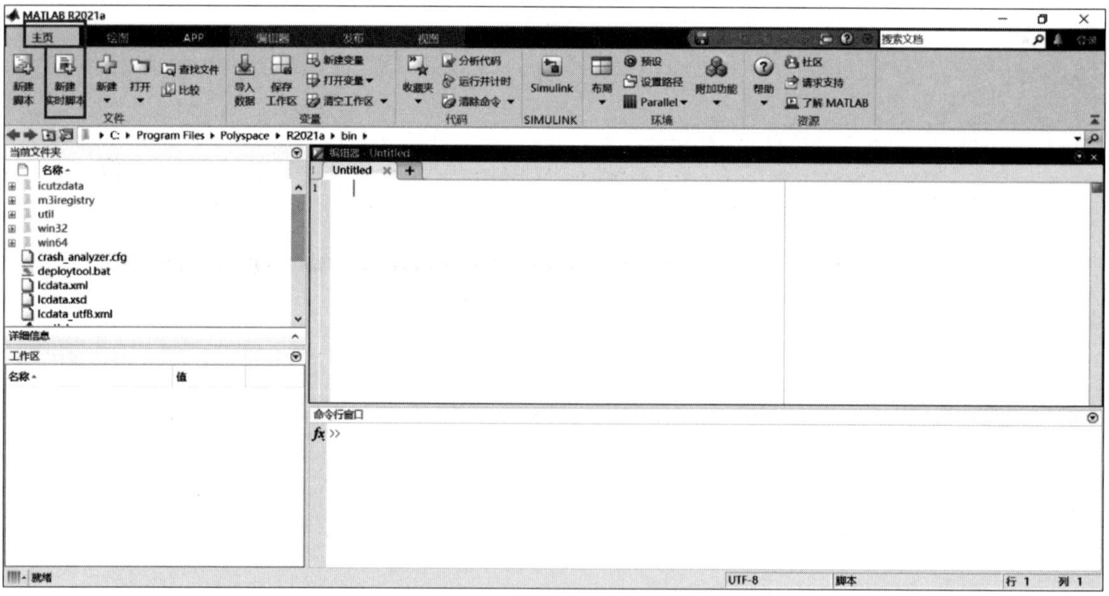

图附A-3　脚本的建立（方法一）

方法二：鼠标左键单击菜单区域左上角“主页”->“新建”->“脚本”，即可完成脚本的建立。如图附A-4所示，命令行窗口上方所示编辑器即为建立好的脚本。脚本建立完成后，即可在编辑器中输入MATLAB命令。

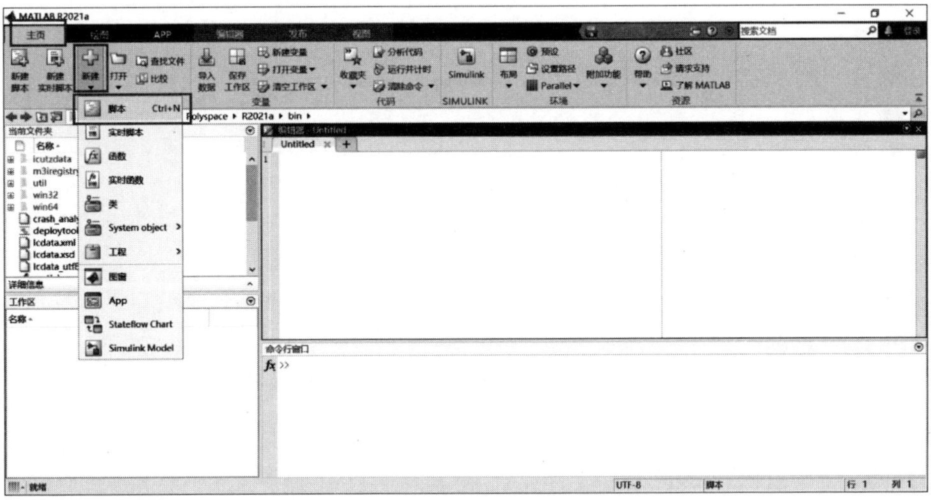

图附A-4　脚本的建立（方法二）

（二）脚本的保存

保存新建的脚本有两种方法。

方法一：鼠标左键依次单击菜单栏中的“编辑器”->“保存”->“保存”，如图附A-5，在弹框中选择保存位置，并对文件名进行重命名，如图附A-6所示。

方法二：同时按中键盘Ctrl键和S键，在弹出窗口中选择保存位置，并对文件名进行重命名。

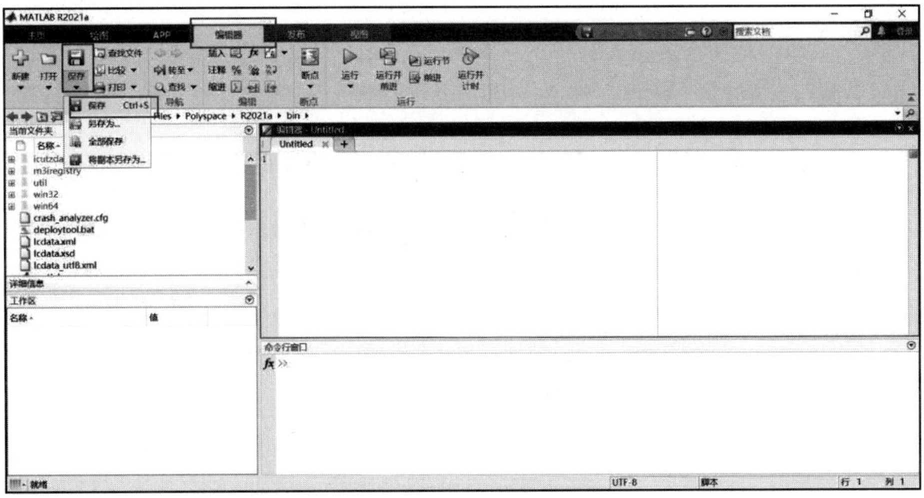

图附A-5　保存新建的脚本

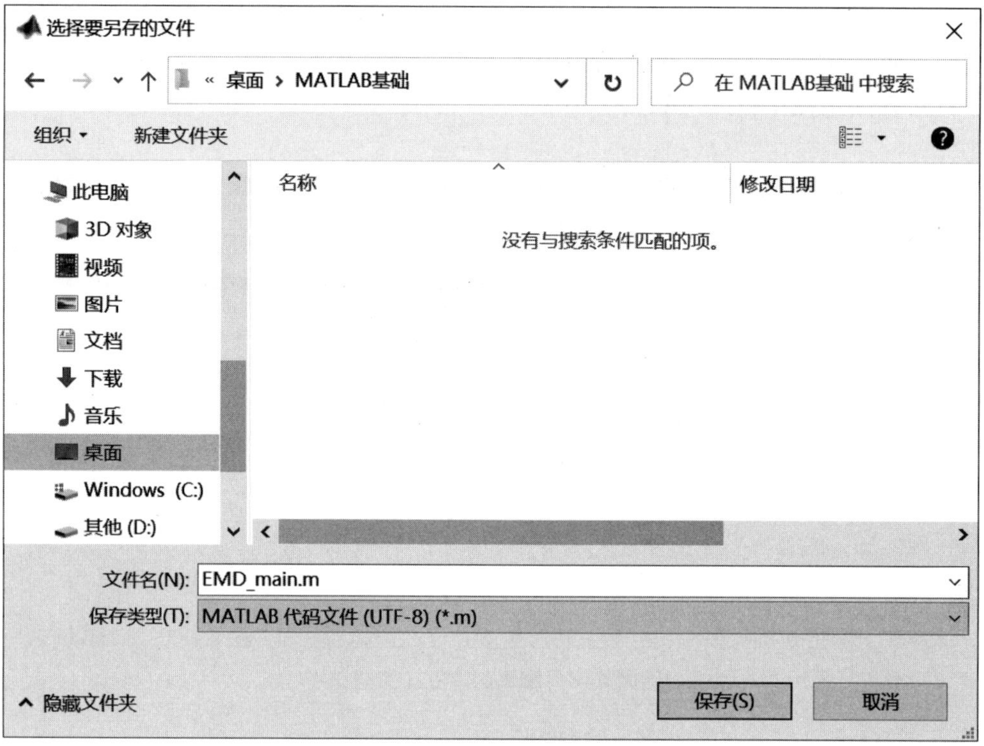

图附A-6　选择保存位置并重命名

（三）已有脚本的打开

打开已有的脚本，方式为：依次鼠标左键单击菜单栏“主页”->“打开”->“打开”，选择要打开的文件即可。

（四）脚本的运行

在新建的脚本中输入MATLAB命令。鼠标左键单击菜单栏“编辑器”->“运行”，弹出如图附A-7窗口，选择“更改文件夹”即可。

图附A-7　脚本的运行

运行结果如图附A-8所示。

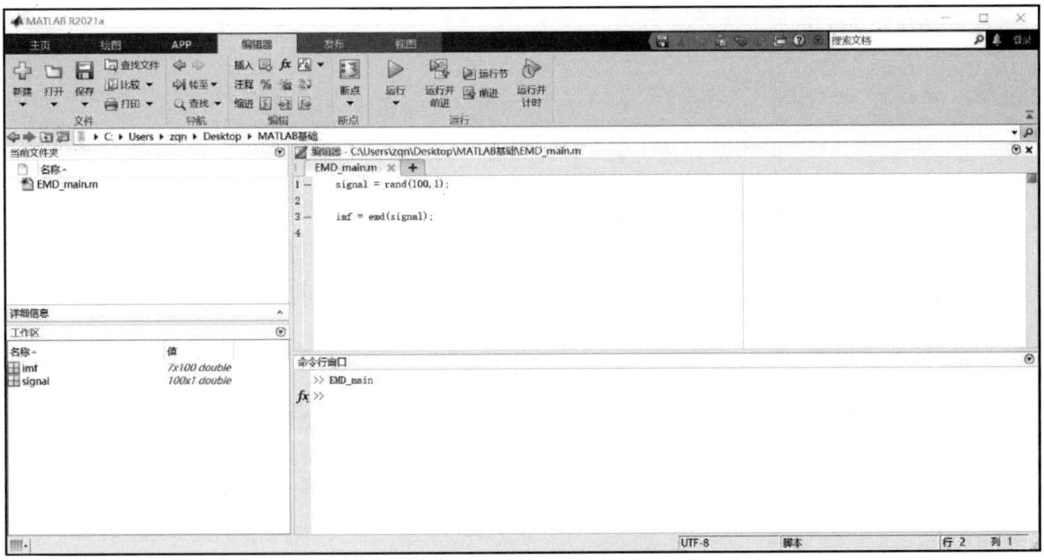

图附 A-8　脚本运行结果

如图附A-8所示，左侧上方当前文件夹路径已更改，左侧下方工作区展示了变量名及其取值，右侧上方编辑器中为输入的MATLAB命令，右侧下方命令行窗口为运行结果。

（五）变量值查看

若希望查看某一变量的具体值，可找到左下工作区，将光标放在该变量名称上，鼠标左键双击即可查看，查看结果如图附A-9所示。在右侧原编辑器所在位置即可显示变量的具体取值。再次鼠标左键单击编辑器，即可回到脚本界面。

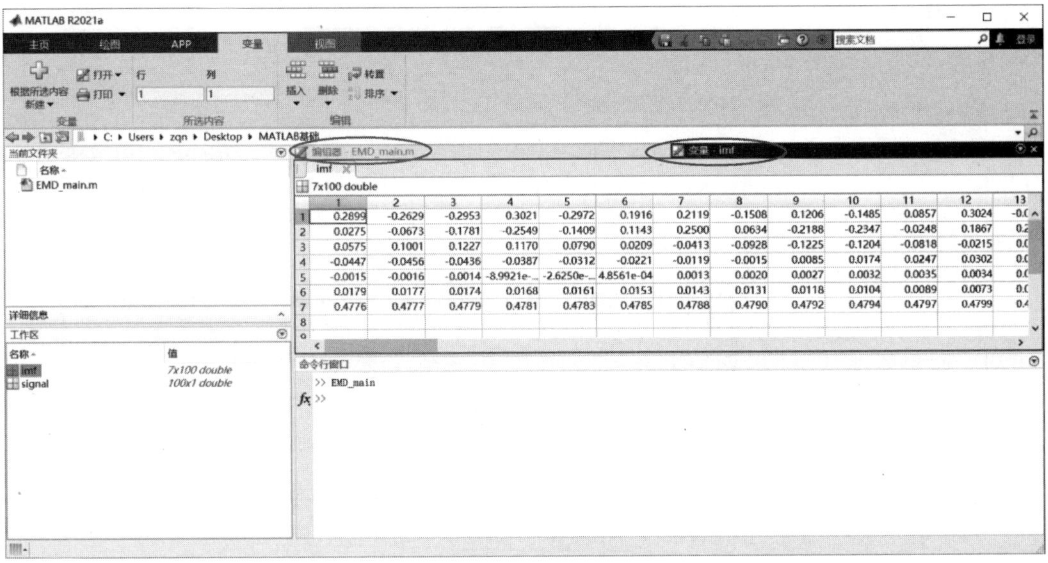

图附 A-9　变量查看

三、MATLAB编程基本规则

（一）输入MATLAB命令的方式

输入MATLAB命令可通过两种方式进行。

方式一：在命令行窗口输入。如图附A-10所示，命令行窗口中光标在“>>”符号后闪烁，表明可在该位置输入命令。一行命令输入完成后，回车即可立即执行该条命令，并输出这条命令的结果，如图附A-11所示。

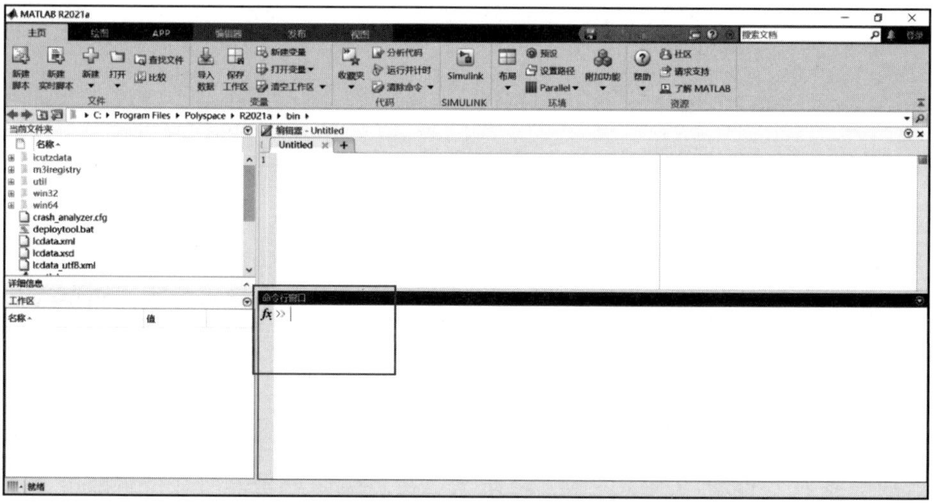

图附A-10　命令行窗口

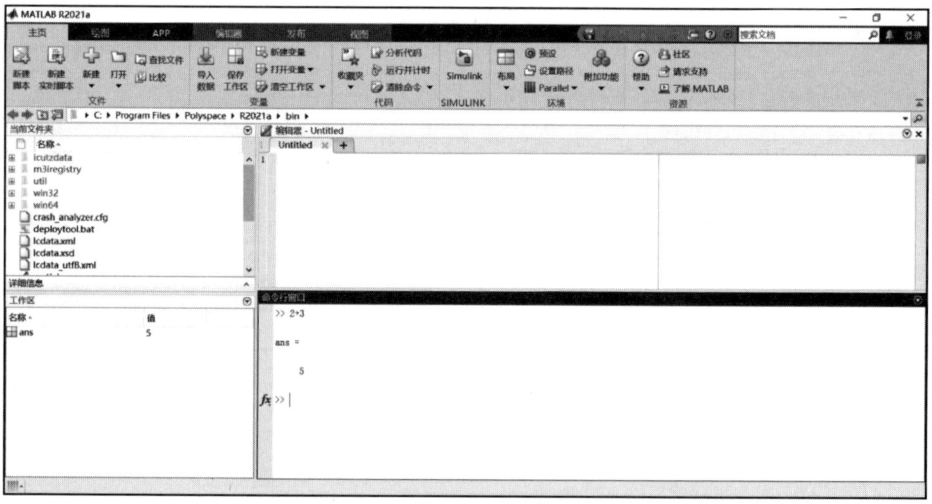

图附A-11　输入MATLAB命令（方式一）

需要说明的是，该方式一次只能输入一行命令，当运行结束，再次出现“>>”时，可继续输入下一条命令。

假如命令输入错误，在回车之后会返回错误信息，如图附A-12所示。根据错误提示修改正确后即可运行。

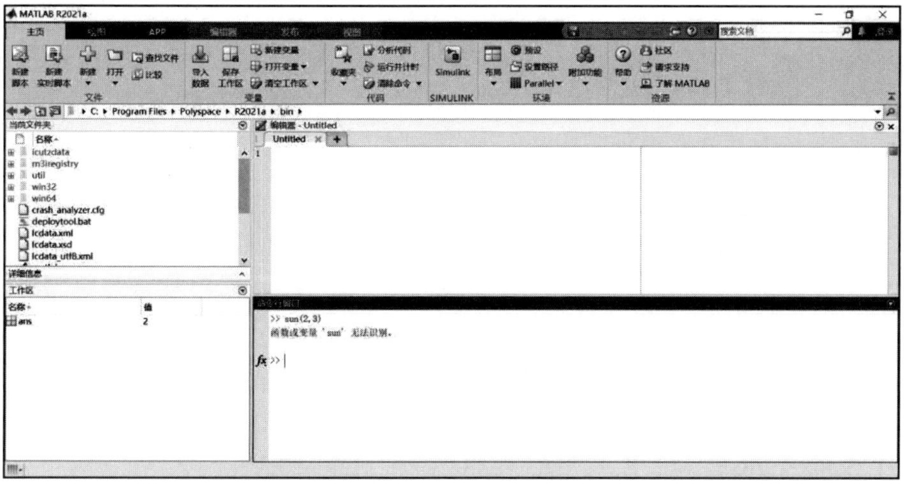

图附A-12　错误命令提示

方式二：在编辑器输入（脚本）。首先新建脚本，并保存为test.m。编辑器左侧为行号，光标闪烁的地方可输入命令。与方式一不同的是，在编辑器中可连续输入多条命令，输入完成后点击“运行”符号，即可运行该编辑器中所有命令。并在命令行窗口输出所有结果，如图附A-13所示。

图附A-13　输入MATLAB命令（方式二）

此外，若不希望在命令行窗口输出某行命令的结果，可以在该命令行后最后加“；”，如图附A-14所示，在命令行窗口仅输出变量c的值，未输出变量a，b的值。所有变量取值可以在左下工作区查看。

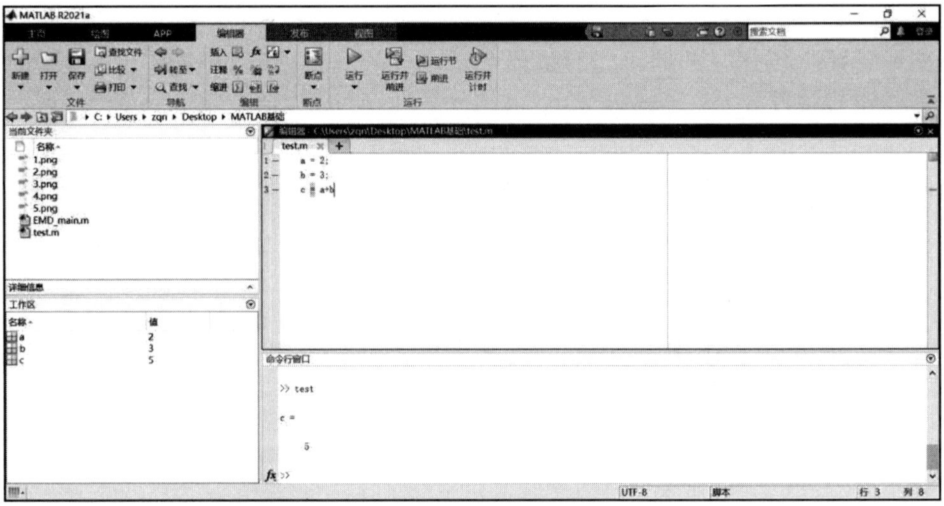

图附A-14 在命令行窗口选择性输出结果

（二）区分大小写

MATLAB对大小写敏感，即在编写程序时大写字母与小写字母影响程序识别，不能视为同一变量。例如：A与a分别代表两个变量，如图附A-15所示。因此在输入MATLAB命令时，要注意字母的大小写问题，以保证程序的正确运行。

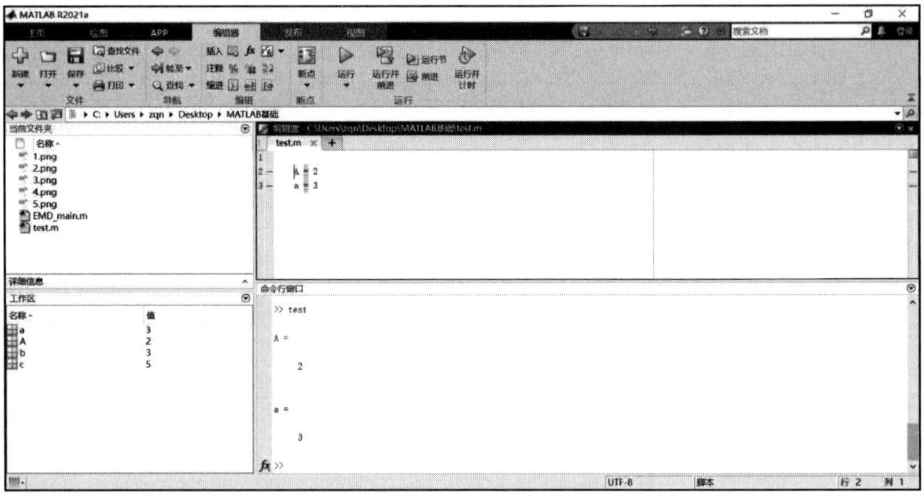

图附A-15 区分大小写

（三）命令行注释

MATLAB允许对命令进行注释，以“%”开始，到行末结束，注释的作用为对编写的命令进行解释说明，以方便以后查看。如图附A-16。被注释的内容不运行。

整行注释的快捷方式为：光标选中需要被注释的行，键盘Ctrl+R，取消注释的方式为键盘Ctrl+T。

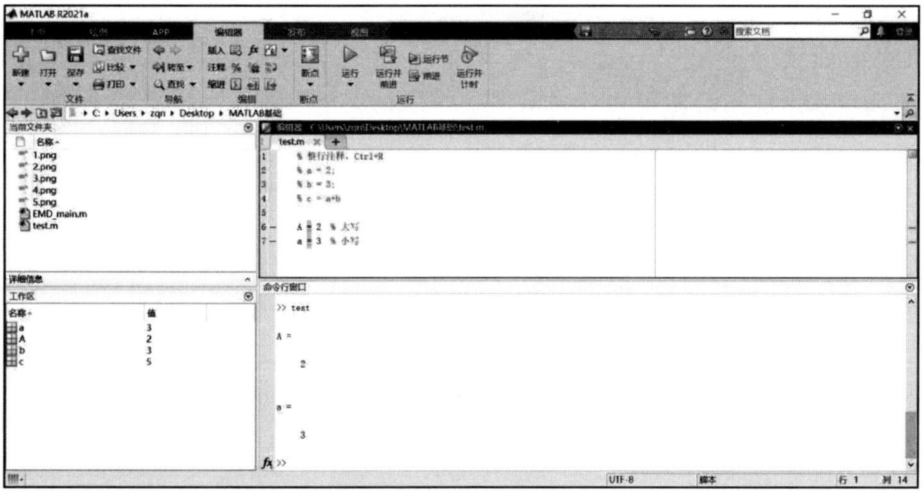

图附A–16　命令行注释

（四）数据的生成

如果数据不多，可以采用手动录入的方式生成数据，或可根据自己的需求生成数据。常用的数据有标量、向量、矩阵。如图附A–17。其中，标量指一个单独的数，可以是整数或者小数，例如：1、2、1.3、2.6等。向量指一组数，可以是一行或者一列，其中的元素通常由标量组成，例如：[1，2，3，4]等。矩阵通常为二维，有行、列，如图附A–17所示，d即为一个3行4列的矩阵。

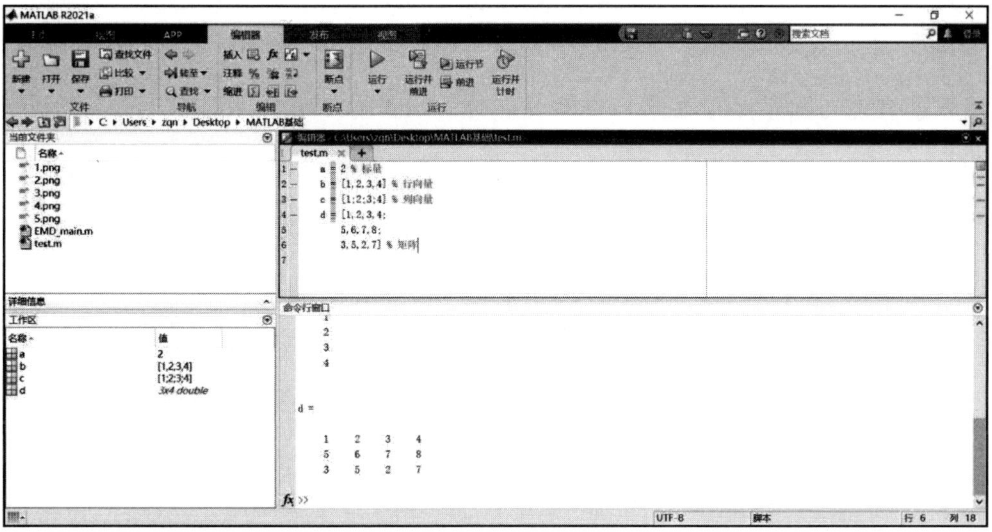

图附A–17　数据的生成

（五）数据的导入与导出

当数据量较大时，采用手动录入的方式不太方便，此时可以采用命令进行导入。常见的数据格式有.xls、.xlsx、.csv等。

1. 导入excel数据

读取excel数据使用的命令为xlsread( )。一般情况下，我们可以直接采用如下命令读取excel中的数据，读取的数据保存在data中，方便快捷。其中，引号内为excel数据所在的路径。如图附A-18所示，读取成功。需要说明的是，excel数据有.xls和.xlsx两种后缀，读取数据时一定要注意数据文件的后缀是什么。

```
data=xlsread('C:\Users\Desktop\MATLAB基础\武汉市AQI数据.xlsx')
```

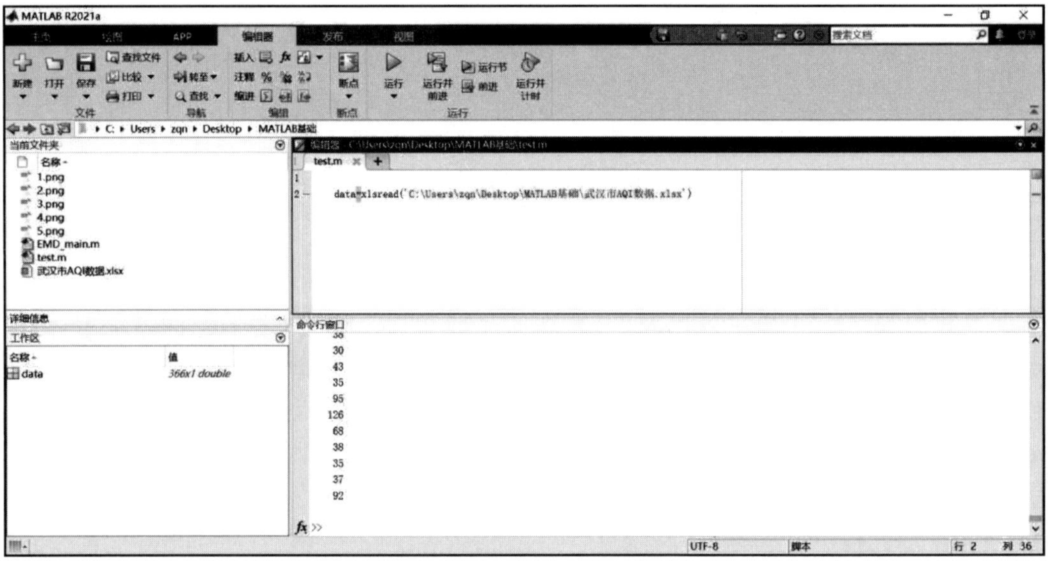

图附A-18 导入excel数据

当数据文件与程序保存在同一文件夹下时，如图附A-19，可以省略路径亦可读入。命令如下：

```
data=xlsread('武汉市AQI数据.xlsx')
```

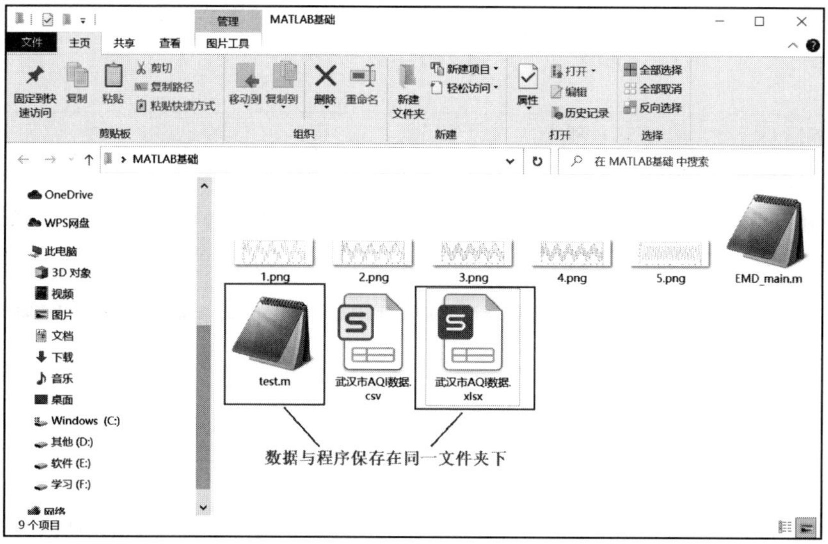

图附 A–19　保存在同一文件夹

2. 导入 csv 数据

读取 csv 数据使用的命令为 csvread（ ），需要说明的是 csvread（ ）只能读取纯数据。其中，单引号内为 csv 数据所在的路径，第一个 1 表示从哪一行开始读取，第二个 1 表示从哪一列开始读取。此处的行数是从 0 数起，即：0 表示第一行，1 表示第二行，依此类推。如图附 A–20 所示，读取成功。

```
data=csvread('C:\Users\Desktop\MATLAB基础\武汉市AQI数据.csv',1,1);
```

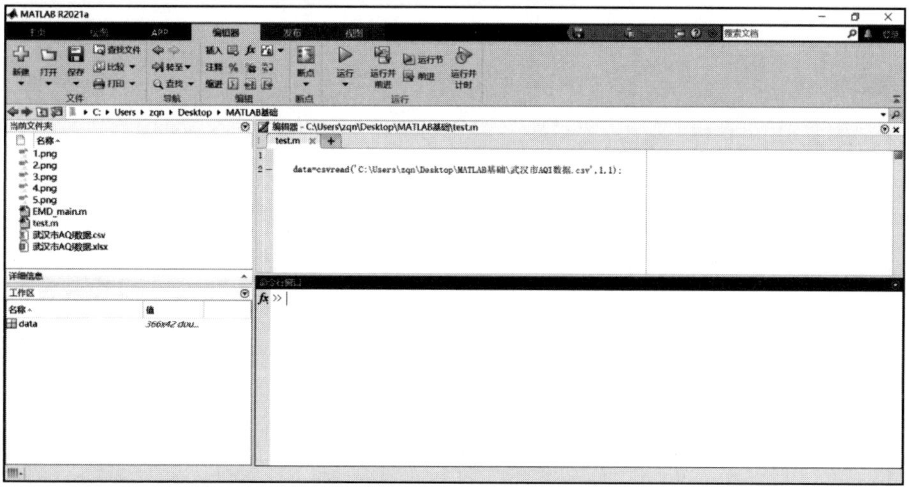

图附 A–20　导入 csv 数据

3. 数据的导出

有时需要将运行后的结果导出，保存在 excel 中，此时采用的命令是 xlswrite( )。首先，我们运行如下代码，在命令行窗口得到所需要的结果，如图附A-21所示，同时该变量也保存在工作区。

```
A = [1,2,3; 4,5,6]
```

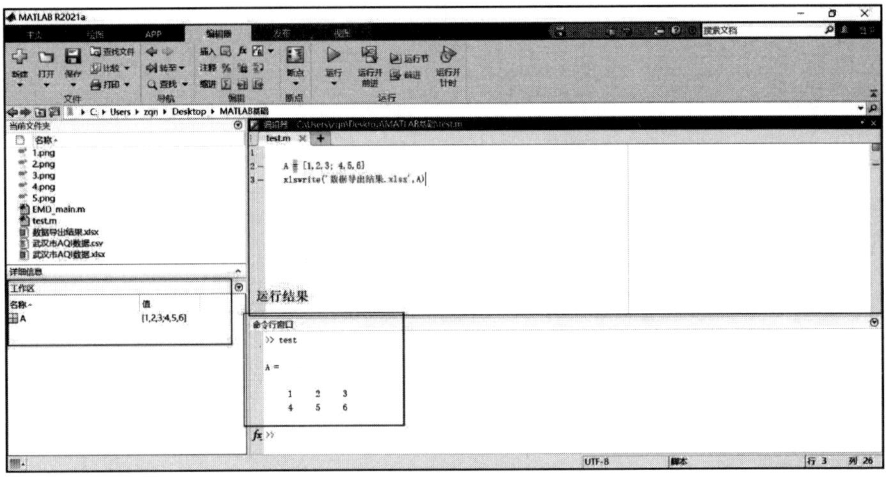

图附A-21　数据的导出

此时，我们可以使用xlswrite（ ）函数来将变量A导出至excel，使用以下代码，默认保存在程序所在文件夹。此时，打开程序所在文件夹可以看到数据已经导出成功，如图附A-22所示，打开导出的数据，结果如图附A-23所示。

```
xlswrite('数据导出结果.xlsx',A)
```

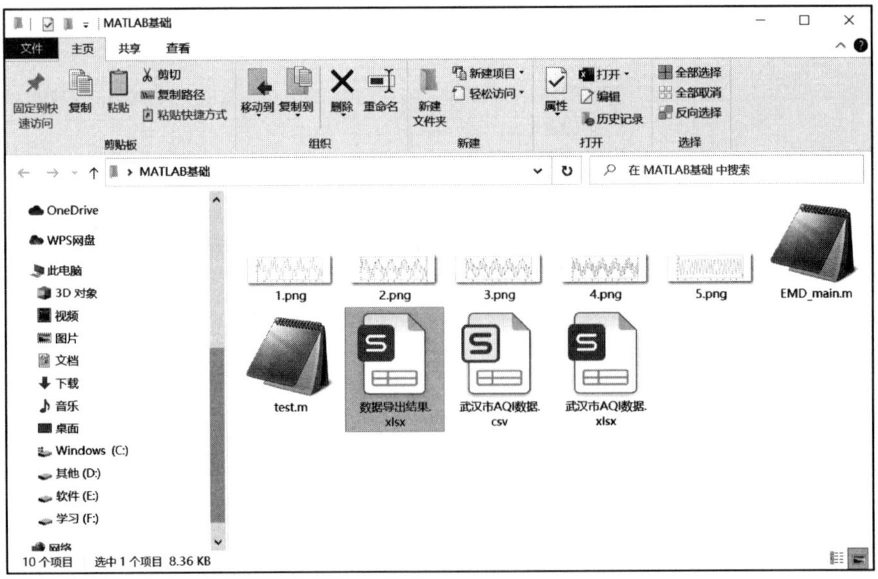

图附A-22　导出的excel数据文件

图附 A-23　数据的导出结果

（六）函数的调用

在程序较为复杂时，我们可以对某些功能进行封装，编写为一个函数，后面直接调用该函数即可实现相应功能，函数的编写以function作为标志。以function开头的.m文件称为“函数文件”，函数文件名必须与函数名相同。不以function开头的.m文件称为“程序文件”。如图附A-24左侧为函数文件，右侧为程序文件。

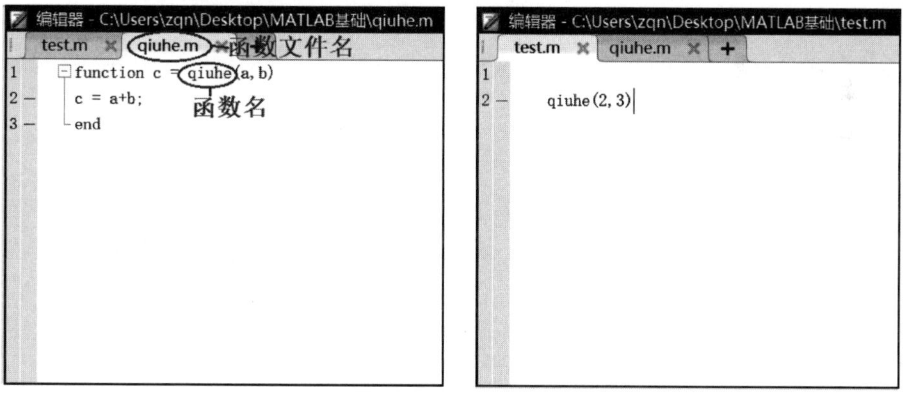

图附 A-24　函数文件（左）和程序文件（右）

程序文件和函数文件必须放在同一文件夹下才可调用。

四、EMD分解示例

本示例以武汉市AQI数据的EMD分解为例，武汉市AQI数据保存在excel中，与程序保存在同一文件夹下，分解程序具体步骤如下：

（1）打开MATLAB软件
（2）新建脚本并保存（脚本与数据保存在同一文件夹下）
（3）编写程序，从外部导入AQI数据
（4）进行EMD分解
（5）绘制分解结果图
具体程序如下：

```
% 数据导入
AQI=xlsread('武汉市AQI数据.xlsx');
% EMD分解
IMF = emd(AQI);
% 绘制分解结果
figure;
for i = 1:size(IMF,1)
    subplot(size(IMF,1),1,i);
    plot(IMF(i,:));
end
```

绘图结果如图附A-25所示。

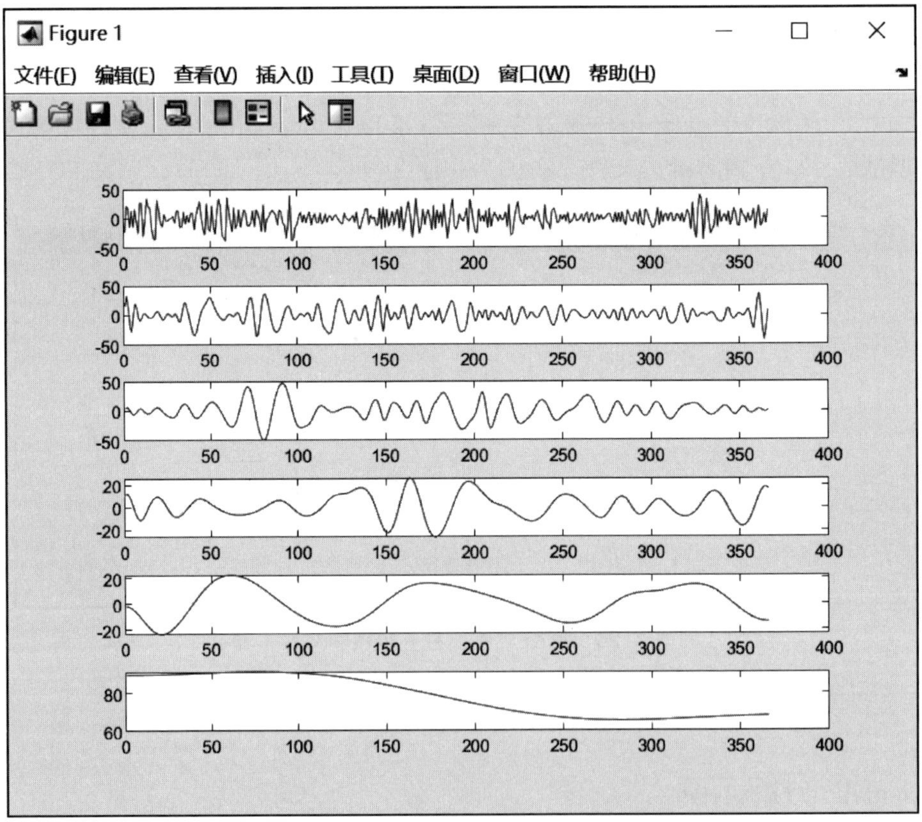

图附A-25　AQI数据的EMD分解结果

附录B：Python使用初步

一、软件的安装

在运行Python程序时，是需要解释器和编译器的，解释器即为Python2或者Python3，用途在于将编写好的Python语言编译成计算机能够识别的机器代码，编译器即为写代码的环境，例如Anaconda、pycharm或者vscode。Anaconda作为可以便捷获取包且对包能够进行管理的管理系统，是一个用于Python/R科学计算和机器学习的开源工具，支持Linux、macOS、Windows等电脑系统，提供了包管理和环境管理的功能，受到很多初学者的欢迎。Anaconda中有Anaconda Navigtor、Jupyter notebook、spyder等组件，分别具有不同的功能，其中的Jupyter notebook是一个基于web的编程环境，可以编辑易于阅读的Python语言文档，用于展示数据分析的过程，其交互式计算环境很适合用于初学者的Python语言教学。

除Anaconda外，还有一个类似的工具，名为Miniconda。Miniconda是一个简化版的Anaconda，不会像Anaconda一样预先安装众多的软件包，Miniconda只会预先安装conda、Python及其依赖，用户在使用时根据自己的需求来安装软件包并创建环境，如果电脑内存很小，可以安装Miniconda，但是安装Anaconda更为便捷。

Anaconda的优点有如下几点：

（1）可以便捷快速地下载Python和R的科学数据包；

（2）可以使用Conda这一环境管理工具来便捷地管理环境和依赖项；

（3）可以使用scikit-learn、TensorFlow和Theano来搭建和训练深度学习和机器学习模型；

（4）可以使用Numpy和Pandas等库来进行数据分析；

（5）可以使用Matplotlib、Bokeh、Datashader和Holoviews来进行可视化。

Anaconda可以在官网上直接进行下载并进行安装，其官网地址为Anaconda | The World's Most Popular Data Science Platform，官网页面见图附B-1，用户点击Download即可进行下载，之后即可按照提示进行安装。

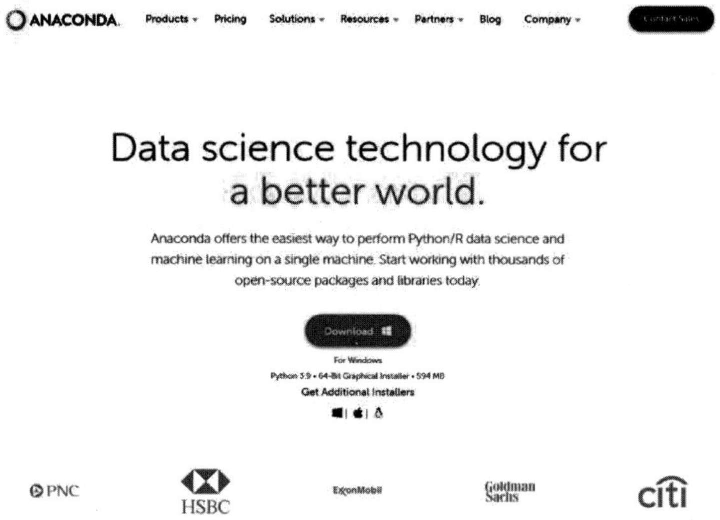

图附B-1　Anaconda官网界面

二、Python文件的建立和使用

（一）Jupyter Notebook的启动

软件安装完成之后，可以在相应目录下点击Jupyter notebook的图标（见图附B-2）启动Jupyter notebook，或者在Anaconda Prompt中输入Jupyter notebook的指令打开Jupyter notebook。

图附B-2　Jupyter notebook图标

Jupyter notebook启动成功后，会在默认浏览器中打开Jupyter notebook的主界面，打开的主界面如图附B-3所示。

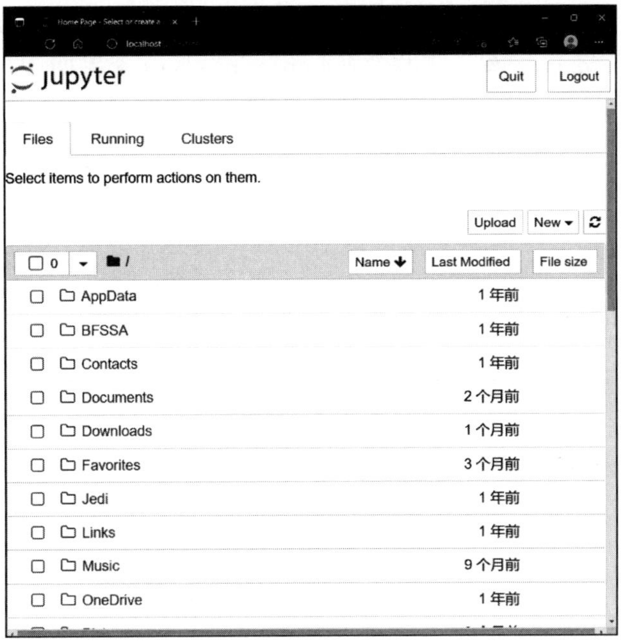

图附 B–3　Jupyter Notebook 主界面

（二）新建 Python 文档

Jupyter notebook 中所有交互计算、编写说明文档、数学公式、图片以及其他富媒体形式的输入和输出，都是以文档的形式体现的，文档是保存为后缀名为.ipynb 的文件，此外文档还可以导出为 HTML、LaTeX、PDF 等格式。在 Jupyter notebook 主窗口点击 New，然后选择 Notebook 中的选项，创建 Python 文档，见图附 B–4。新建的 Python 文档会在 Jupyter notebook 的主界面中显示，直接点击对应的文件名即可打开文件。

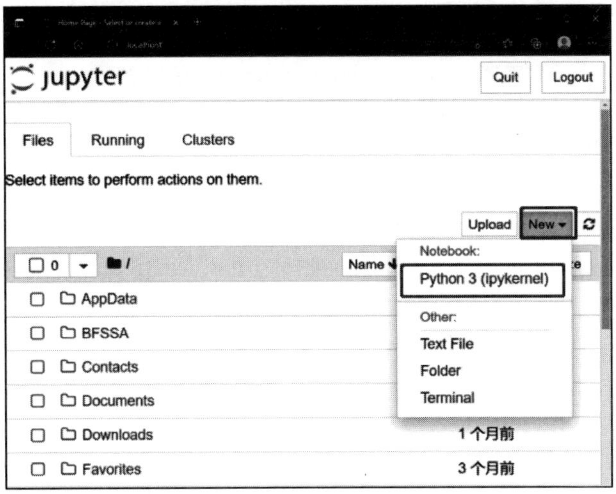

图附 B–4　创建 Python 文件

如果想要打开已有的.ipynb文件，则需要点击上传键，如图附B-5所示，选中要上传的文件并点击上传之后，该文件就会在Jupyter notebook主界面中显示，并可用Jupyter notebook打开编辑。

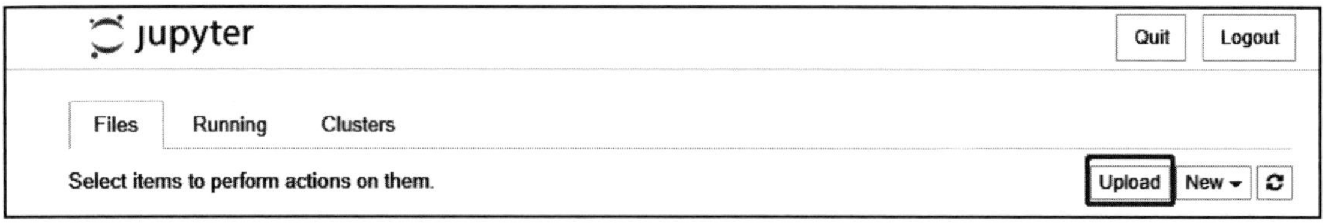

图附B-5　上传已有的.ipynb文件

(三) Notebook编辑页面简介

在新建了.ipynb文件之后，打开该文件，即可进入Notebook的编辑页面，如图附B-6所示，可以看到，Notebook主要包含以下3个区域，分别为：文件名称、菜单栏、单元格。点击Notebook页面上的文件名位置，可以重新命名当前的Notebook文件名。

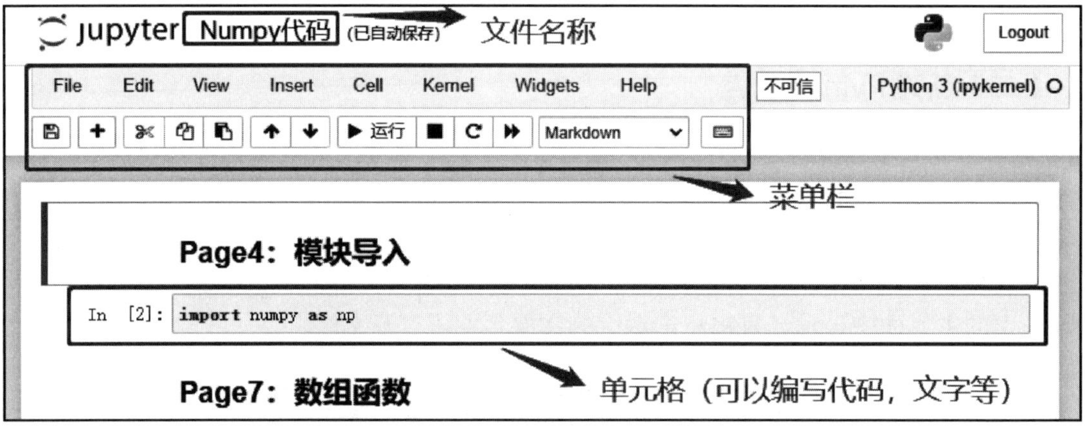

图附B-6　Jupyter notebook的编辑页面

菜单栏中具有File、Edit、View、Insert、Cell、Kernel、Widgets、Help几个部分，这里简要介绍其中常用的几个菜单的功能。File菜单如图附B-7所示，主要具有以下几个功能：创建新的Notebook、打开新的Notebook界面、拷贝当前的Notebook、重命名当前的Notebook、下载Notebook和关闭当前Notebook等功能。下载Notebook这一功能可以将当前的Notebook转变为py文件、html文件、pdf文件、latex文件等。

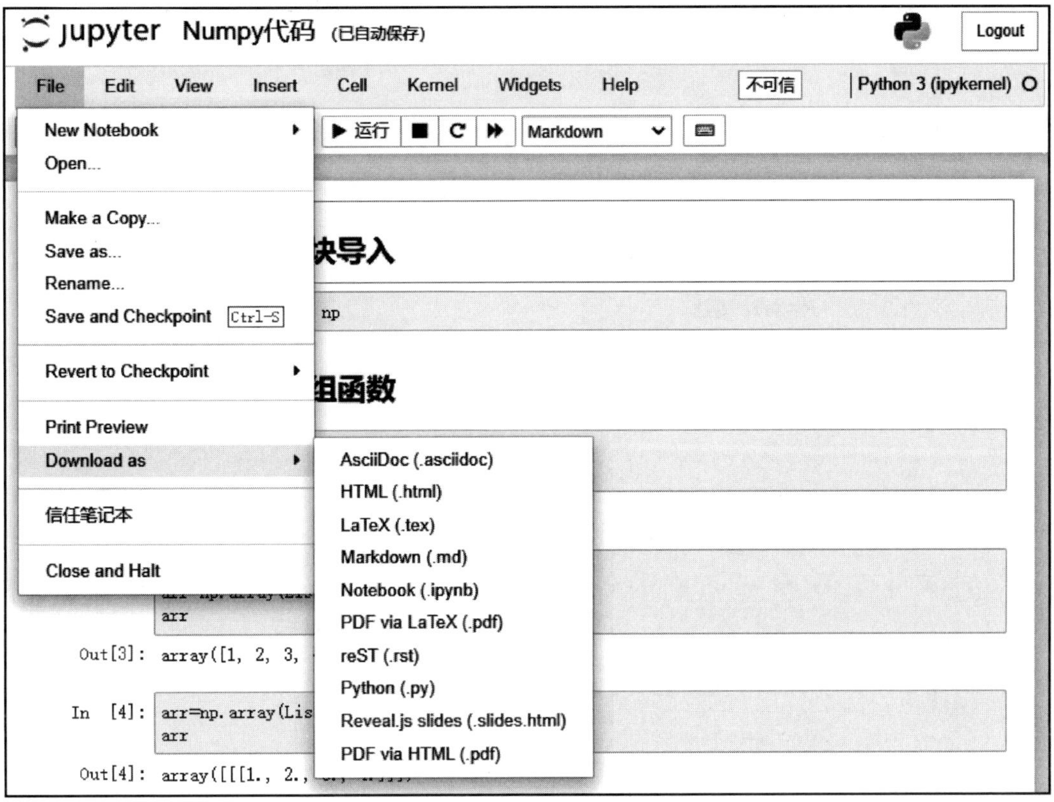

图附B-7　File菜单的功能

Insert菜单可以在当前的单元格下面插入一个新的单元格，或者在当前单元格之上的位置插入一个新的单元格，如图附B-8所示。Cell菜单的功能如图附B-9所示，主要是运行当前的单元格、运行当前单元格并在下面插入新的单元格、运行所有单元格、运行当前单元格之上的所有单元格、运行当前单元格以下的所有单元格等。Kernel菜单的功能如图附B-10所示，其功能只要包含中断、重启Kernel，重启Kernel并清楚退出、重启Kernel并运行所有单元格等。

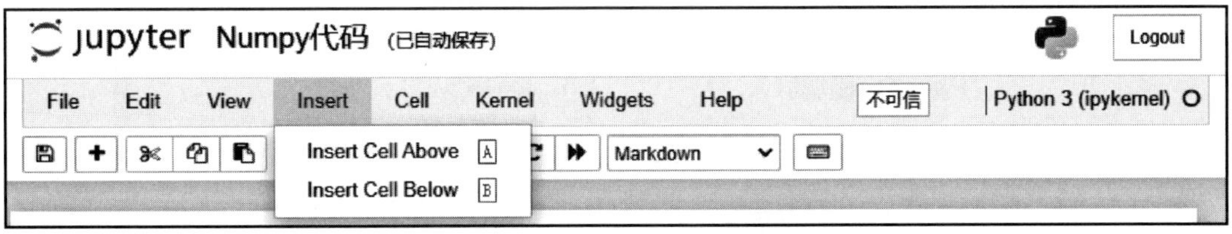

图附B-8　Insert菜单的功能

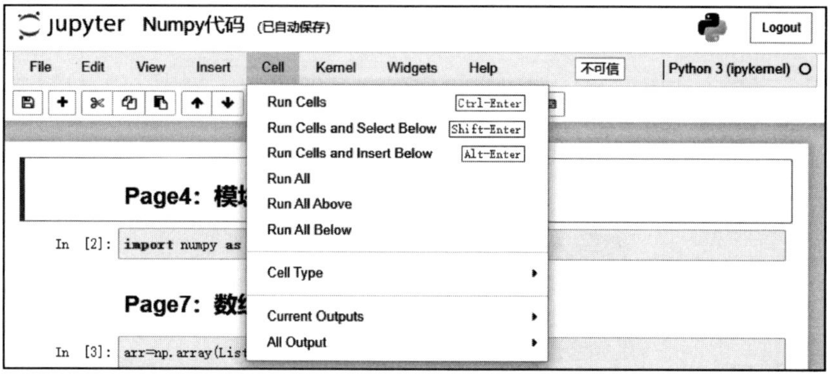

图附B-9　Cell菜单的功能

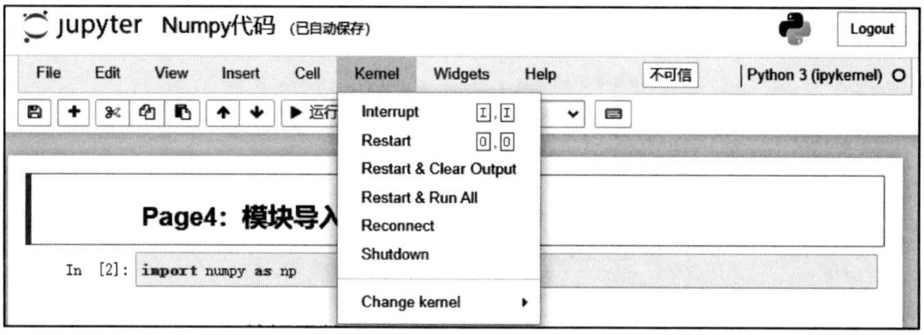

图附B-10　Kernel菜单的功能

Help菜单的功能如图附B-11所示，包含交互引导、键盘快捷键、修改键盘快捷键、Notebook帮助、Markdown帮助等功能。在使用Jupyter notebook时，如果能够记住一些常用的快捷键，是非常方便的。

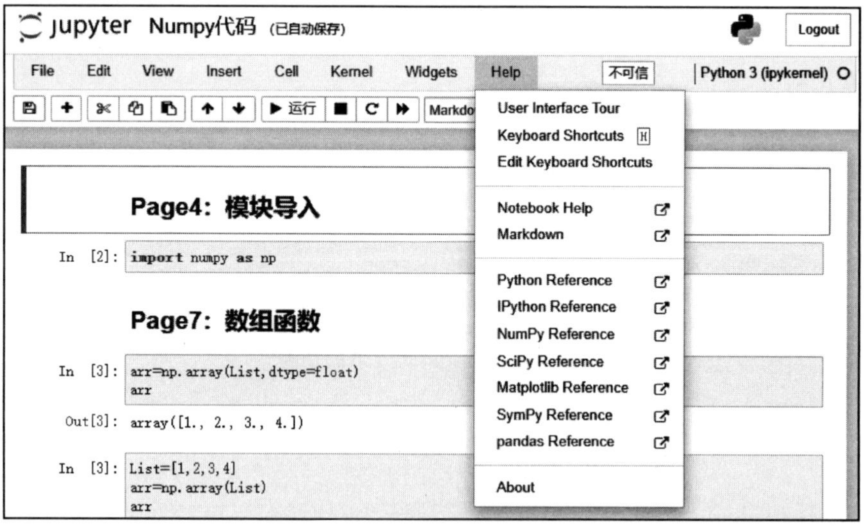

图附B-11　Help菜单的功能

工具栏中各个按键的功能如图附B-12所示。

图附B-12 工具栏中按键的功能

（四）运行Python代码

想要运行Python代码，只需要在单元格中编写代码，然后点击运行，运行结果会在单元格之下进行显示，见图附B-13。可以发现，每个单元格之前会有“In［？］”的提示符，第二个单元格的输出有“Out［2］”的提示符，这是因为在Jupyter notebook中编写代码时，如果没有print命令，那么当前的单元格会将最后一条命令的运行结果以“Out［？］”的形式进行输出。

在编辑每个单元格时，单元格会有两种颜色，当单元格的框线为蓝色时，此时为命令模式，键盘输入程序命令并且没有光标；当单元格的框线为绿色时，进入编辑模式，此时单元格有光标。Jupyter notebook的每个单元格都可以编写多行命令。在该单元格中编写完程序以后，就可以点击“运行“，运行该单元格的代码并在单元格下面展示出运行结果，如图附B-5所示。如果命令发生错误，可以在原来的代码框中直接进行修改重新运行即可，不需要在新代码框中重新编写一遍代码。

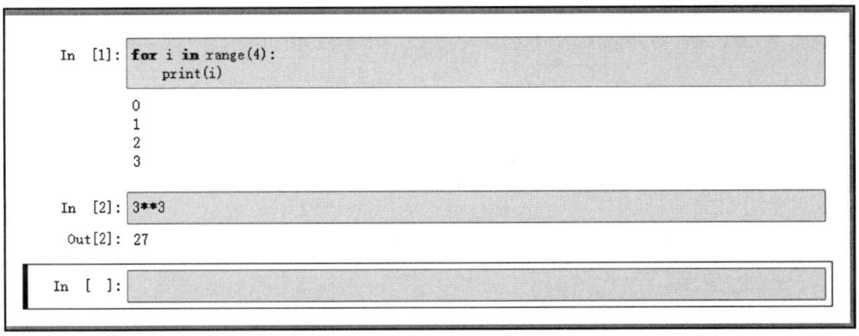

图附B-13 Notebook单元格

如果将当前单元格的格式设置为Markdown格式，就可以在当前单元格中通过Markdown来编写文本，按照Markdown的语法输入文本之后点击运行即可。

三、Python常用库介绍

在使用Python语言进行编程时，使用每个库之前必须要先导入，导入方式为“import + 库名”，否则就会产生错误，无法使用该库中的方法。对于没有安装的库，可以打开

Anaconda Prompt，使用“pip install + 库名”或者“conda install + 库名”的方法进行安装。接下来介绍两个在Python中经常使用到的两个库。

（一）Numpy

Numpy是Python的一个扩展程序库，可以进行大量的高维数组与矩阵运算，并且针对数组提供了大量的数学函数库。虽然Python本身也有嵌套列表结构，但是Numpy的数组功能比这高效得多，Numpy可以处理N维数组对象 ndarray，具有广播功能，并且整合了C/C++/Fortran，此外还有线性代数、傅里叶变换、随机数生成等功能。Numpy支持的数据类型有：bool（用一位存储的布尔类型，值为TRUE或FALSE），int（整数型，一般为int32或int64），float（浮点数，根据精度显示不同的长度），str（字符串类型）。导入Numpy的命令如图附B-14所示，Numpy一般简写为np。可以看到导入Numpy有两种方式，这两种方式都是导入Numpy库中所有的函数、对象等，这两种方式的区别在于调用其中的函数、方法等的命令不同。比如要使用第一种方法导入Numpy，这里以调用Numpy中的random模块为例，则调用命令为np.random，第二种方式导入Numpy时只需要使用命令random即可。

```
In  [1]: import numpy as np  ——> 方法一

In  [2]: from numpy import *  ——> 方法二
```

图附B-14　导入Numpy的两种方式

Numpy处理的数据对象为数组，创建数组通常使用array函数，array函数可以将其他的数据类型转化为数组，array函数的使用方法示例如图附B-15所示。另外，还可以使用arange、linspace、logspace等函数来生成特定形状的数组。

```
In  [3]: arr=np.array(List,dtype=float)
         arr

Out[3]: array([1., 2., 3., 4.])

In  [3]: List=[1,2,3,4]
         arr=np.array(List)
         arr

Out[3]: array([1, 2, 3, 4])

In  [4]: arr=np.array(List,dtype=float,ndmin=3)
         arr

Out[4]: array([[[1., 2., 3., 4.]]])

In  [8]: print(arr.size)
         print(arr.shape)
         print(arr.ndim)
         print(arr.dtype)

         4
         (1, 1, 4)
         3
         float64
```

图附B-15　array函数使用示例

Numpy可以对数组进行索引和切片（见图附B-16），数组计算（见图附B-17），改变数组形状，排序等操作。

```
In  [139]: arr=np.array([1, 2, 3, 4, 5, 6])
           print('原始数组\n',arr)
           print('访问数组中索引为0的值\n',arr[0])
           print('访问数组中索引为1:3的值(不包括3)\n',arr[1:3])
           print('通过索引列表访问数组\n',arr[[0,2,4]])
           print('通过一定规律访问数组\n',arr[1:5:2])
           print('反向访问数组\n',arr[5:1:-2])
           print('访问数组最后一个值\n',arr[-1])
           print('从末尾开始访问数组\n',arr[-1:-4:-1])

           原始数组
            [1 2 3 4 5 6]
           访问数组中索引为0的值
            1
           访问数组中索引为1:3的值(不包括3)
            [2 3]
           通过索引列表访问数组
            [1 3 5]
           通过一定规律访问数组
            [2 4]
           反向访问数组
            [6 4]
           访问数组最后一个值
            6
           从末尾开始访问数组
            [6 5 4]
```

图附B-16　数组索引与切片

```
In  [147]: arr1=np.random.randint(-5,5,(5,5))
           arr2=np.random.randint(-5,5,(5,5))
           print(arr1+arr2)
           print(arr1/arr2)

           [[-5  3 -8 -5  3]
            [-1  5 -5 -5 -2]
            [ 0 -6  8  1 -9]
            [ 1  5  0 -3  0]
            [ 1 -3 -8 -6 -4]]
           [[ 4.          2.          1.         -0.         -0.25      ]
            [-0.          0.25        1.5        -0.               -inf]
            [-1.          0.5         1.          0.          0.8       ]
            [-1.33333333  0.66666667 -1.         -2.5        -1.        ]
            [        inf -4.          0.6         5.          0.33333333]]
```

图附B-17　数组计算

（二）Pandas

Pandas的名称来自于面板数据（panel data）和python数据分析（data analysis），Pandas主要提供高性能的易用的数据类型分析工具。Pandas可以轻易地处理浮点型及非浮点型的数据缺失值，并可以使用只能标签进行切片、索引，轻易地从大数据集中取出子集，在处理时间数据方面Pandas也是非常灵活，根据用户的需求Pandas可以将数据进行拆分组合，当数据类型不符合要求时，Pandas可以轻易地将其他的数据结构转化为DataFrame对象。Pandas一般简写为pd，主要处理地时两种数据类型，分别为：Series和DataFrame，Series可以理解成一种具有索引的数组，DateFrame是由共用相同索引的一组列组成的，并且与

Numpy一样，Pandas同样适用广播机制。

创建Series和DataFrame可以使用Series函数和DataFrame函数，这两个函数可以将其他的数据结构转变为Series或者DataFrame，可以使用列表、标量、字典等创建Series函数和DataFrame，创建Series的实例如图附B-18所示，创建DataFrame的实例如图附B-19所示。想要在创建好的DataFrame中添加数据，可以使用insert函数添加列数据，或者使用reindex函数添加行数据，但是添加行数据时需要创建一个符合新索引的新对象。对于已经建立了的Series和DataFrame数据可以通过drop函数删除指定行列数据。在进行Series和DataFrame的计算时，数据会根据索引进行计算，对于不匹配的数据直接填充NAN。与数组一样，Series和DataFrame也可以进行切片操作，可以使用numpy一样的数据格式进行索引，也可以使用loc和iloc进行更高级的索引与切片，在实际使用中，df.loc［ ］是为了获取具有特定标签的行（和/或列），接受两个参数：行标和列标，当列索引省略时，默认获取的是该行的所有数据；df.iloc［ ］用法和df.loc［ ］类似，最大的区别在于，loc是基于行列的标签进行检索，而iloc是基于位置进行检索。

再进行数据分析时，第一步即为读取数据，Pandas可以实现文本文件、CSV文件、EXCEL文件等的读取（见图附B-20），并且可以将数据结构储存为文本文件、CSV文件、EXCEL文件等格式。在进行数据处理时，可以使用dropna、fillna、isnull、notnull、drop_duplicates来处理缺失值、判断哪些值是缺失值、判断哪些值不是缺失值、处理重复值。除此之外，Pandas还可以实现数据离散分箱、哑变量处理、合并数据、分组聚合等操作，是一个进行数据分析必不可少的库。

```
In  [2]: import pandas as pd
         import numpy as np
         #使用列表建立Series  a.tolist()
         pd.Series([1, 2, 3, 4],index=['a','b','c','d'])

 Out[2]: a    1
         b    2
         c    3
         d    4
         dtype: int64

In  [3]: #使用标量建立Series
         pd.Series(1,index=['a'])

 Out[3]: a    1
         dtype: int64

In  [4]: #自定义索引可以是字符串符号等形式
         pd.Series(3,index=['a','↑','王'])

 Out[4]: a    3
         ↑    3
         王   3
         dtype: int64

In  [5]: #使用字典建立Series
         pd.Series({'a':1,'↑':2,'王':3})

 Out[5]: a    1
         ↑    2
         王   3
         dtype: int64

In  [6]: #使用ndarray建立Series'
         X=np.arange(6,9)
         X1=pd.Series(X)
         print(X1,type(X1),type(X))

         0    6
         1    7
         2    8
         dtype: int32 <class 'pandas.core.series.Series'> <class 'numpy.ndarray'>
```

图附B-18　创建Series

```
In [7]: #ndarray创建DataFrame
        pd.DataFrame(np.arange(12).reshape(3,4))
Out[7]:
```

	0	1	2	3
0	0	1	2	3
1	4	5	6	7
2	8	9	10	11

```
In [8]: #一维ndarray对象字典创建
        X={
            'one':np.arange(3),
            'two':np.arange(4,7)
           }
        pd.DataFrame(X)
Out[8]:
```

	one	two
0	0	4
1	1	5
2	2	6

```
In [9]: # 一维Series对象字典创建'
        X={
            'one':pd.Series([1,2,3],index=['a','b','c']),
            'two':pd.Series([4,5,6,7],index=['b','c','d','e'])
           }

        pd.DataFrame(X)
Out[9]:
```

	one	two
a	1.0	NaN
b	2.0	4.0
c	3.0	5.0
d	NaN	6.0
e	NaN	7.0

图附B–19　创建DataFrame

```
In [55]: df_csv=pd.read_csv('CSV数据.csv')
         df_csv.head()
         #读cscv
Out[55]:
```

	Unnamed: 0	a	b	c
0	0	1	1	1
1	1	1	1	2
2	2	1	2	1
3	3	2	2	2
4	4	2	3	1

```
In [56]: df_txt=pd.read_table('txt数据.txt',sep=',')
         df_txt.head()
         #读txt
Out[56]:
```

	Unnamed: 0	a	b	c
0	0	1	1	1
1	1	1	1	2
2	2	1	2	1
3	3	2	2	2
4	4	2	3	1

```
In [57]: df_excel=pd.read_excel('Excel数据.xlsx',sheet_name='test')
         df_excel.head()
         #读excel
Out[57]:
```

	Unnamed: 0	a	b	c	Unnamed: 4
0	0	0	1	1	1
1	1	1	1	1	2
2	2	2	1	2	1
3	3	3	2	2	2
4	4	4	2	3	1

图附B–20　Pandas进行数据读取

附录C：源代码

第1章　EMD源代码

```
function [imf,ort,nbits] = emd(varargin)

[x,t,sd,sd2,tol,MODE_COMPLEX,ndirs,display_sifting,sdt,sd2t,r,imf,k,nbit,NbIt,MAXITERATIONS,FIXE,FIXE_H,MAXMODES,INTERP,mask] = init(varargin{:});

if display_sifting
  fig_h = figure;
end



%main loop : requires at least 3 extrema to proceed
while (~stop_EMD(r,MODE_COMPLEX,ndirs) && (k < MAXMODES+1 || MAXMODES == 0) && ~any(mask))

  % current mode
  m = r;

  % mode at previous iteration
  mp = m;

  %computation of mean and stopping criterion
  if FIXE
    [stop_sift,moyenne] = stop_sifting_fixe(t,m,INTERP,MODE_COMPLEX,ndirs);
  elseif FIXE_H
    stop_count = 0;
    [stop_sift,moyenne] = stop_sifting_fixe_h(t,m,INTERP,stop_count,FIXE_H,MODE_COMPLEX,ndirs);
```

```
else
  [stop_sift,moyenne] = stop_sifting(m,t,sd,sd2,tol,INTERP,MODE_COMPLEX,ndirs);
end

% in case the current mode is so small that machine precision can cause
% spurious extrema to appear
if (max(abs(m))) < (1e-10)*(max(abs(x)))
  if ~stop_sift
    warning('emd:warning','forced stop of EMD : too small amplitude')
  else
    disp('forced stop of EMD : too small amplitude')
  end
  break
end



% sifting loop
while ~stop_sift && nbit<MAXITERATIONS
    if(~MODE_COMPLEX && nbit>MAXITERATIONS/5 && mod(nbit,floor(MAXITERATIO
NS/10))==0 && ~FIXE && nbit > 100)
    disp(['mode ',int2str(k),', iteration ',int2str(nbit)])
    if exist('s','var')
      disp(['stop parameter mean value : ',num2str(s)])
    end
    [im,iM] = extr(m);
    disp([int2str(sum(m(im) > 0)),' minima > 0; ',int2str(sum(m(iM) < 0)),' maxima < 0.'])
  end

  %sifting
  m = m - moyenne;

  %computation of mean and stopping criterion
  if FIXE
    [stop_sift,moyenne] = stop_sifting_fixe(t,m,INTERP,MODE_COMPLEX,ndirs);
  elseif FIXE_H
      [stop_sift,moyenne,stop_count] = stop_sifting_fixe_h(t,m,INTERP,stop_count,FIXE_H,MODE_
COMPLEX,ndirs);
  else
```

```
    [stop_sift,moyenne,s] = stop_sifting(m,t,sd,sd2,tol,INTERP,MODE_COMPLEX,ndirs);
  end

  % display
  if display_sifting && ~MODE_COMPLEX
    NBSYM = 2;
    [indmin,indmax] = extr(mp);
    [tmin,tmax,mmin,mmax] = boundary_conditions(indmin,indmax,t,mp,mp,NBSYM);
    envminp = interp1(tmin,mmin,t,INTERP);
    envmaxp = interp1(tmax,mmax,t,INTERP);
    envmoyp = (envminp+envmaxp)/2;
    if FIXE || FIXE_H
      display_emd_fixe(t,m,mp,r,envminp,envmaxp,envmoyp,nbit,k,display_sifting)
    else
      sxp=2*(abs(envmoyp))./(abs(envmaxp-envminp));
      sp = mean(sxp);
      display_emd(t,m,mp,r,envminp,envmaxp,envmoyp,s,sp,sxp,sdt,sd2t,nbit,k,display_sifting,stop_
sift)
    end
  end

  mp = m;
  nbit=nbit+1;
  NbIt=NbIt+1;

  if(nbit==(MAXITERATIONS-1) && ~FIXE && nbit > 100)
    if exist('s','var')
      warning('emd:warning',['forced stop of sifting : too many iterations... mode ',int2str(k),'. stop
parameter mean value : ',num2str(s)])
    else
      warning('emd:warning',['forced stop of sifting : too many iterations... mode ',int2str(k),'.'])
    end
  end

 end % sifting loop
 imf(k,:) = m;
 if display_sifting
  disp(['mode ',int2str(k),' stored'])
```

```
  end
  nbits(k) = nbit;
  k = k+1;


  r = r - m;
  nbit=0;


end %main loop

if any(r) && ~any(mask)
  imf(k,:) = r;
end

ort = io(x,imf);

if display_sifting
  close
end
end

%-----------------------------------------------------------------------
% tests if there are enough (3) extrema to continue the decomposition
function stop = stop_EMD(r,MODE_COMPLEX,ndirs)
if MODE_COMPLEX
  for k = 1:ndirs
    phi = (k-1)*pi/ndirs;
    [indmin,indmax] = extr(real(exp(i*phi)*r));
    ner(k) = length(indmin) + length(indmax);
  end
  stop = any(ner < 3);
else
  [indmin,indmax] = extr(r);
  ner = length(indmin) + length(indmax);
  stop = ner < 3;
end
```

```
end

%--------------------------------------------------------------------------
% computes the mean of the envelopes and the mode amplitude estimate
function [envmoy,nem,nzm,amp] = mean_and_amplitude(m,t,INTERP,MODE_COMPLEX,ndirs)
NBSYM = 2;
if MODE_COMPLEX
  switch MODE_COMPLEX
    case 1
      for k = 1:ndirs
        phi = (k-1)*pi/ndirs;
        y = real(exp(-i*phi)*m);
        [indmin,indmax,indzer] = extr(y);
        nem(k) = length(indmin)+length(indmax);
        nzm(k) = length(indzer);
        [tmin,tmax,zmin,zmax] = boundary_conditions(indmin,indmax,t,y,m,NBSYM);
        envmin(k,:) = interp1(tmin,zmin,t,INTERP);
        envmax(k,:) = interp1(tmax,zmax,t,INTERP);
      end
      envmoy = mean((envmin+envmax)/2,1);
      if nargout > 3
        amp = mean(abs(envmax-envmin),1)/2;
      end
    case 2
      for k = 1:ndirs
        phi = (k-1)*pi/ndirs;
        y = real(exp(-i*phi)*m);
        [indmin,indmax,indzer] = extr(y);
        nem(k) = length(indmin)+length(indmax);
        nzm(k) = length(indzer);
        [tmin,tmax,zmin,zmax] = boundary_conditions(indmin,indmax,t,y,y,NBSYM);
        envmin(k,:) = exp(i*phi)*interp1(tmin,zmin,t,INTERP);
        envmax(k,:) = exp(i*phi)*interp1(tmax,zmax,t,INTERP);
      end
      envmoy = mean((envmin+envmax),1);
      if nargout > 3
        amp = mean(abs(envmax-envmin),1)/2;
```

```
    end
  end
else
  [indmin,indmax,indzer] = extr(m);
  nem = length(indmin)+length(indmax);
  nzm = length(indzer);
  [tmin,tmax,mmin,mmax] = boundary_conditions(indmin,indmax,t,m,m,NBSYM);
  envmin = interp1(tmin,mmin,t,INTERP);
  envmax = interp1(tmax,mmax,t,INTERP);
  envmoy = (envmin+envmax)/2;
  if nargout > 3
    amp = mean(abs(envmax-envmin),1)/2;
  end
end
end

%-----------------------------------------------------------------------
% default stopping criterion
function [stop,envmoy,s] = stop_sifting(m,t,sd,sd2,tol,INTERP,MODE_COMPLEX,ndirs)
try
  [envmoy,nem,nzm,amp] = mean_and_amplitude(m,t,INTERP,MODE_COMPLEX,ndirs);
  sx = abs(envmoy)./amp;
  s = mean(sx);
  stop = ~((mean(sx > sd) > tol | any(sx > sd2)) & (all(nem > 2)));
  if ~MODE_COMPLEX
    stop = stop && ~(abs(nzm-nem)>1);
  end
catch
  stop = 1;
  envmoy = zeros(1,length(m));
  s = NaN;
end
end

%-----------------------------------------------------------------------
% stopping criterion corresponding to option FIX
function [stop,moyenne]= stop_sifting_fixe(t,m,INTERP,MODE_COMPLEX,ndirs)
try
```

```
  moyenne = mean_and_amplitude(m,t,INTERP,MODE_COMPLEX,ndirs);
  stop = 0;
catch
  moyenne = zeros(1,length(m));
  stop = 1;
end
end

%-------------------------------------------------------------------
% stopping criterion corresponding to option FIX_H
function [stop,moyenne,stop_count]= stop_sifting_fixe_h(t,m,INTERP,stop_count,FIXE_H,MODE_
COMPLEX,ndirs)
try
  [moyenne,nem,nzm] = mean_and_amplitude(m,t,INTERP,MODE_COMPLEX,ndirs);
  if (all(abs(nzm-nem)>1))
    stop = 0;
    stop_count = 0;
  else
    stop_count = stop_count+1;
    stop = (stop_count == FIXE_H);
  end
catch
  moyenne = zeros(1,length(m));
  stop = 1;
end
end

%-------------------------------------------------------------------
% displays the progression of the decomposition with the default stopping criterion
function display_emd(t,m,mp,r,envmin,envmax,envmoy,s,sb,sx,sdt,sd2t,nbit,k,display_sifting,stop_
sift)
subplot(4,1,1)
plot(t,mp);hold on;
plot(t,envmax,'--k');plot(t,envmin,'--k');plot(t,envmoy,'r');
title(['IMF ',int2str(k),';   iteration ',int2str(nbit),' before sifting']);
set(gca,'XTick',[])
hold  off
subplot(4,1,2)
```

```
plot(t,sx)
hold on
plot(t,sdt,'--r')
plot(t,sd2t,':k')
title('stop parameter')
set(gca,'XTick',[])
hold off
subplot(4,1,3)
plot(t,m)
title(['IMF ',int2str(k),';   iteration ',int2str(nbit),' after sifting']);
set(gca,'XTick',[])
subplot(4,1,4);
plot(t,r-m)
title('residue');
disp(['stop parameter mean value : ',num2str(sb),' before sifting and ',num2str(s),' after'])
if stop_sift
  disp('last iteration for this mode')
end
if display_sifting == 2
  pause(0.01)
else
  pause
end
end

%---------------------------------------------------------------------
% displays the progression of the decomposition with the FIX and FIX_H stopping criteria
function display_emd_fixe(t,m,mp,r,envmin,envmax,envmoy,nbit,k,display_sifting)
subplot(3,1,1)
plot(t,mp);hold on;
plot(t,envmax,'--k');plot(t,envmin,'--k');plot(t,envmoy,'r');
title(['IMF ',int2str(k),';   iteration ',int2str(nbit),' before sifting']);
set(gca,'XTick',[])
hold  off
subplot(3,1,2)
plot(t,m)
title(['IMF ',int2str(k),';   iteration ',int2str(nbit),' after sifting']);
set(gca,'XTick',[])
```

```
subplot(3,1,3);
plot(t,r-m)
title('residue');
if display_sifting == 2
  pause(0.01)
else
  pause
end
end

%-----------------------------------------------------------------------
% defines new extrema points to extend the interpolations at the edges of the
% signal (mainly mirror symmetry)
function [tmin,tmax,zmin,zmax] = boundary_conditions(indmin,indmax,t,x,z,nbsym)

        lx = length(x);

        if (length(indmin) + length(indmax) < 3)
                error('not enough extrema')
        end

   % boundary conditions for interpolations :

        if indmax(1) < indmin(1)
        if x(1) > x(indmin(1))
                        lmax = fliplr(indmax(2:min(end,nbsym+1)));
                        lmin = fliplr(indmin(1:min(end,nbsym)));
                        lsym = indmax(1);
                else
                        lmax = fliplr(indmax(1:min(end,nbsym)));
                        lmin = [fliplr(indmin(1:min(end,nbsym-1))),1];
                        lsym = 1;
                end
        else

                if x(1) < x(indmax(1))
                        lmax = fliplr(indmax(1:min(end,nbsym)));
                        lmin = fliplr(indmin(2:min(end,nbsym+1)));
```

```
            lsym = indmin(1);
        else
            lmax = [fliplr(indmax(1:min(end,nbsym-1))),1];
            lmin = fliplr(indmin(1:min(end,nbsym)));
            lsym = 1;
        end
    end

    if indmax(end) < indmin(end)
        if x(end) < x(indmax(end))
            rmax = fliplr(indmax(max(end-nbsym+1,1):end));
            rmin = fliplr(indmin(max(end-nbsym,1):end-1));
            rsym = indmin(end);
        else
            rmax = [lx,fliplr(indmax(max(end-nbsym+2,1):end))];
            rmin = fliplr(indmin(max(end-nbsym+1,1):end));
            rsym = lx;
        end
    else
        if x(end) > x(indmin(end))
            rmax = fliplr(indmax(max(end-nbsym,1):end-1));
            rmin = fliplr(indmin(max(end-nbsym+1,1):end));
            rsym = indmax(end);
        else
            rmax = fliplr(indmax(max(end-nbsym+1,1):end));
            rmin = [lx,fliplr(indmin(max(end-nbsym+2,1):end))];
            rsym = lx;
        end
    end

    tlmin = 2*t(lsym)-t(lmin);
    tlmax = 2*t(lsym)-t(lmax);
    trmin = 2*t(rsym)-t(rmin);
    trmax = 2*t(rsym)-t(rmax);

    % in case symmetrized parts do not extend enough
    if tlmin(1) > t(1) || tlmax(1) > t(1)
        if lsym == indmax(1)
```

```
                lmax = fliplr(indmax(1:min(end,nbsym)));
            else
                lmin = fliplr(indmin(1:min(end,nbsym)));
            end
            if lsym == 1
                error('bug')
            end
            lsym = 1;
            tlmin = 2*t(lsym)-t(lmin);
            tlmax = 2*t(lsym)-t(lmax);
        end

        if trmin(end) < t(lx) || trmax(end) < t(lx)
            if rsym == indmax(end)
                rmax = fliplr(indmax(max(end-nbsym+1,1):end));
            else
                rmin = fliplr(indmin(max(end-nbsym+1,1):end));
            end
        if rsym == lx
            error('bug')
        end
            rsym = lx;
            trmin = 2*t(rsym)-t(rmin);
            trmax = 2*t(rsym)-t(rmax);
        end

        zlmax =z(lmax);
        zlmin =z(lmin);
        zrmax =z(rmax);
        zrmin =z(rmin);

        tmin = [tlmin t(indmin) trmin];
        tmax = [tlmax t(indmax) trmax];
        zmin = [zlmin z(indmin) zrmin];
        zmax = [zlmax z(indmax) zrmax];
    end

%-----------------------------------------------------------------------
```

```
%extracts the indices of extrema
function [indmin, indmax, indzer] = extr(x,t)

if(nargin==1)
  t=1:length(x);
end

m = length(x);

if nargout > 2
  x1=x(1:m-1);
  x2=x(2:m);
  indzer = find(x1.*x2<0);

  if any(x == 0)
    iz = find( x==0 );
    indz = [];
    if any(diff(iz)==1)
      zer = x == 0;
      dz = diff([0 zer 0]);
      debz = find(dz == 1);
      finz = find(dz == -1)-1;
      indz = round((debz+finz)/2);
    else
      indz = iz;
    end
    indzer = sort([indzer indz]);
  end
end

d = diff(x);

n = length(d);
d1 = d(1:n-1);
d2 = d(2:n);
indmin = find(d1.*d2<0 & d1<0)+1;
indmax = find(d1.*d2<0 & d1>0)+1;
```

```
% when two or more successive points have the same value we consider only one extremum in the middle of the constant area
% (only works if the signal is uniformly sampled)

if any(d==0)

  imax = [];
  imin = [];

  bad = (d==0);
  dd = diff([0 bad 0]);
  debs = find(dd == 1);
  fins = find(dd == -1);
  if debs(1) == 1
    if length(debs) > 1
      debs = debs(2:end);
      fins = fins(2:end);
    else
      debs = [];
      fins = [];
    end
  end
  if length(debs) > 0
    if fins(end) == m
      if length(debs) > 1
        debs = debs(1:(end-1));
        fins = fins(1:(end-1));

      else
        debs = [];
        fins = [];
      end
    end
  end
  lc = length(debs);
  if lc > 0
    for k = 1:lc
      if d(debs(k)-1) > 0
```

```
      if d(fins(k)) < 0
        imax = [imax round((fins(k)+debs(k))/2)];
      end
    else
      if d(fins(k)) > 0
        imin = [imin round((fins(k)+debs(k))/2)];
      end
    end
  end
end

if length(imax) > 0
  indmax = sort([indmax imax]);
end

if length(imin) > 0
  indmin = sort([indmin imin]);
end

end
end

%-------------------------------------------------------------------------------

function ort = io(x,imf)
% ort = IO(x,imf) computes the index of orthogonality
%
% inputs : - x    : analyzed signal
%          - imf  : empirical mode decomposition

n = size(imf,1);

s = 0;

for i = 1:n
  for j =1:n
    if i~=j
      s = s + abs(sum(imf(i,:).*conj(imf(j,:)))/sum(x.^2));
```

```
    end
  end
end

ort = 0.5*s;
end
%------------------------------------------------------------------------

function [x,t,sd,sd2,tol,MODE_COMPLEX,ndirs,display_sifting,sdt,sd2t,r,imf,k,nbit,NbIt,MAXITE
RATIONS,FIXE,FIXE_H,MAXMODES,INTERP,mask] = init(varargin)

x = varargin{1};
if nargin == 2
  if isstruct(varargin{2})
    inopts = varargin{2};
  else
    error('when using 2 arguments the first one is the analyzed signal X and the second one is a struct
object describing the options')
  end
elseif nargin > 2
  try
    inopts = struct(varargin{2:end});
  catch
    error('bad argument syntax')
  end
end

% default for stopping
defstop = [0.05,0.5,0.05];

opt_fields = {'t','stop','display','maxiterations','fix','maxmodes','interp','fix_
h','mask','ndirs','complex_version'};

defopts.stop = defstop;
defopts.display = 0;
defopts.t = 1:max(size(x));
defopts.maxiterations = 2000;
defopts.fix = 0;
```

```
defopts.maxmodes = 0;
defopts.interp = 'spline';
defopts.fix_h = 0;
defopts.mask = 0;
defopts.ndirs = 4;
defopts.complex_version = 2;

opts = defopts;



if(nargin==1)
  inopts = defopts;
elseif nargin == 0
  error('not enough arguments')
end


names = fieldnames(inopts);
for nom = names'
  if ~any(strcmpi(char(nom), opt_fields))
    error(['bad option field name: ',char(nom)])
  end
  if ~isempty(eval(['inopts.',char(nom)])) % empty values are discarded
    eval(['opts.',lower(char(nom)),' = inopts.',char(nom),';'])
  end
end

t = opts.t;
stop = opts.stop;
display_sifting = opts.display;
MAXITERATIONS = opts.maxiterations;
FIXE = opts.fix;
MAXMODES = opts.maxmodes;
INTERP = opts.interp;
FIXE_H = opts.fix_h;
mask = opts.mask;
ndirs = opts.ndirs;
```

```
complex_version = opts.complex_version;

if ~isvector(x)
  error('X must have only one row or one column')
end

if size(x,1) > 1
  x = x.';
end

if ~isvector(t)
  error('option field T must have only one row or one column')
end

if ~isreal(t)
  error('time instants T must be a real vector')
end

if size(t,1) > 1
  t = t';
end

if (length(t)~=length(x))
  error('X and option field T must have the same length')
end

if ~isvector(stop) || length(stop) > 3
  error('option field STOP must have only one row or one column of max three elements')
end

if ~all(isfinite(x))
  error('data elements must be finite')
end

if size(stop,1) > 1
  stop = stop';
end
```

```
L = length(stop);
if L < 3
  stop(3)=defstop(3);
end

if L < 2
  stop(2)=defstop(2);
end


if ~ischar(INTERP) || ~any(strcmpi(INTERP,{'linear','cubic','spline'}))
  error('INTERP field must be "linear", "cubic", "pchip" or "spline"')
end

%special procedure when a masking signal is specified
if any(mask)
  if ~isvector(mask) || length(mask) ~= length(x)
    error('masking signal must have the same dimension as the analyzed signal X')
  end

  if size(mask,1) > 1
    mask = mask.';
  end
  opts.mask = 0;
  imf1 = emd(x+mask,opts);
  imf2 = emd(x-mask,opts);
  if size(imf1,1) ~= size(imf2,1)
      warning('emd:warning',['the two sets of IMFs have different sizes: ',int2str(size(imf1,1)),' and
',int2str(size(imf2,1)),' IMFs.'])
  end
  S1 = size(imf1,1);
  S2 = size(imf2,1);
  if S1 ~= S2
    if S1 < S2
      tmp = imf1;
      imf1 = imf2;
      imf2 = tmp;
    end
```

```
    imf2(max(S1,S2),1) = 0;
  end
  imf = (imf1+imf2)/2;

end



sd = stop(1);
sd2 = stop(2);
tol = stop(3);

lx = length(x);

sdt = sd*ones(1,lx);
sd2t = sd2*ones(1,lx);

if FIXE
  MAXITERATIONS = FIXE;
  if FIXE_H
    error('cannot use both "FIX" and "FIX_H" modes')
  end
end

MODE_COMPLEX = ~isreal(x)*complex_version;
if MODE_COMPLEX && complex_version ~= 1 && complex_version ~= 2
  error('COMPLEX_VERSION parameter must equal 1 or 2')
end



% number of extrema and zero-crossings in residual
ner = lx;
nzr = lx;

r = x;

if ~any(mask) % if a masking signal is specified "imf" already exists at this stage
  imf = [];
end
```

```
k = 1;

% iterations counter for extraction of 1 mode
nbit=0;

% total iterations counter
NbIt=0;
end
%-------------------------------------------------------------------
```

第2章　EEMD源代码

```
function allmode=eemd(Y,Nstd,NE)
xsize=length(Y);
dd=1:1:xsize;
Ystd=std(Y);
Y=Y/Ystd;

TNM=fix(log2(xsize))-1;
TNM2=TNM+2;
for kk=1:1:TNM2,
   for ii=1:1:xsize,
      allmode(ii,kk)=0.0;
   end
end

for iii=1:1:NE,
   for i=1:xsize,
      temp=randn(1,1)*Nstd;
      X1(i)=Y(i)+temp;
   end

   for jj=1:1:xsize,
      mode(jj,1) = Y(jj);
   end

   xorigin = X1;
   xend = xorigin;
```

```
 nmode = 1;
 while nmode <= TNM,
   xstart = xend;
   iter = 1;

   while iter<=10,
     [spmax, spmin, flag]=extrema(xstart);
     upper= spline(spmax(:,1),spmax(:,2),dd);
     lower= spline(spmin(:,1),spmin(:,2),dd);
     mean_ul = (upper + lower)/2;
     xstart = xstart - mean_ul;
     iter = iter +1;
   end
   xend = xend - xstart;

         nmode=nmode+1;

   for jj=1:1:xsize,
     mode(jj,nmode) = xstart(jj);
   end
 end

 for jj=1:1:xsize,
   mode(jj,nmode+1)=xend(jj);
 end

 allmode=allmode+mode;

end

allmode=allmode/NE;
allmode=allmode*Ystd;
```

第3章　FEEMD源代码

```
function [allmode] = feemd(Y, NoiseLevel, NE, numImf, varargin)

allmode = [];
```

```
[Y,NoiseLevel,NE,numImf,runCEEMD,maxSift,typeSpline,toModifyBC,randType,seedNo,IsInputOk
ay] = parse_checkProperty(Y, NoiseLevel, NE, numImf, varargin);

if(~IsInputOkay)
   fprintf('ERROR : The process is not executed.\n');
   return;
end

if (NoiseLevel == 0)
   allmode = emd(Y, toModifyBC, typeSpline, numImf, maxSift);
   allmode = allmode';
   return;
end

xsize = size(Y,2);
Ystd = std(Y);

allmode = zeros(xsize,numImf);

savedState = set_seed(seedNo);
if (runCEEMD)
  NE = 2*NE; % YHW0202_2011: flip noise to balance the perturbed noise
end

for iii=1:NE  % ensemble loop
   if (runCEEMD)
      if (mod(iii,2) ~= 0)
         if (randType == 1) % White Noise
            temp = ((2*rand(1,xsize)-1)*NoiseLevel).*Ystd;
         elseif (randType == 2) % Gaussian Noise
            temp = (randn(1,xsize)*NoiseLevel).*Ystd;
         end
       else % Even number
          temp = -temp;
      end
   else % runCEEMD = 0
      if (randType == 1)
         temp = (2*rand(1,xsize)-1)*NoiseLevel.*Ystd; % temp is Ystd*[0 1]
```

```
        elseif (randType == 2)
            temp = randn(1,xsize)*NoiseLevel.*Ystd; % temp is Ystd*[0 1]
        end
    end
    xend =  Y + temp;
    imf = emd(xend, toModifyBC, typeSpline, numImf, maxSift);
    allmode = allmode + imf;
end % iii: ensemble loop

return_seed(savedState);
allmode = allmode/NE;

allmode = allmode'; % 0318_2014
return; % end eemd

end

function savedState = set_seed(seedNo)
defaultStream = RandStream.getGlobalStream;
%%注意，此处getGlobalStream为2014以后版本。2014之前的版本为RandStream.getDefaultStream
savedState = defaultStream.State;
rand('seed',seedNo);
randn('seed',seedNo);

end

function return_seed(savedState)
RandStream.getDefaultStream.State = savedState;
end

function [Y, NoiseLevel, NE, numImf, runCEEMD, maxSift, typeSpline,toModifyBC,randType,seed
No, IsInputOkay] = parse_checkProperty(Y, NoiseLevel, NE, numImf, varargin)
% Default Parameters
runCEEMD = 0; % Original EEMD
maxSift = 10; % maxSift = 10
typeSpline = 2;
toModifyBC = 1;
randType = 2;
```

```
seedNo = 1; % now
checkSignal = 0;
IsInputOkay = true;

if(~isempty(varargin{1}))

for iArg = 1 : length(varargin{1});

if(iArg == 1)
  runCEEMD = varargin{1}{iArg};
  if(runCEEMD ~= 0 && runCEEMD ~= 1)
   fprintf('ERROR : runCEEMD must be 0 (Off) or 1 (On).\n');
   IsInputOkay = false;
   return;
  end
end
if(iArg == 2)
  maxSift = varargin{1}{iArg};
  if(maxSift < 1 || (mod(maxSift, 1) ~= 0))
   fprintf('ERROR : Number of Iteration must be an integer more than 0.\n');
   IsInputOkay = false;
   return;
  end
end
if(iArg == 3)
   typeSpline = varargin{1}{iArg};
   if(typeSpline ~= 1 && typeSpline ~= 2 && typeSpline ~= 3)
   fprintf('ERROR : typeSpline must be 1 (clamped spline); 2 (not a knot spline).\n');
   IsInputOkay = false;
   return;
   end
end
if(iArg == 4)
   toModifyBC = varargin{1}{iArg};
   if(toModifyBC ~= 0 && toModifyBC ~= 1 && toModifyBC ~= 2)
    fprintf('ERROR : toModifyBC must be 0 (None) ; 1 (modified linear extrapolation); 2 (Mirror
Boundary)\n');
   IsInputOkay = false;
```

```
    return;
    end
end
if(iArg == 5)
    randType = varargin{1}{iArg};
    if(randType ~= 1 && randType ~= 2)
     fprintf('ERROR : randType must be 1 (uniformly distributed white noise) ; 2 (gaussian white
noise).\n');
    IsInputOkay = false;
    return;
    end
end
if(iArg == 6)
    seedNo = varargin{1}{iArg};
    if(seedNo < 0 || seedNo >  2^32-1 || (mod(seedNo, 1) ~= 0))
    fprintf('ERROR : The value of seed must be an integer between 0 and 2^32 - 1. \n');
    IsInputOkay = false;
    return;
    end
end
if(iArg == 7)
    checkSignal = varargin{1}{iArg};
    if(checkSignal ~= 0 && checkSignal ~= 1)
    fprintf('ERROR : Number of checksignal must be 1 (Yes) or 0 (No).\n');
    IsInputOkay = false;
    return;
    end
end

end

end

if(NoiseLevel == 0)
    fprintf('If NoiseLevel is ZERO, EEMD algorithm will be changed to EMD algorithm.\n');
end
if ((NE < 1) || (mod(NE, 1) ~= 0))
    fprintf('ERROR : Number of Ensemble must be integer more than 0.\n');
```

```
    IsInputOkay = false;
    return;
end


[m,n] = size(Y);
if(m ~= 1)
    if((n ~= 1))
        fprintf('ERROR : EMD could not input matrix array !\n');
        IsInputOkay = false;
        return;
    else
        Y =Y';
        xsize = m;
    end
else
    xsize = n;
end

if (checkSignal == 1)
    if((any(isinf(Y(:)) == 1)) || (any(isnan(Y(:)) == 1)))
        fprintf('ERROR : The input signal has NaN or Infinity elements.\n');
        IsInputOkay = false;
        return;
    end
end

if(mod(numImf, 1) ~= 0)
    fprintf('ERROR : numImf must be an integer more than 0. \n');
    IsInputOkay = false;
    return;
end

if (numImf <= 0) % automatic estimating number of imf
    numImf=fix(log2(xsize));
end

end
```

第4章　CEEMD源代码

```
function allmode=ceemd(Y,Nstd,NE)
xsize=length(Y);
dd=1:1:xsize;
Ystd=std(Y);
Y=Y/Ystd;
TNM=fix(log2(xsize))-1;
TNM2=TNM+2;    % +2:
for kk=1:1:TNM2
   for ii=1:1:xsize
      allmode(ii,kk)=0.0;
   end
end

for iii=1:1:NE
   for i=1:xsize
      temp=randn(1,1)*Nstd;
      X1(i)=Y(i)+temp;
      X2(i)=Y(i)-temp;
   end

   xorigin = X1;
   xend = xorigin;

   for jj=1:1:xsize
      mode(jj,1) = xorigin(jj);
   end
nmode = 1;

   % EMD
   while nmode <= TNM
      xstart = xend;
      iter = 1;

      while iter<=5
         [spmax, spmin,flag]=extrema(xstart);
         upper= spline(spmax(:,1),spmax(:,2),dd);
```

```
        lower= spline(spmin(:,1),spmin(:,2),dd);
        mean_ul = (upper + lower)/2;
        xstart = xstart - mean_ul;
        iter = iter +1;
    end
    xend = xend - xstart;
    nmode=nmode+1;
    for jj=1:1:xsize
        mode(jj,nmode) = xstart(jj);
    end
 end
 for jj=1:1:xsize
    mode(jj,nmode+1)=xend(jj);
 end
 allmode=allmode+mode;
xorigin = X2;
xend = xorigin;
for jj=1:1:xsize
    mode(jj,1) = xorigin(jj);
end
nmode = 1;
while nmode <= TNM
    xstart = xend;
    iter = 1;
    while iter<=5
        [spmax, spmin, flag]=extrema(xstart);
        upper= spline(spmax(:,1),spmax(:,2),dd);
        lower= spline(spmin(:,1),spmin(:,2),dd);
        mean_ul = (upper + lower)/2;
        xstart = xstart - mean_ul;
        iter = iter +1;
    end
    xend = xend - xstart;
    nmode=nmode+1;
    for jj=1:1:xsize
        mode(jj,nmode) = xstart(jj);
    end
end
```

```
    for jj=1:1:xsize
        mode(jj,nmode+1)=xend(jj);
    end
    allmode=allmode+mode;
end

allmode=allmode/NE/2;
allmode=allmode*Ystd;

%%Extrema源代码
function [spmax, spmin, flag]= extrema(in_data)

flag=1;
dsize=length(in_data);

spmax(1,1) = 1;
spmax(1,2) = in_data(1);
jj=2;
kk=2;
while jj<dsize,
    if ( in_data(jj-1)<=in_data(jj) & in_data(jj)>=in_data(jj+1) )
        spmax(kk,1) = jj;
        spmax(kk,2) = in_data (jj);
        kk = kk+1;
    end
    jj=jj+1;
end
spmax(kk,1)=dsize;
spmax(kk,2)=in_data(dsize);

if kk>=4
    slope1=(spmax(2,2)-spmax(3,2))/(spmax(2,1)-spmax(3,1));
    tmp1=slope1*(spmax(1,1)-spmax(2,1))+spmax(2,2);
    if tmp1>spmax(1,2)
        spmax(1,2)=tmp1;
    end

    slope2=(spmax(kk-1,2)-spmax(kk-2,2))/(spmax(kk-1,1)-spmax(kk-2,1));
```

```
    tmp2=slope2*(spmax(kk,1)-spmax(kk-1,1))+spmax(kk-1,2);
    if tmp2>spmax(kk,2)
        spmax(kk,2)=tmp2;
    end
else
    flag=-1;
end

msize=size(in_data);
dsize=max(msize);
xsize=dsize/3;
xsize2=2*xsize;

spmin(1,1) = 1;
spmin(1,2) = in_data(1);
jj=2;
kk=2;
while jj<dsize,
    if ( in_data(jj-1)>=in_data(jj) & in_data(jj)<=in_data(jj+1))
        spmin(kk,1) = jj;
        spmin(kk,2) = in_data (jj);
        kk = kk+1;
    end
    jj=jj+1;
end
spmin(kk,1)=dsize;
spmin(kk,2)=in_data(dsize);

if kk>=4
    slope1=(spmin(2,2)-spmin(3,2))/(spmin(2,1)-spmin(3,1));
    tmp1=slope1*(spmin(1,1)-spmin(2,1))+spmin(2,2);
    if tmp1<spmin(1,2)
        spmin(1,2)=tmp1;
    end

    slope2=(spmin(kk-1,2)-spmin(kk-2,2))/(spmin(kk-1,1)-spmin(kk-2,1));
    tmp2=slope2*(spmin(kk,1)-spmin(kk-1,1))+spmin(kk-1,2);
    if tmp2<spmin(kk,2)
```

```
    spmin(kk,2)=tmp2;
  end
else
  flag=-1;
end

flag=1;
```

第5章 CEEMDAN源代码

```
function [modes,its]=ceemdan(x,Nstd,NR,MaxIter,SNRFlag)
x=x(:)';
desvio_x=std(x);
x=x/desvio_x;

modes=zeros(size(x));
temp=zeros(size(x));
aux=zeros(size(x));
iter=zeros(NR,round(log2(length(x))+5));

for i=1:NR
  white_noise{i}=randn(size(x));%creates the noise realizations
end;

for i=1:NR
  modes_white_noise{i}=emd(white_noise{i});%calculates the modes of white gaussian noise
end;

for i=1:NR %calculates the first mode
  xi=x+Nstd*modes_white_noise{i}(1,:)/std(modes_white_noise{i}(1,:));
  [temp, o, it]=emd(xi,'MAXMODES',1,'MAXITERATIONS',MaxIter);
  temp=temp(1,:);
  aux=aux+(xi-temp)/NR;
  iter(i,1)=it;
end;

modes= x-aux; %saves the first mode
```

```
medias = aux;
k=1;
aux=zeros(size(x));
es_imf = min(size(emd(medias(end,:),'MAXMODES',1,'MAXITERATIONS',MaxIter)));

while es_imf>1 %calculates the rest of the modes
  for i=1:NR
    tamanio=size(modes_white_noise{i});
    if tamanio(1)>=k+1
      noise=modes_white_noise{i}(k+1,:);
      if SNRFlag == 2
        noise=noise/std(noise); %adjust the std of the noise
      end;
      noise=Nstd*noise;
      try
         [temp,o,it]=emd(medias(end,:)+std(medias(end,:))*noise,'MAXMODES',1,'MAXITERATI
ONS',MaxIter);
      catch
        it=0; disp('catch 1 '); disp(num2str(k))
         temp=emd(medias(end,:)+std(medias(end,:))*noise,'MAXMODES',1,'MAXITERATIONS',
MaxIter);
      end;
      temp=temp(end,:);
    else
      try
        [temp, o, it]=emd(medias(end,:),'MAXMODES',1,'MAXITERATIONS',MaxIter);
      catch
        temp=emd(medias(end,:),'MAXMODES',1,'MAXITERATIONS',MaxIter);
        it=0; disp('catch 2 sin ruido')
      end;
      temp=temp(end,:);
    end;
    aux=aux+temp/NR;
  iter(i,k+1)=it;
  end;
  modes=[modes;medias(end,:)-aux];
  medias = [medias;aux];
  aux=zeros(size(x));
```

```
    k=k+1;
    es_imf = min(size(emd(medias(end,:),'MAXMODES',1,'MAXITERATIONS',MaxIter)));
end;
modes = [modes;medias(end,:)];
modes=modes*desvio_x;
its=iter;
```

第6章 MEEMD源代码

```
%%pec 函数
%% Permutation Entropy
function [pe ,hist] = PermutationEntropy(y,m,t)

ly = length(y);
permlist = perms(1:m);
[h,~]=size(permlist);
c(1:length(permlist))=0;

 for j=1:ly-t*(m-1)
    [~,iv]=sort(y(j:t:j+t*(m-1)));
    for jj=1:h
        if (abs(permlist(jj,:)-iv))==0
            c(jj) = c(jj) + 1 ;
        end
    end
 end
hist = c;
c=c(c~=0);
p = c/sum(c);
pe = -sum(p .* log(p));

pe=pe/log(factorial(m));
end

%%MEEMD 算法
function modes=meemd(x,Nstd,Ne,MAXmodes,m,tao,theta0)
```

```
desvio_x=std(x);
x=x/desvio_x;
modes=zeros(size(x));
aux=zeros(MAXmodes+1,size(x,2));
acum=zeros(size(x));

for i=1:Ne
  white_noise{i}=randn(size(x));
end

while nnz(diff(sign(diff(x-acum))))>2
  %%% 生成IMF，平均计算
  for i=1:Ne
   [temp1, ~, ~]=emd(x-acum+Nstd*white_noise{i},'MaxNumIMF',MAXmodes);
   [temp2, ~, ~]=emd(x-acum-Nstd*white_noise{i},'MaxNumIMF',MAXmodes);
     te=min(size(temp1,1),size(temp2,1));
     a = zeros(MAXmodes+1,size(temp1,2));
     temp1=[temp1(1:te,:);a(te+1:MAXmodes+1,:)];
     temp2=[temp2(1:te,:);a(te+1:MAXmodes+1,:)];
     if te<=MAXmodes+1
        aux=aux+(temp1+temp2)./(2*Ne);
     end
  end

  for i = 1:size(aux,1)
    auxPE=pec(aux(i,:),m,tao);
    if auxPE>=theta0
      acum=acum+aux(i,:);
    end
  end

    modes=emd(x-acum,'MaxNumIMF',MAXmodes);
    break
end

modes=modes*desvio_x;
end
```

第7章　ICEEMDAN源代码

```
function [modes its]=ceemdan(x,Nstd,NR,MaxIter)
x=x(:)';
desvio_x=std(x);
x=x/desvio_x;

modes=zeros(size(x));
temp=zeros(size(x));
aux=zeros(size(x));
acum=zeros(size(x));
iter=zeros(NR,round(log2(length(x))+5));

for i=1:NR
   white_noise{i}=randn(size(x));%creates the noise realizations
end;

for i=1:NR
   modes_white_noise{i}=emd(white_noise{i});%calculates the modes of white gaussian noise
end;

for i=1:NR %calculates the first mode
   temp=x+Nstd*white_noise{i};
   [temp, o, it]=emd(temp,'MAXMODES',1,'MAXITERATIONS',MaxIter);
   temp=temp(1,:);
   aux=aux+temp/NR;
   iter(i,1)=it;
end;

modes=aux; %saves the first mode
k=1;
aux=zeros(size(x));
acum=sum(modes,1);

while  nnz(diff(sign(diff(x-acum))))>2 %calculates the rest of the modes
   for i=1:NR
      tamanio=size(modes_white_noise{i});
      if tamanio(1)>=k+1
```

```
            noise=modes_white_noise{i}(k,:);
            noise=noise/std(noise);
            noise=Nstd*noise;
            try
               [temp, o, it]=emd(x-acum+std(x-acum)*noise,'MAXMODES',1,'MAXITERATIONS',MaxI
ter);
               temp=temp(1,:);
            catch
               it=0;
               temp=x-acum;
            end;
         else
            [temp, o, it]=emd(x-acum,'MAXMODES',1,'MAXITERATIONS',MaxIter);
            temp=temp(1,:);
         end;
         aux=aux+temp/NR;
      iter(i,k+1)=it;
      end;
      modes=[modes;aux];
      aux=zeros(size(x));
      acum=zeros(size(x));
      acum=sum(modes,1);
      k=k+1;
end;
modes=[modes;(x-acum)];
[a b]=size(modes);
iter=iter(:,1:a);
modes=modes*desvio_x;
its=iter;
```

第8章　OS-EMD源代码

```
function [imf,ort,nder] = emdos(varargin)
% Gets the parameter
[s,stop,alpha,maxmodes,t,method,orderder,liss,sporder] = init(varargin{:});

k = 1;
```

```
r=s;
imf = [];

%main loop : requires at least 3 extrema to proceed
while ~stop_emd(r) && (k < maxmodes+1 || maxmodes == 0)
  ar=r;
  switch(method)

    % OS method
    case 'os'
      % Computation of m0
      [indexC tau m0 m0eval aux] = build_m0(r,t,orderder(k),sporder);
      nder(k) = aux;
      knots = aptknt(tau,sporder);
      L = length(indexC);
      m0 = m0';
      ti = t(indexC);
      D = matrice_der(knots,2,sporder);
      pass = matrice_pass(knots,ti,sporder);
      A = build_lambda(ti,sporder);
      A1 = (eye(L,L)+A)*pass;
       b1 = alpha*abs((eye(L,L)-A)*(r(indexC)'-pass*m0));
      auxb1 = (eye(L,L)+A)*(r(indexC)');
      bb=vertcat(b1-auxb1,b1+auxb1);
      AA=vertcat(-A1,A1);

      % Computes x0 in the set of constraints
      x0 = pass\(s(indexC)');
      if sum(isnan(x0))>=eps
        x0 = [];
      end

      optis = optimset('MaxIter',20000,'LargeScale','off');
      [m,fval,exitflag] = quadprog(D,[],AA,bb,[],[],[],[],x0,optis);

      % Evaluation
      msp = spmak(knots,m');
      meval = fnval(msp,t);
```

```
    m = meval;
    r = r-m;


case 'emd'
    tmp = r;
    % padding
    [indmin,indmax] = extr(tmp);
    indmin=indmin+floor(liss(k));
    indmax=indmax+floor(liss(k));

    % Sifting
    stop_sift=0;
    aux=0;

    while ~stop_sift
        [tmin,tmax,mmin,mmax] = boundary_conditions(indmin,indmax,t,r,r,6);
        envmin = interp1(tmin,mmin,t,'spline');
        envmax = interp1(tmax,mmax,t,'spline');
        envmoy = (envmin+envmax)/2;
        nr = r-envmoy;


        switch(stop)
            case 'f'
                % Flandrin
                amp = mean(abs(envmax-envmin))/2;
                sx = abs(envmoy)./amp;
                stop_sift = ~(mean(sx > alpha) > 0.05 | any(sx > 10*alpha));
            case 'h'
                % Huang
                stop_sift = norm(nr-r)/(norm(r)+eps) < alpha;
        end

        if ~stop_sift
            r=nr;
            aux=aux+1;
            [indmin,indmax] = extr(r);
```

```
        end
        nder(k)=aux;
    end


case 'emdni'
    % Computation of m0
    [indmin indmax] = build_m02(r,t,orderder(k),liss(k));

    % Sifting
    stop_sift=0;
    aux=0;

    while ~stop_sift
        [tmin,tmax,mmin,mmax] = boundary_conditions(indmin,indmax,t,r,r,6);
        envmin = interp1(tmin,mmin,t,'spline');
        envmax = interp1(tmax,mmax,t,'spline');
        envmoy = (envmin+envmax)/2;
        nr = r-envmoy;


        switch(stop)
            case 'f'
                % Flandrin
                amp = mean(abs(envmax-envmin))/2;
                sx = abs(envmoy)./amp;
                stop_sift = ~(mean(sx > alpha) > 0.05 | any(sx > 10*alpha));
            case 'h'
                % Huang
                stop_sift = norm(nr-r)/(norm(r)+eps) < alpha;
        end

        if ~stop_sift
            r=nr;
            aux=aux+1;
            %[indmin,indmax] = extr(r); % Sans lissage
            [indmin indmax] = build_m02(r,t,orderder(k),liss(k)); % Avec lissage
        end
```

```
            nder(k)=aux;
        end


    otherwise
        error('Attention : wrong value of field "method"');
  end

  imf(k,:) = r';
  r=ar-r;
  k=k+1;
end
ort = io(s,imf);

% Residu
imf(k,:) = r';

end
```

第9章　Prox-EMD源代码

```
function results = prox_emd(x, data, algo)
if nargin<3
  algo = [];
else
  algo
end
data.x = x;
data.n = length(data.x);
x_emd  = emd(data.x');


if ~isfield(data,'K')
  data.K = size(x_emd,1);
else
  x_emd = emd(data.x','maxmodes',data.K-1);
end
```

```
results = zeros(data.K,size(data.x,2));

if ~isfield(algo,'dataFid')
   for k=1:data.K-1
      algo.dataFid{k} = '11';
   end
end
if ~isfield(algo,'regTre')
    for k=1:data.K-1
       algo.regTre{k} = '11';
    end
end
if ~isfield(algo,'filt')
    for k=1:data.K-1
       algo.filt{k}= 'laplacian';
    end
end
if ~isfield(algo,'regFlu')
    for k=1:data.K-1
       algo.regFlu{k} = '11';
    end
end
if ~isfield(algo,'ext')
    for k=1:data.K-1
       algo.ext{k} = 'd1';
    end
end
if ~isfield(algo,'nbiter')
   algo.nbiter = 3000*ones(1,data.K-1);
end


if ~isfield(algo,'epsa')
   algo.epsa = NaN*ones(1,data.K-1);
end
if ~isfield(algo,'epsd')
   algo.epsd = NaN*ones(1,data.K-1);
```

```
end



for k=1:data.K-1
   algo.dataFidelity  = algo.dataFid{k};
   algo.regTrend       = algo.regTre{k};
   algo.filter        = algo.filt{k};
   algo.regFluct       = algo.regFlu{k};
   algo.extr          = algo.ext{k};

   emd_define_linear_operators;
   emd_define_parameters_algo;



   if isnan(algo.epsa(k))
      if strcmp(algo.regTrend,'l2')
         algo.epsa(k)  = norm(f1.L_a(x_emd(k,:)))^2/100;
      elseif strcmp(algo.regTrend,'l1')
         algo.epsa(k)  = sum(abs(f1.L_a(x_emd(k,:))))/100;
      end
   end
   if isnan(algo.epsd(k))
      if strcmp(algo.regFluct,'l2')
         algo.epsd(k)  = norm(f1.L_d(sum(x_emd(k+1:end,:),1),D))^2/10;
      elseif strcmp(algo.regFluct,'l1')
         algo.epsd(k)  = sum(abs(f1.L_d(sum(x_emd(k+1:end,:),1),D)))/10;
      end
   end

   algo.eps_a         = algo.epsa(k);
   algo.eps_d         = algo.epsd(k);
   algo.niter         = algo.nbiter(k);
   algo.theta         = max( sqrt(2),max(1,normA));
   algo.epsilon       = 0.90/(algo.theta+1);
   algo.gamma         = 1*(1-algo.epsilon)/algo.theta;
   emd_define_criteria;
   emd_define_proximity_operators;
   t                  = emd_algorithm(data,algo,f1,f2,D);
```

```
    data.x              = t(2,:);
    results(k,:)        = t(1,:);
    fprintf('>> IMF-Trend of order %d computed\n',k);
end
results(data.K,:)       = t(2,:);
```

第10章　UOA-EMD源代码

```
%%local_mean 函数
function a = local_mean(x,lambda)
    x = x(:);
    e = ones(length(x),1);
    D = spdiags([e -2*e e], -1:1, length(x), length(x));
    D2 = D'*D;
    extremos = find(diff(x(1:end-1)).*diff(x(2:end))<0) + 1;
        P = spalloc(length(x),length(x),3*length(extremos));
    for j = 2:length(extremos)-1
        P(extremos(j),extremos(j-1)) = (extremos(j+1)-extremos(j)) / (extremos(j+1) - extremos(j-1));
        P(extremos(j),extremos(j)) = 1;
        P(extremos(j),extremos(j+1)) = (extremos(j)-extremos(j-1)) / (extremos(j+1) - extremos(j-1));
     end;
    P2 = P'*P;
    a = (P2 + lambda*D2)\(P2*x);
```

第13章　小波分解源代码

```
%%wavedec 函数
function [c,l] = wavedec(x,n,IN3,IN4)

filterSingle = false;
% Convert wname from string to char
if isStringScalar(IN3)
    IN3 = convertStringsToChars(IN3);
end

narginchk(3,4);
validateattributes(x,{'numeric'},{'vector','finite'},'wavedec','X');
```

```
validateattributes(n,{'numeric'},{'scalar','integer','positive'},'wavedec','N');

if nargin==3
   [Lo_D,Hi_D] = wfilters(IN3,'d');
else
   Lo_D = IN3;
   Hi_D = IN4;
   filterSingle = isUnderlyingType(Lo_D,'single') && ...
      isUnderlyingType(Hi_D,'single');
end

% Initialization.
s = size(x);
x = x(:).'; % row vector
c = [];
l = zeros(1,n+2,'like',real(x([])));
% code generation is on a separate path so this is ok.
isSingle = isUnderlyingType(x,'single');
if isSingle && ~filterSingle
   Lo_D = cast(Lo_D,'single');
   Hi_D = cast(Hi_D,'single');
end

if isempty(x)
   return;
end

l(end) = length(x);
for k = 1:n
   [x,d] = dwt(x,Lo_D,Hi_D); % decomposition
   c     = [d c];            %#ok<AGROW> % store detail
   l(n+2-k) = length(d);     % store length
end

% Last approximation.
c = [x c];
l(1) = length(x);
```

```
if s(1)>1
   c = c.';
   l = l';
end
```

第14章 小波包分解源代码

```
%% wpdec 函数
function t = wpdec(x,depth,wname,type_ent,parameter)
%WPDEC Wavelet packet decomposition 1-D.
%   T = WPDEC(X,N,'wname',E,P) returns a wptree object T
%   corresponding to a wavelet packet decomposition
%   of the vector X, at level N, with a
%   particular wavelet ('wname', see WFILTERS).
%   E is a character vector containing the type of entropy (see WENTROPY):
%   E = 'shannon', 'threshold', 'norm', 'log energy', 'sure', 'user'
%   P is an optional parameter:
%        'shannon' or 'log energy' : P is not used
%        'threshold' or 'sure'     : P is the threshold (0 <= P)
%        'norm' : P is a power (1 <= P)
%        'user' : P is a character vector containing the name
%                 of an user-defined function.

nbIn = nargin;
if nbIn < 3
   error(message('Wavelet:FunctionInput:NotEnough_ArgNum'));
elseif nbIn==3
   parameter = 0.0;
   type_ent = 'shannon';
elseif nbIn==4
   parameter = 0.0;
end

[wname,type_ent,parameter] = convertStringsToChars(wname,type_ent,parameter);

if strcmpi(type_ent,'user') && ~ischar(parameter)
   error(message('Wavelet:FunctionArgVal:Invalid_EntNam'));
end
```

```
% Tree Computation (order = 2).
t = wptree(2,depth,x,wname,type_ent,parameter);
```

第15章　SSA源代码

```
%% ssa
function [E,V,A,R,C]=ssa(x,M,method)
% SSA - driver routine to perform Singular Spectrum Analysis
% Syntax: [E,V,A,R,C]=ssa(x,M); [E,V,A,R,C]=ssa(x,M,'BK');
%
% Input:   x - time series
%          M - embedding dimension.
%     method - (optional) method of calculating the covariance matrix:
%              'unbiased' (N-k weighted) (default)
%              'biased'   (N-weighted or Yule-Walker)
%              'BK'       (Broomhead/King type estimate)
%
% Output: E - eigenfunction (T-EOF) matrix in standard form
%         V - vector containing variances (unnormalized eigenvalues)
%         A - Matrix of principal components
%         R - Matrix of reconstructed components
%         C - Covariance matrix
%
% See Vautard, Yiou, and Ghil, Physica D 58, 95-126, 1992.
%
% Written by Eric Breitenberger.    Version date 1/22/96
% Please send comments and suggestions to eric@gi.alaska.edu

if nargin==2, method='unbiased'; end

[E,V,C]=ssaeig(x,M,method);
[A]=pc(x,E);
[R]=rc(A,E);

%% ssacoef
function [f,g,v]=ssaconf(V,N)
% Calculates various heuristic confidence limits for SSA.
```

```
% Syntax: [f,g,v]=ssaconf(V,N);
% Given a singular value vector V and the number of points
% in the original series N, ssaconf returns vectors containing
% the 95% confidence interval. These are calculated according
% to the variance formulas of:
%     f: Fraedrich 1986
%     g: Ghil and Mo 1991a
%     v: Vautard, Yiou, and Ghil 1992.
% All estimates are for the 95% confidence level.
% These simple estimates may be adequate for some purposes,
% but none of them adequately consider the autocorrelation
% of the time series. The estimates g and v are very similar
% for N>>M. They are usually fairly conservative, as they
% correspond to a decorrelation time of M. The Fraedrich
% estimate is valid only for uncorrelated data, so it tends
% to give error estimates which are too small.
%
% Written by Eric Breitenberger, version date 11/3/95.
% Please send comments to eric@gi.alaska.edu

M=length(V);
f=2*sqrt(2/N)*V;
g=sqrt(2*M/(N-M))*V;
v=1.96*sqrt(M/(2*N))*V;

%%ssaeig
function [E,V,C]=ssaeig(x,M,method)
%  SSAEIG - starts an SSA of series 'x', for embedding dimension 'M'.
%  Syntax: [E,V,C]=ssaeig(x,M); [E,V,C]=ssaeig(x,M,'BK');
%
% Input:    x - time series
%           M - embedding dimension.
%      method - (optional) method of calculating the covariance matrix:
%               'unbiased' (N-k weighted) (default)
%               'biased'   (N-weighted or Yule-Walker)
%               'BK'       (Broomhead/King type estimate)
%
% Output:  E - eigenfunction matrix in standard form
```

```
%           (columns are the eigenvectors, or T-EOFs)
%         V - vector containing variances (unnormalized eigenvalues)
%         C - covariance matrix
%
% E and V are ordered from large to small.
% See section 2 of Vautard, Yiou, and Ghil, Physica D 58, 95-126, 1992.
%
% Written by Eric Breitenberger.   Version date 1/22/96
% Please send comments and suggestions to eric@gi.alaska.edu
%
if nargin==2, method='unbiased'; end
[N,col]=size(x);
if col>N, x=x'; [N,col]=size(x); end   % change x to column vector if needed
if M>=N-M+1, error('Hey! Too big a lag!'), end
if col>=2, error('Hey! Vectors only!'), end

if ~strcmp(method,'BK')
  c=ac(x, M-1,method);  % calculate autocovariance estimates
  C=toeplitz(c);        % create Toeplitz matrix (trajectory matrix)
else
  C=bk(x,M);            % Broomhead/King estimate
end

[E,L]=eig(C);           % calculate eigenvectors, values of C
[V,i]=sort(-diag(L));  % create sorted eigenvalue vector
V=-V';
E=E(:,i);               % sort eigenvector matrix
```

第16章　VMD源代码

```
function [u, u_hat, omega] =VMD(signal, alpha, tau, K, DC, init, tol)

% Period and sampling frequency of input signal
save_T = length(signal);
fs = 1/save_T;

% extend the signal by mirroring
```

```
T = save_T;
f_mirror(1:T/2) = signal(T/2:-1:1);
f_mirror(T/2+1:3*T/2) = signal;
f_mirror(3*T/2+1:2*T) = signal(T:-1:T/2+1);
f = f_mirror;

% Time Domain 0 to T (of mirrored signal)
T = length(f);
t = (1:T)/T;

% Spectral Domain discretization
freqs = t-0.5-1/T;

% Maximum number of iterations (if not converged yet, then it won't anyway)
N = 500;

% For future generalizations: individual alpha for each mode
Alpha = alpha*ones(1,K);

% Construct and center f_hat
f_hat = fftshift((fft(f)));
f_hat_plus = f_hat;
f_hat_plus(1:T/2) = 0;

% matrix keeping track of every iterant // could be discarded for mem
u_hat_plus = zeros(N, length(freqs), K);

% Initialization of omega_k
omega_plus = zeros(N, K);
switch init
   case 1
      for i = 1:K
         omega_plus(1,i) = (0.5/K)*(i-1);
      end
   case 2
      omega_plus(1,:) = sort(exp(log(fs) + (log(0.5)-log(fs))*rand(1,K)));
   otherwise
      omega_plus(1,:) = 0;
```

```
end

% if DC mode imposed, set its omega to 0
if DC
   omega_plus(1,1) = 0;
end

% start with empty dual variables
lambda_hat = zeros(N, length(freqs));

% other inits
uDiff = tol+eps; % update step
n = 1; % loop counter
sum_uk = 0; % accumulator



% ----------- Main loop for iterative updates
while ( uDiff > tol &&  n < N ) % not converged and below iterations limit

   % update first mode accumulator
   k = 1;
   sum_uk = u_hat_plus(n,:,K) + sum_uk - u_hat_plus(n,:,1);

   % update spectrum of first mode through Wiener filter of residuals
   u_hat_plus(n+1,:,k) = (f_hat_plus - sum_uk - lambda_hat(n,:)/2)./(1+Alpha(1,k)*(freqs - omega_
plus(n,k)).^2);

   % update first omega if not held at 0
   if ~DC
       omega_plus(n+1,k) = (freqs(T/2+1:T)*(abs(u_hat_plus(n+1, T/2+1:T, k)).^2)')/sum(abs(u_hat_
plus(n+1,T/2+1:T,k)).^2);
   end

   % update of any other mode
   for k=2:K

     % accumulator
```

```
        sum_uk = u_hat_plus(n+1,:,k-1) + sum_uk - u_hat_plus(n,:,k);

        % mode spectrum
        u_hat_plus(n+1,:,k) = (f_hat_plus - sum_uk - lambda_hat(n,:)/2)./(1+Alpha(1,k)*(freqs -
omega_plus(n,k)).^2);

        % center frequencies
        omega_plus(n+1,k) = (freqs(T/2+1:T)*(abs(u_hat_plus(n+1, T/2+1:T, k)).^2)')/sum(abs(u_hat_
plus(n+1,T/2+1:T,k)).^2);

    end

    % Dual ascent
    lambda_hat(n+1,:) = lambda_hat(n,:) + tau*(sum(u_hat_plus(n+1,:,:),3) - f_hat_plus);

    % loop counter
    n = n+1;

    % converged yet?
    uDiff = eps;
    for i=1:K
        uDiff = uDiff + 1/T*(u_hat_plus(n,:,i)-u_hat_plus(n-1,:,i))*conj((u_hat_plus(n,:,i)-u_hat_
plus(n-1,:,i)))';
    end
    uDiff = abs(uDiff);

end

%------ Postprocessing and cleanup

% discard empty space if converged early
N = min(N,n);
omega = omega_plus(1:N,:);

% Signal reconstruction
u_hat = zeros(T, K);
u_hat((T/2+1):T,:) = squeeze(u_hat_plus(N,(T/2+1):T,:));
u_hat((T/2+1):-1:2,:) = squeeze(conj(u_hat_plus(N,(T/2+1):T,:)));
```

```
u_hat(1,:) = conj(u_hat(end,:));

u = zeros(K,length(t));

for k = 1:K
    u(k,:)=real(ifft(ifftshift(u_hat(:,k))));
end

% remove mirror part
u = u(:,T/4+1:3*T/4);

% recompute spectrum
clear u_hat;
for k = 1:K
    u_hat(:,k)=fftshift(fft(u(k,:)))';
end

end
```

第 17 章　ITD 源代码

```
function [H,L]=Itd(x,n,err)

if nargin==1
    n=20;
    err=0.05;
end
if nargin==2
    err=0.05;
end
 [tempH1,tempL]= Intrinsic_timescale_decomposition(x);
 H=tempH1;
H=[];
for i=1:n
    [tempH,tempL]= Intrinsic_timescale_decomposition(x);
    H=[H;tempH];
```

```
    if dandiao(tempL)==1
        break;
    end
    if max(tempL)<err && abs(min(tempL))<err
        break;
    end
    x=tempL;

end
L=tempL;
end
function rlt=dandiao(xx)
x1=diff(xx);
rlt=0;
if all(x1>=0) || all(x1<=0)
    rlt=1;
end
end

%未改进的Itd算法
function [H,L]=Intrinsic_timescale_decomposition(x)
[num,T]=Iextrema(x);
 N=length(x);
 L=zeros(1,N);
 a=0.5;

 L(T(1))=(x(T(1))+x(T(2)))/2;
 for k=1:num-2
    L(T(k+1))=a*(x(T(k))+((T(k+1)-T(k))/(T(k+2)-T(k)))*(x(T(k+2))-x(T(k))))+(1-a)*x(T(k+1));
 end
 L(T(num))=(x(T(num-1))+x(T(num)))/2;

 for k=1:num-1
    for t=(T(k)+1):T(k+1);
        L(t)=L(T(k))+((L(T(k+1))-L(T(k)))/(x(T(k+1))-x(T(k))))*(x(t)-x(T(k)));
    end
 end
 H=[];
```

```
 for t=1:N;
   H(t)=x(t)-L(t);
 end
end

%% Iextrema 函数
function [k,T]=Iextrema(x)
 n=2;
 T(1)=1;
 k=2;
 ex_min=inf;
 ex_max=inf;
 if x(1)>x(2)
    ex_min=x(2);
 else
    ex_max=x(2);
 end
 for n=3:length(x)
    if   and(length(T)==1,and(ex_max==x(n-1),ex_max==x(1)))
        if  ex_max>x(n)
           ex_min=x(n);
        else
           ex_max=x(n);
        end
    elseif  ex_max==x(n-1)
          if ex_max>x(n)
           ex_min=x(n);
           T(k)=n-1;
           k=k+1;
           ex_min=x(n);
          else
           ex_max=x(n);
          end
    elseif x(n-1)==ex_min
        if ex_min<x(n)
           T(k)=n-1;
           k=k+1;
           ex_max=x(n);
```

```
        else
            ex_min=x(n);
        end
    end
end
if n==length(x)
    T(k)=n;
end
```